8 L 29 147 12

Paris - Nancy
1893-1899

Ardouin-Dumazet

Voyage en France

Alpes de Provence et Alpes maritimes

Tome 12

DES FONTAINES 1980

ARDOUIN-DUMAZET

Voyage en France

12ème Série

ALPES DE PROVENCE
ET
ALPES MARITIMES.

PARIS
BERGER-LEVRAULT & Cie. ÉDITEURS

Voyage en France

OUVRAGES DU MÊME AUTEUR

L'Armée et la flotte en 1895. — Grandes manœuvres des Vosges. — L'expédition de Madagascar. — Manœuvres navales. — 1 volume in-12, avec nombreuses cartes. 5 fr.

L'Armée et la flotte en 1894. Manœuvres navales. — Grandes manœuvres de Beauce. — Manœuvres de forteresse. — 1 volume in-12, avec illustrations de Paul LÉONNEC et de nombreux croquis et cartes. 5 fr.

L'Armée navale en 1893. — *L'Escadre russe en Provence.* — La Défense de la Corse. — 1 volume in-12, avec 27 croquis ou vues et une carte de la Corse. 5 fr.

Au Régiment — **En Escadre.** Préface de M. MÉZIÈRES, de l'Académie française. 1894. 1 volume grand in-8°, avec 350 photographies instantanées de M. Paul GERS. 10 fr.

Le Colonel Bourras. Suivi du Rapport sur les opérations du corps franc des Vosges du colonel BOURRAS. 1891. Brochure in-12, avec un portrait et couverture illustrée. 60 centimes.

Le Nord de la France en 1789. — Flandre. — Artois. — Hainaut. — 1 volume in-12. (Maurice Dreyfous.)

La Frontière du Nord et les défenses belges de la Meuse. — 1 volume in-8°. (Baudoin.)

Une Armée dans les neiges, journal d'un volontaire du corps franc des Vosges. — 1 volume in-8° illustré. (Ronam.)

Études algériennes. — 1 volume in-8°. (Guillaumin et Cie.)

Les Grandes Manœuvres de 1882 à 1892. — 1 volume in-12 par année. (Baudoin et Ronam.)

Voyage en France. Ouvrage couronné par l'Académie française, par la Société des gens de lettres et par la Société de géographie de Paris. Série d'élégants volumes in-12, avec cartes et croquis dans le texte, à 3 fr. 50 c.

— 1re Série : Le Morvan, le Val-de-Loire et le Perche (1893).
— 2e Série : Des Alpes mancelles à la baie maritime (1894).
— 3e Série : Les Iles de l'Atlantique : I. D'Arcachon à Belle-Isle (1895).
— 4e Série : Les Iles de l'Atlantique : II. D'Hoëdic à Ouessant (1895).
— 5e Série : Les Iles françaises de la Manche ; Bretagne péninsulaire (1896).
— 6e Série : Cotentin, Basse-Normandie, Pays d'Auge, Haute-Normandie, Pays de Caux (1896).
— 7e Série : Région lyonnaise, Lyon, monts du Lyonnais et du Forez (1896).
— 8e Série : Le Rhône du Léman à la mer, Dombes, Valromey et Bugey, Bas-Dauphiné, Savoie rhodanienne, La Camargue (1896).
— 9e Série : Bas-Dauphiné : Viennois, Graisivaudan, Oisans, Diois et Valentinois (1896).
— 10e Série : Les Alpes du Léman à la Durance. Nos chasseurs alpins (1896).
— 11e Série : Forez, Vivarais, Tricastin et Comtat-Venaissin (1897).
— 12e Série : Alpes de Provence et Alpes Maritimes (1897).

Sous presse :

— 13e Série : Littoral méditerranéen (Provence).
— 14e Série : La Corse.

Une quinzaine d'autres volumes compléteront ce grand travail activement poursuivi par l'auteur.

Le prospectus détaillé de la collection est envoyé sur demande.

ARDOUIN-DUMAZET

Voyage en France

**12ᵉ SÉRIE
ALPES DE PROVENCE
ET ALPES MARITIMES**
Avec 30 cartes en croquis
et une grande carte des Alpes hors texte.

BERGER-LEVRAULT ET Cⁱᵉ, ÉDITEURS

PARIS | NANCY
5, RUE DES BEAUX-ARTS | 18, RUE DES GLACIS

1897

Tous droits réservés

Tous les croquis sans titre compris dans ce volume sont extraits de la carte d'état-major au $\frac{1}{80.000}$.

VOYAGE EN FRANCE

I

AU PAYS DE TARTARIN

L'île de la Barthelasse. — Villeneuve-lès-Avignon. — Abords de la Durance. — Les jardins de Barbentane. — La Montagnette. — Arrivée à Tarascon. — Le battage des blés. — Par les rues.

Tarascon. Juillet.

J'ai quitté Avignon ce matin au point du jour ; la ville était encore endormie, les rues étaient désertes, mais, à l'entrée du pont, j'ai rencontré un groupe de soldats conduits au Rhône pour procéder au lavage hebdomadaire des vêtements. Déjà d'autres troupiers étaient alignés au bord du fleuve, se servant des blocs d'enrochement pour battre et frotter la doublure des culottes et des vestes.

Ces lavandiers en pantalons garance sont descendus à leur tour sur le rivage de la péninsule allongée appelée île de Piot, fin de la grande île de la Barthelasse. Pendant qu'ils atteignaient la grève, je me suis engagé dans le chemin, bordé de platanes, tracé à travers l'île. La Barthelasse, à ces abords d'Avignon, est un des coins les plus ombragés de la vallée ; nulle part les arbres ne sont plus grands et touffus. Ils poussent avec une ardeur sans pareille ; on peut en juger par les jeunes plantations faites autour du vélodrome, sous la chaussée du pont.

La Barthelasse est la promenade favorite des Avignonnais ; cette île, longue de 7 kilomètres, large de 4 en son milieu, plus vaste que bien des communes avec ses 1,100 hectares, est à la fois la campagne par ses bastides entourées de culture, la forêt vierge par ses fourrés de peupliers et de saules, le faubourg par ses guinguettes où l'on mange la friture pêchée au fleuve. Malgré son étendue et sa population de 400 habitants, elle ne possède aucun hameau, les guinguettes sont isolées, les fermes sont largement espacées, hors des chemins carrossables. La commune d'Avignon y entretient une école. Des champs fertiles, gagnés sur les alluvions du Rhône, des prairies, des vignes emplissent le vaste terroir d'une horizontalité absolue mais d'un charme si puissant, grâce à la vigueur de la végétation sur ce sol meuble et humide exposé au soleil du Midi.

J'aurais erré longtemps sous les grands platanes, entre les buissons hauts comme des arbres, mais je voulais parcourir une fois encore Villeneuve avant de retourner à Avignon prendre le train de Tarascon. A regret je suis revenu à la route pour traverser le second bras du Rhône, transformé en « lône » par les travaux d'amélioration qui ont laissé au courant un seul passage à l'est, le long des îles et des bancs de graviers.

Au-dessous de la gare du pont d'Avignon, par une route poudreuse, commence Villeneuve ; à l'entrée une caserne de gendarmerie se présente, toute fleurie au milieu de jardins ornés de lauriers-roses plantés en pleine terre. Le chemin s'élève peu à peu, entre le fleuve et des carrières, jusqu'à un rocher isolé surmonté d'un donjon admirable de forme et de couleur. Cette haute et fière tour carrée, accotée d'une tourelle, est un des grands ornements du paysage avignonnais. Du rocher la vue est admirable sur le fleuve : la Barthelasse ombreuse et verte, le vieux pont Saint-Bénézet aux arches fières, la ville entourée de sa ceinture crénelée et dominée par le rocher des Doms empanaché de verdure, et la masse formidable et grandiose du palais des Papes. Site inoubliable pour qui l'a vu une fois[1].

Dans ce paysage sublime, le Rhône est d'allure farouche, avec ses rives solitaires bordées de peupliers et de saules.

Un chemin abrupt, taillé dans le rocher, se sépare de la route et monte entre de pauvres demeures. De là on découvre Villeneuve-lès-Avignon, amas de toits gris au-dessus desquels surgissent des églises rongées par le temps, des édifices à physionomie triste et vague ; plus haut, sur une colline à pic, les murailles du fort Saint-André.

La ville est d'apparence morne. Elle dut être splendide jadis : de grands hôtels, des maisons de noble ordonnance, des voies bordées d'arcades indiquent un passé prospère. Les moindres détails : ferrures de portes et de balcons, corbeaux, statuettes d'angle, sont d'un art très pur. Mais il faut chercher ces restes de grandeur par d'étroites et sordides ruelles, souvent taillées dans la roche. La population est rare et clairsemée ; jadis, au temps des papes et des légats, lorsque le

---

[1]. Sur Avignon, voir le chapitre XIX de la 8ᵉ série et le chapitre XXI de la 11ᵉ.

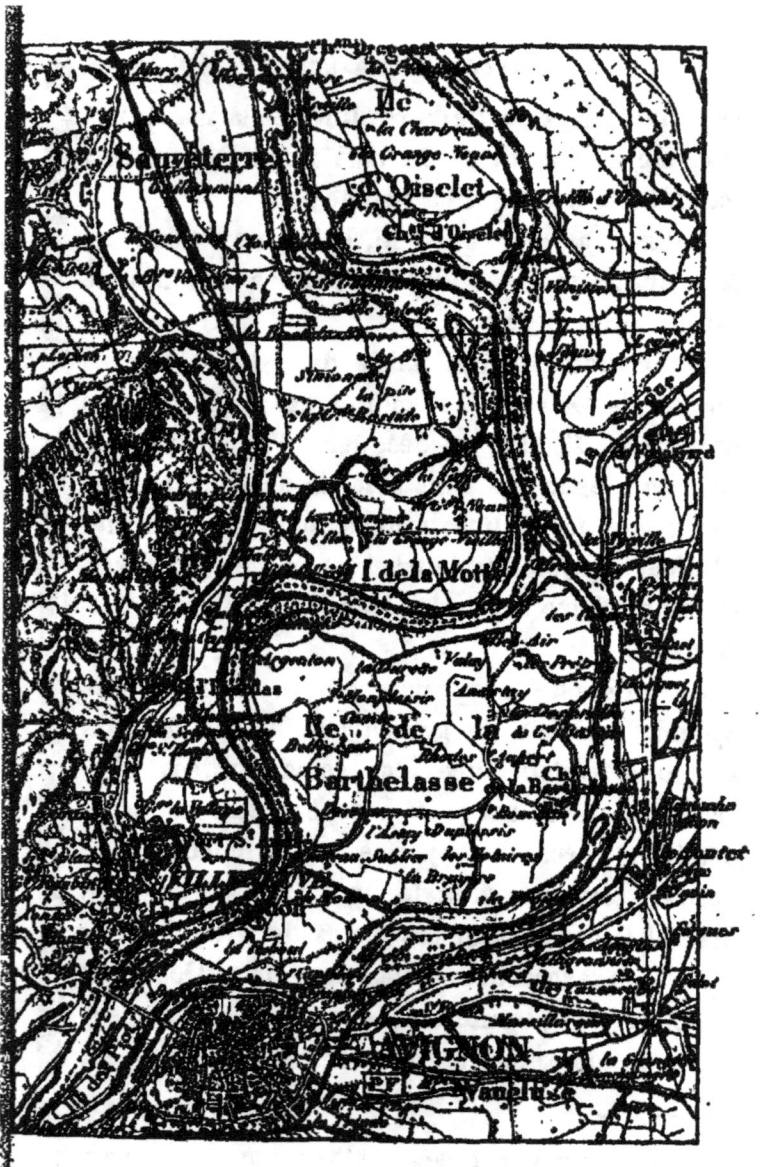

pont Saint-Bénézet menait directement à la tour de Philippe le Bel, Villeneuve, servant de séjour d'agrément aux prélats qui y avaient créé tant de palais, était animée. Aujourd'hui, beaucoup de ces hôtels sont déserts; dans les rues on rencontre surtout des chiens et des chats. Sans les visiteurs attirés par les monuments, on pourrait se croire dans une ville morte; mais l'hôpital, avec le tombeau d'Innocent VI et son riche musée, reçoit de nombreux touristes; on va errer par les lamentables et pittoresques débris de la chartreuse du Val-de-Bénédiction, où sont encore tant de merveilles architecturales. On visite ces palais abandonnés, ces églises et chapelles enlevées au culte; on monte au fort Saint-André, si puissamment assis au sommet de son rocher isolé, couvent entouré de murailles formidables et près duquel des maisons sont encore habitées; malgré un délabrement parvenu à l'extrême limite — d'autres n'ont plus ni vitres ni fenêtres, — elles sont cependant encore solides sur leur base. Les habitants sont rares; des femmes passent comme des ombres, pauvrement vêtues.

Du vieux château une rue en pente raide, taillée dans le roc, descend à la plaine; elle est bordée de maisons ornées de pampres verts, ombragées par de grands figuiers. Ce serait gai sans l'insupportable puanteur provenant des détritus jetés à même la rue.

Revenu « en Avignon », je n'ai trouvé aucun train pour me conduire à Barbentane; rapides, express, directs ne desservant point avant deux ou trois heures les petites stations. Je suis parti à pied à travers la campagne jusqu'à l'immense pont suspendu de la Durance. Sauf le polygone, où le génie a construit des huttes d'argile et de roseaux semblables à un village de delta tropical qui aurait été tracé par un ingénieur américain, le pays est une zone de cultures superbes, comme celle des rives de la Sorgues et des environs de Cavaillon[1]. Mêmes vignobles, mêmes luzernières, mêmes jardins abondamment irrigués. Mais combien est triste le large lit de galets à travers lequel courent les eaux grises de la Durance!

Après une bande de terrain stérile, on retrouve la végétation vigoureuse des jardins. De Rognonas à Barbentane les enclos font la plus singulière et la plus riche des campagnes. Des rangées de saules servant d'appui à des barrières de roseaux destinées à briser la fureur du mistral. Tous les légumes croissent à l'envi dans ces terres irriguées:

---

1. Voir 11ᵉ série, chapitres XXII et XXIII.

pommes de terre, choux-fleurs, haricots, asperges, melons, tomates, aubergines, etc. De grands espaces sont consacrés à des plants porte-graines, surtout oignons et laitues. Au milieu des cultures, sur des maisons, bien en vue pour les voyageurs passant en chemin de fer, des enseignes portent le nom des grandes maisons parisiennes pour la vente en gros des primeurs. Ces jardins luxuriants s'arrêtent brusquement au pied de hautes falaises calcaires, dans lesquelles sont entaillées, en parois d'un blanc fauve, des carrières formant comme les remparts d'une énorme ville. Les cultures enveloppent jusqu'au Rhône le petit massif sur lequel se dresse la haute tour de Barbentane.

La Montagnette contraste par ses pentes dénudées, à peine recouvertes de touffes de plantes aromatiques, thym ou lavande, avec l'opulente plaine. C'est comme une île surgissant de la verdure. De la crête inégale descendent des ravins où l'on a trouvé un peu de terre végétale, ces creux sont plantés d'amandiers rabougris et d'oliviers au maigre feuillage. Mais en dehors de ces petits *plans* il n'y a pas une culture; le roc blanc, calciné, revêtu parfois d'un manteau d'yeuses rabougries prend d'une façon amusante les allures d'une chaîne de montagnes rocheuses. La Montagnette est une réduction des Alpilles, cette réduction des Alpes.

Pourtant, au milieu de ces roches infertiles, les prémontrés ont créé une petite oasis autour de l'abbaye de Saint-Michel-de-Frigolet, mais il faudra longtemps pour transformer ce massif rocheux complètement privé d'eaux courantes; le reboisement pourrait seul donner à ces coteaux parfumés la parure qui leur manque. Le succès d'une telle entreprise n'est pas impossible : dans la partie méridionale de la Montagnette, les broussailles sont plus hautes et deviennent des bois, les chênes verts s'y mêlent aux pins.

Du sommet de ces collines on a une vue merveilleuse sur la plaine couverte de vignes et de cultures ; elle s'étend à l'infini, au pied de la chaîne des Alpilles, sombre près de nous, plus loin vaporeuse et bleue, séparée des hautes parois du Luberon, au fond, par le couloir de la Durance.

J'ai enfin trouvé un train à Graveson pour gagner Tarascon. Après avoir quitté la Montagnette, côtoyée pendant 10 kilomètres, le chemin de fer entre dans la plaine couverte d'arbres fruitiers : cerisiers et pêchers de primeurs. Grands trembles ombrageant les mas, amandiers dans les terres trop sèches, prés et champs dans les parties irriguées font un cadre charmant à la calme petite ville illustrée par le *Tartarin* d'Alphonse Daudet.

Depuis l'apparition de cette amusante satire à fleur de peau, Tarascon est la ville qui soulève le plus la curiosité des voyageurs passant dans la vallée. A peine le train a-t-il ralenti et les têtes sont à la portière pour découvrir la cité où s'agitèrent — dans le roman — l'armurier Costecalde, le brave commandant Bravida, ancien capitaine d'habillement, le bonasse pharmacien Bezuquet à mine de forban et tant d'autres héros dont les types originels ne sont pas loin, dans ce coin de Provence et de Languedoc compris entre Avignon et Nîmes. La vue découverte des hauts remblais du chemin de fer est une déception. Des boulevards bordés de platanes entourent une ville grise qui serait banale sans la lourde masse d'un château crénelé et les pittoresques ruines de Beaucaire. Si l'on passe en été, ce boulevard tout entier est une aire immense où sont étalées des gerbes blondes foulées par des mules et des chevaux camarguais. Partout du blé : en meules, en tapis, sur des charrettes. Le ronflement des tarares vannant les grains tombés des épis s'élève sans cesse. Des hommes bruns, bien découplés, serrés à la taille par une ceinture rouge, des femmes vêtues d'étoffes sombres et coiffées d'un mouchoir ou d'un chapeau de paille, voilà la population aperçue au passage. Nous sommes loin de *Tartarin* et de ses hardis chasseurs de casquettes.

En descendant l'escalier de la gare, sale et triste, enfermé dans une cage de pierre, on arrive sur une place étroite, poussiéreuse, pierreuse, où les pisteurs et les cochers de fiacre pour Beaucaire vous assaillent. Le premier édifice rencontré est un hospice vaste, monumental même, mais dont les murailles sont lépreuses. Là commence le *cours* obligatoire. Les arbres n'ont pas la végétation puissante des platanes de tant d'autres villes, mais les cafés sont vastes et nombreux; des tentes de coutil rouge abritent les terrasses, des fusains en caisses les entourent.

A peine a-t-on pénétré sur le cours et l'on est assailli par une nuée de décrotteurs, leur caisse en sautoir qui, pieds nus, veulent à toute force transformer vos chaussures en miroirs. Sur les trottoirs vaguent des groupes de bambins sales et déguenillés. Dans une rue latérale, remplie de détritus, une femme armée d'une tondeuse coupe les cheveux de ses enfants et jette les produits de la tonte au milieu de la voie publique. Ce premier aperçu de Tarascon ne répond guère au vivant tableau tracé dans *Tartarin*.

L'intérieur est plus pittoresque ; les rues, étroites comme il convient à une ville du Midi, sont bien bâties, propres, arrosées de fontaines. La population s'y presse. Dans l'une d'elles, bordée d'arcades, est un petit marché où les femmes vêtues du gracieux costume d'Arles se groupent devant les éventaires de fruits et de légumes aux éclatantes couleurs. Raisins, figues, pêches, abricots, fraises, tomates, aubergines, piments, prunes, poires mettent des teintes intenses dans cet amusant coin de vieille cité ; l'hôtel de ville, très orné, en complète l'aspect pittoresque.

Les magasins sont sobres de décor. Pas de libraires, mais des marchands de journaux et de publications populaires. Comme à Avignon, je constate l'absence de livres ou de journaux en langue provençale. Les étalages montrent des photographies à demi effacées des trois grandes curiosités de Tarascon : la Tarasque, la crypte de Sainte-Marthe et le château du roi René.

Je me suis offert une photographie de la Tarasque. Imaginez un chat accroupi et arrondissant le dos, la tête à demi féline, à demi humaine, ornée de moustache ; le corps, énorme rotondité armée d'écailles, hérissée de piquants, le dos armé d'une ligne de dents semblable à une scie. Pour queue une poutre droite. Cette machine énorme est portée par des hommes placés à l'intérieur et dont les jambes sont dissimulées par une bande d'étoffe. Les porteurs dansent et ca-

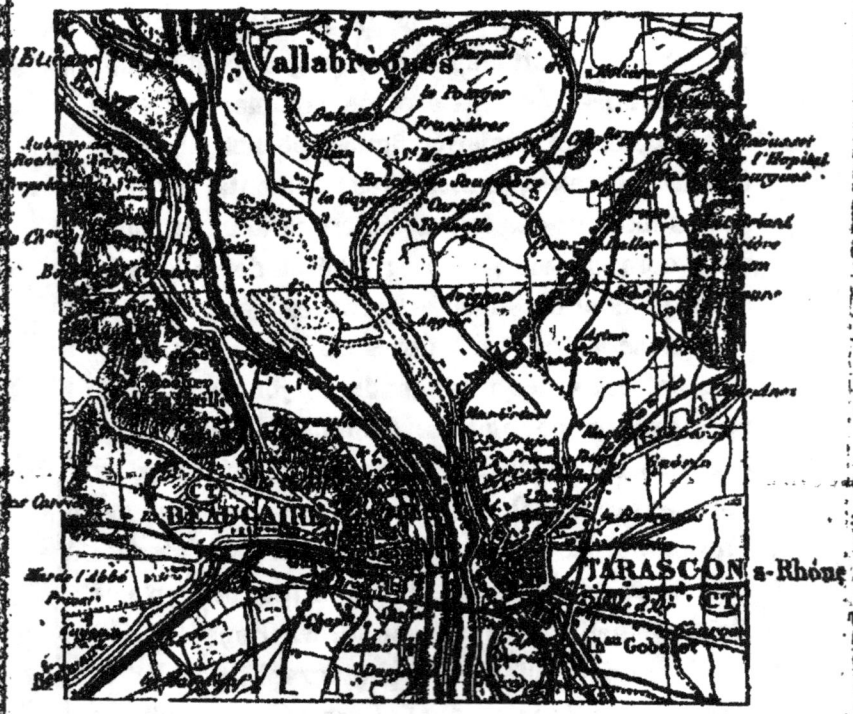

briolent de façon à faire agiter la queue et à renverser les curieux trop voisins. On promène la Tarasque ainsi furieuse le deuxième dimanche après la Pentecôte. Quelque temps après, le jour de Sainte-Marthe, elle passe douce comme un agneau, tenue en laisse par une jeune fille.

Ces deux processions auraient été créées pour célébrer la victoire remportée par sainte Marthe sur un dragon horrible appelé la Tarasque. La sœur de Marie-Madeleine, venant des Saintes-Maries-de-la-Mer, l'obligea à se jeter dans le Rhône.

Le souvenir de sainte Marthe est resté vivant ; la belle église de Tarascon lui est dédiée ; dans la crypte on voit encore des vestiges de son tombeau. Cette église est riche en œuvres d'art, en tableaux surtout ; plusieurs toiles sont d'Annibal Carrache, de Parrocel, de Mignard, de Vanloo. Elle mérite une visite.

L'autre monument de Tarascon, le château du roi René, est en voie de restauration ; c'est un haut donjon crénelé, assis sur un rocher bordant le bras mort du Rhône ; il a très fière mine et compose avec le grand pont suspendu, le pont du chemin de fer et les ruines élégantes de Beaucaire un des plus beaux panoramas du Rhône.

Cette ville de Tarascon si calme, presque déserte, est cependant un centre pour tout l'arrondissement d'Arles ; elle possède le tribunal et le parquet, avec le cortège habituel d'avocats, d'avoués et d'huissiers ; plus favorisée que son illustre voisine, elle a un régiment de dragons caserné dans un vieux mais vaste quartier. Elle n'est pas d'ailleurs sans industrie : ses saucissons, fabriqués dans de grands ateliers, sont célèbres sous le nom de saucissons d'Arles ; de tous temps ses chapeliers foulèrent des chapeaux ; enfin, une usine pour la préparation et le tissage de l'amiante a été créée près de la gare. C'est le seul établissement moderne attiré par cette ville admirablement placée pour l'industrie, à la jonction de plusieurs voies ferrées importantes, sur un grand fleuve navigable. La foire de Beaucaire, en périclitant, semble avoir enrayé la vitalité de ce pays.

II

LA FOIRE DE BEAUCAIRE

Embarras de Beaucaire! — Les livres et la foire. — La flottille d'autrefois. — La digue du Rhône. — La foire d'aujourd'hui. — La foire d'autrefois. — Mercuriale de 1896. — Beaucaire. — A travers la ville. — Les ruines du château. — Le port de Beaucaire. — Les canaux du Midi.

Beaucaire, Juillet.

Dans ma prime jeunesse, nous avions pour voisine une bonne femme dont l'exclamation au moindre obstacle ou ennui était invariablement : *Embarras de Beaucaire !* Et cela nous donnait une fière idée de l'encombrement dans cette ville fameuse.

Les impressions premières s'effacent difficilement ; j'ai toujours rêvé, en voyant le nom de Beaucaire, une ruche active et bruyante, où les embarras empêchent de circuler. A ma première visite, je tombai de haut en traversant une ville calme, assoupie, presque morte, troublée seulement par le sifflet lointain du chemin de fer ou l'énervant concert des cigales. Et comme je faisais part de mon étonnement, un Beaucarois me dit :

— Si vous voyiez Beaucaire pendant la foire !

Le touriste ne voit jamais Beaucaire pendant la foire. En cette seconde quinzaine de juillet, les vacances ne sont pas encore commencées. D'ailleurs, à moins d'être Provençal de Provence ou Languedocien du Gard, on ne songerait guère à visiter, au cœur de l'été, ces régions où le soleil règne en maître. Je suis donc resté sur cette impression seconde : Si je pouvais voir Beaucaire pendant la foire !

Enfin je vais accomplir mon rêve : nous sommes au 24 juillet, la foire, commencée le 21, finira le 28 : elle bat donc son plein. Traversons le pont et allons visiter la foire.

Je me suis longuement documenté sur la foire pour la mieux comprendre et l'apprécier ; j'ai lu de vieux bouquins et de modernes encyclopédies, des guides et des géographies. Quelques ouvrages récents parlent bien d'un déclin, mais beaucoup affirment que des navires montent à Beaucaire venant de tous les points de la Méditerranée : mahonnes, tartanes, briks, goélettes. Devant cette énumération, les vers des *Orientales* me revenaient à la pensée, je voulais voir sur le vieux Rhône jonques, goélettes et caravelles et les

> ..... lougres difformes,
> Galéaces énormes,
> Vaisseaux de toutes formes,
> Vaisseaux de tous climats,
> L'yole aux triples flammes,
> Les mahonnes, les prames,
> La felouque à six rames,
> La polacre à deux mâts !

Je traverse le pont suspendu, merveille d'autrefois, dont les cinq travées, longues de 450 mètres, franchissent les deux bras du Rhône. Voici là-bas Beaucaire. Un quai énorme en masque les maisons, on aperçoit à peine des toits gris, des flèches d'églises au pied de la colline rocheuse, boisée de pins et couronnée par les ruines fières du château. Mais pas un navire, pas un mât, pas une voile, pas une coque. Au pied du quai trois longues machines, étroites, avec d'énormes tambours et une gigantesque barre de gouvernail chargent ou déchargent des marchandises. Ce sont de vieilles connaissances pour moi : l'*Océan*, le *Papin*, l'*Althen*, lit-on sur les tambours, mais ce sont des vapeurs lyonnais faisant escale à Beaucaire[1].

---

1. Sur ces grands vapeurs de la navigation rhodanienne, voir la 8ᵉ série du *Voyage en France*, chapitres XVIII et XIX.

Encore une illusion envolée ! Sans doute les marchandises de la foire sont expédiées de ou pour Marseille ou Saint-Louis et viennent ici par le chemin de fer et les bateaux du fleuve ?

Le pont est traversé, il aboutit à ce quai derrière lequel la ville est blottie. C'est une ample digue destinée à mettre Beaucaire à l'abri des inondations ; des becs de gaz et des bancs l'ont transformée en une promenade comparable à ces digues des plages du Nord d'où l'on contemple le flot marin. A Beaucaire, le panorama est tout autre : le Rhône et une île sablonneuse, Tarascon derrière son vieux château, les Alpilles bleues et les Alpes de Provence sont à certaines heures, au crépuscule surtout, un des paysages les plus merveilleux de notre France.

Au-dessous de la digue passe une rue banale, bordée de maisons quelconques ; ce sont les « murs » surgissant « de la grande prairie de Beaucaire » que Chapelle et Bachaumont virent dans leur voyage de 1655 et dont ils ont donné un récit amusant mais imprécis. J'ai laissé de côté la ville, je la verrai plus tard ; allons vite à la foire...

Un escalier monumental descend à une esplanade immense plantée de platanes hauts et touffus, à travers le feuillage desquels le soleil, si brûlant sur la digue, ne saurait percer. C'est une sensation exquise de fraîcheur, dès que l'on a pénétré, au delà d'un théâtre en construction, sous les voûtes des beaux arbres, d'où viennent des piaillements de moineaux et des cris stridents de cigales.

Sous les platanes, alignées en avenues, voici des tentes et des baraques, un vélodrome, une ménagerie, au fond, barrant la perspective, les inévitables arènes où l'on va donner des courses de taureaux. Des chevaux de bois, des jeux de hasard, des tirs, en un mot la foire de Neuilly en plus petit, abritée par des arbres géants. Puis, une multitude de cafés installés sous des tentes, succursales foraines des cafés de la ville, qui sont venus monter une baraque avec une terrasse où l'on boit des bocks, de l'absinthe et de la limonade en regardant passer la foule. Seuls ces cafés donnent une note locale à la banale kermesse. Aucun établissement de la cité n'a manqué de venir, je relève même cette enseigne au fronton d'une des tentes :

CERCLE OUVRIER RÉPUBLICAIN SOCIALISTE

Et voilà la foire de Beaucaire, telle qu'on la vit en juillet 1896.

J'avisai parmi les boutiques un vieux bouhomme attendant patiemment la clientèle — il était à peine midi. — Tout blanc, d'aspect octogénaire, il devait avoir vu bien des foires ! Je lui achetai un brimborion et le fis causer.

« Ah ! Monsieur ! me dit-il, ce n'est plus la foire de Beaucaire que vous voyez là. Je l'ai connue dans mon enfance — car je suis fils de la halle, — à une époque où l'on commençait à peine à aller en bateau à vapeur, où l'on ne savait pas encore ce qu'était un chemin de fer. Alors il fallait voir Beaucaire ! Pas de quai, le Rhône longeait une grève où des bateaux venaient s'amarrer. Il en venait, de ces bateaux ! de la Bourgogne, de la Bresse, de Savoie, de Lyon, il en venait par cent à la fois portant à l'avant toute une écurie de chevaux superbes destinés à la remonte. Il y avait des rigues, des penelles, des barques, des cyslandes. Elles descendaient seules, mais remontaient par convois de 50 à 60 chevaux comme on n'en voit plus maintenant dans notre Provence.

« Puis le canal amenait les barques d'Aigues-Mortes et de Cette ; il n'y avait en aval que le pont de bateaux d'Arles, il s'ouvrait, les navires pouvaient donc monter. Pas de grands bâtiments, mais cependant il y avait assez de mâts et de voiles pour faire du Rhône un port magnifique.

« Ça commençait de bonne heure, dès le mois de juin, bien que l'ouverture fût fixée comme aujourd'hui au 21 juillet. On élevait des tentes et des baraques dans les prairies, ici même où l'on ne voyait pas encore d'aussi beaux arbres. Acheteurs et vendeurs y couchaient, beaucoup avaient leur domicile sur des bateaux, d'autres habitaient Tarascon. Dans Beaucaire les celliers, les caves, les écuries devenaient des magasins pour les marchandises de grand prix.

« Et il y en avait, des marchandises ! par le Rhône, Lyon envoyait ses soieries ; le Beaujolais, ses toiles ; Saint-Étienne, ses armes et ses outils ; Annonay, du papier et des cuirs. Par le canal, Lodève amenait des draps ; Bédarieux, des cuirs ; les Cévennes, des laines.

« De la mer venaient les Turcs, les Algériens et autres Barbaresques, les Grecs, les Italiens, les Espagnols ; ils apportaient des soies, des peaux, des figues, que sais-je, moi ! on était noyé dans cinquante mille, cent mille, peut-être deux cent mille catholiques, hérétiques ou païens. Vous avez vu Marseille, Monsieur, vous savez ce qu'on y voit de gens venus de tous les pays, et bien Beaucaire c'était autre chose encore !

« C'était la vie de tout un pays, Monsieur le préfet y venait, Beaucaire était le chef-lieu du département pendant huit jours. Monsieur le préfet donnait des fêtes. Quand on avait à discuter avec un autre commerçant, on avait sur place un tribunal qui vous jugeait de suite, presque sans frais. Bien des gens ne réglaient leurs comptes qu'une fois par an en foire de Beaucaire, où ils mettaient payables les billets à ordre.

« Et comme c'était arrangé ! Les marchandises ne se mêlaient pas. Vouliez-vous des soieries ? elles étaient dans le même quartier, les baraques séparées par des ruelles ; ailleurs, c'était les toiles de fils, plus loin les toiles de coton, les étoffes légères de laines. Des rues n'avaient que des quincailliers. Les gens du Comtat avaient tout un quartier dont les rues étaient faites de piles d'oignons plus hautes qu'un homme. Puis, il y avait des bijoutiers et des marchands d'épices dont les boutiques sentaient si bon la cannelle, le café, le gingembre et le poivre.

« Le soir, tout cela s'éclairait, on faisait la cuisine entre des pierres, au bord du Rhône comme des sauvages. Et l'on criait, et l'on riait, et les physiciens, les acrobates, les montreurs d'ours appelaient la foule à grands cris et à grand bruit de cymbales et de tambourins. Les beaux messieurs et les belles dames venaient de loin pour voir ça.

« Aujourd'hui, voyez : sans vous je n'aurais pas étrenné. Dans l'après-midi on viendra un peu de Tarascon, de Nîmes, de Montpellier et ce sera tout. On fait encore un peu de commerce ici, mais il y a bien des foires plus « conséquentes. »

Ainsi parla mon vieux forain, ou à peu près, car j'ai mis de l'ordre dans sa description. La foire en effet est bien finie, au moins la foire telle que nos pères la connurent.

Tous les écrivains qui ont parlé de la foire se sont copiés, aussi faut-il se méfier de ces récits et des chiffres donnés. Des détails fournis il y a plus de cent ans par M. de Boulainvilliers, intendant de Languedoc, se retrouvent encore présentés comme récents, en des publications modernes! M. de Boulainvilliers estimait à 30 millions le chiffre des affaires, dont 10 millions pour les toiles. C'est le chiffre souvent publié de nos jours, admis il y a 25 ans comme article de foi ! Le commerce portait sur les soies, châles de Nîmes, draps et lainages, rouenneries, cuirs, laines, vins, eaux-de-vie, huiles d'olive, amandes et fruits du Midi. Aujourd'hui tous ces produits se vendent plus commodément par correspondances.

D'après des chiffres que M. le maire de Beaucaire a bien voulu me donner, les transactions s'élèvent actuellement à 250,000 ou 300,000 fr. ; elles portent surtout sur les cuirs et la bimbeloterie. Les vendeurs viennent des Bouches-du-Rhône, de l'Hérault, de l'Aude, de la Haute-Garonne, de la Lozère et du Gard. Le nombre des visiteurs ne dépasse pas 25,000 ou 30,000 ; dans ce chiffre ne figurent plus le préfet et le tribunal spécial de commerce : depuis 25 ans Beaucaire a perdu son rang temporaire de chef-lieu du Gard.

Il serait donc malaisé de faire un tableau de la foire en ces dernières années d'après ces descriptions puisées en des documents anciens. Tout au plus tiendrait-on pour exact un dessin assez naïf du *Magasin pittoresque* de 1840, où l'on voit des baraques à frontons triangulaires border le fleuve, sur lequel sont ancrés des bricks et des tartanes.

On trouve cependant, dans Beaucaire même, un reflet, presque imperceptible, il est vrai, de cette époque de splendeur. En passant dans une étroite artère, la rue Eugène-Vigne, mon attention a été attirée par des écriteaux peints en bleu sur toile blanche, tous semblables, tendus au-dessus de petits magasins, cubes blanchis prenant simplement jour sur la porte, telles les boutiques des juifs d'Algérie. Tous portent le nom de mégissiers de Bédarieux. Ces chambres sont remplies par des amas de cuirs ; pour meuble une seule chaise ; les mégissiers sont devant la porte attendant le client. Telle devait être jadis, avec la foule en plus, la physionomie de Beaucaire pendant la foire.

D'ailleurs, l'aspect même de la ville rappelle ces jours de splendeur : les hautes maisons, bordant des rues étroites, ont des cariatides, des portails et des balcons sculptés. Sur la place de la République, deux maisons à arcades et de beaux platanes semblent offrir encore leur abri aux marchands. Hélas ! ceux-ci ne viennent plus, le silence est complet entre ces vieux et austères hôtels ; seul un petit marchand de journaux le trouble, il glapit le nom d'une petite feuille locale et ajoute : « Demandez la démission du président de la commission des fêtes ! »

Des fêtes et une commission, voilà ce qu'on a trouvé pour ramener la foule, et encore la commission a des troubles dans son sein !

La ville est mieux bâtie que Tarascon ; il y a des cours presque princières derrière ces façades nobles, opulentes, mais mornes. L'eau coule avec abondance, partout des fontaines dont l'eau courant dans les ruisseaux rafraîchit l'atmosphère.

En quittant ces rues ombreuses et fraîches pour traverser l'esplanade étendue au pied du rocher supportant les ruines du château, on croirait entrer dans une fournaise. Mais à peine a-t-on gravi le large escalier conduisant sur la colline et l'on trouve un bois de pins superbes, aux senteurs résineuses, où le vent apporte un peu de fraîcheur. Dans ce bois conquis sur le roc aride, des chemins montent jusqu'aux ruines du château, encore reliées par des remparts crénelés dorés par le soleil. Une tour ronde, un donjon d'une forme triangulaire fort curieuse, dont la silhouette, vue des campagnes voisines, est si belle ; une ravissante chapelle romane dédiée à saint Louis, telle est cette forteresse démantelée placée sur ce beau roc isolé : *Bellum quadrum*, qui a donné son nom à la ville.

De la partie du rempart, arasée en terrasse dominant le Rhône, on jouit d'une vue incomparable.

Au premier plan, la Montagnette, maigrement revêtue de chênes verts et de pins, Tarascon et son donjon, le fleuve large fuyant dans les terres basses du pays d'Arles, les plaines immenses de Vallabrègues et de Saint-Remy, très vertes grâce aux irrigations; celle du Gard, couverte de vignes avec ses maisons blanches entourées de cyprès. Comme fond de tableau, les Alpilles, le Ventoux, les Alpes lointaines.

Je quitte à regret la vieille forteresse réduite à ses murailles d'enceinte éraflées par les balles, pour redescendre en ville gagner le canal, partie vraiment animée de Beaucaire. Les bateaux sont nombreux dans le bassin, grâce au transit entre la navigation du Rhône et celle du réseau très complet des canaux du Midi. Le port de Beaucaire est le troisième des ports du Rhône, il eut un mouvement de plus de 93,000 tonnes en 1892; Lyon et Lafarge l'ont dépassé, mais ce dernier port a l'énorme exploitation des chaux du Teil à desservir [1].

Il manque au port de Beaucaire des relations directes avec le chemin de fer.

En dehors du transit, Beaucaire peut alimenter les voies de communication dont elle est dotée. Elle possède quelques usines, distilleries, brasseries et fait un commerce considérable de vins. Ses carrières de pierre blanche sont célèbres; elles donnent des matériaux d'un grain fin et doré auquel les villes de la région, Nîmes et Montpellier notamment, doivent leur aspect de luxe. Ses fabricants de saucissons font le saucisson d'Arles. En somme, ses 10,000 habitants s'efforcent de trouver des ressources nouvelles pour remédier à

---

1. Voir 11e série du *Voyage en France*, chapitre XIII.

la disparition des foires, mais la grande époque n'en est pas moins finie pour Beaucaire ; cependant elle peut espérer beaucoup de l'amélioration de son canal et des canaux latéraux. La profondeur de deux mètres n'est pas atteinte partout : sur la branche principale elle descend à 1^m,80, sur les canaux voisins les bateaux calant plus de 1^m,20 ne sauraient circuler. Enfin la traversée du Vidourle et du Lez et les crues interrompent la navigation.

Les écluses sont insuffisantes, les chalands du Rhône ne peuvent les traverser pour aller à Cette, il faut un transbordement onéreux. Ces chalands ne peuvent même entrer dans le bassin de Beaucaire, l'écluse d'accès étant trop courte et décrivant une courbe. Ces difficultés sont peut-être pour quelque chose dans l'abandon des hauts fourneaux dont les ruines lamentables frappent le voyageur allant à Nîmes.

Dans l'amélioration des canaux seulement est le remède à la décadence de Beaucaire : si la ville ne la poursuit pas avec ténacité, des influences pourraient faire diriger le tracé du canal vers un autre point du Rhône, Arles par exemple : le projet a déjà été mis en avant.

III

UZÈS ET LE PONT DU GARD

De Beaucaire à Remoulins. — Montfrin et ses champs de fleurs. — La vallée du Gardon. — Apparition d'Uzès. — Sur le *cours* en plein midi. — La ville féodale. — Le vallon de l'Alzon. — La fontaine d'Eure. — Le pont du Gard. — Remoulins. — Les fosses de Fournès. — Aramon.

Avignon, Juillet

La gare de Beaucaire est triste, poudreuse et sale ; elle est loin de la ville, au delà du canal, dans une sorte de steppe. Beaucoup de voyageurs préfèrent descendre à Tarascon, ceux-là surtout qui viennent par la ligne de Lyon à Marseille ; ils évitent l'attente et le changement de train. Ainsi réduite aux relations avec Nîmes et Remoulins, la pauvre station contraste fort avec l'activité de sa voisine de la rive gauche.

Pourtant Beaucaire est gare d'embranchement, la ligne de Tarascon à Uzès et Alais s'y détache de celle de Tarascon à Cette ; par une grande courbe elle va passer dans une dépression de collines pour suivre le Rhône jusqu'au confluent du

Gardon. La voie ferrée longe un joli canal d'eau claire, dérivé du Gardon à Remoulins, pour abreuver Beaucaire et sa plaine, et s'engage dans une campagne superbe. A partir de Comps, on traverse sans cesse un admirable verger; les cerisiers et les pêchers forment des plantations opulentes.

Au delà du Gardon, on voit se dresser des coteaux isolés, couverts d'oliviers dont la verdure est d'un vert brillant ; au pied d'un de ces coteaux, bordant le Gardon, une petite ville aux rues symétriquement tracées s'étend au pied d'un beau château semblable aux palais italiens. La ville s'appelle Montfrin, le château a été construit par Mansard. Je n'ai pu visiter de nouveau Montfrin, où je vins jadis ; j'en ai gardé le souvenir d'une petite cité aux rues étroites et fraîches, coupées à angle droit, où l'on travaille à tourner les bois de peuplier et de saule des bords du Rhône, pour en faire les bâtis de chaises dont les roseaux du fleuve et du Gardon fourniront le paillis. D'autres petits ateliers fabriquent des balais de sorgho.

La campagne est très belle autour de Montfrin, elle est remplie de parterres où l'on cultive les fleurs pour la graine. Il y a là de vastes carrés de pourpiers, de pensées, de verveines, d'œillets de

Chine et de poète. De Montfrin à Meynes c'est une succession de jardins éblouissants.

Malgré le soleil cuisant de cette matinée de juillet, les paysans travaillent. Pour mieux supporter la chaleur, ils ont la chemise sortie du pantalon ; elle flotte autour d'eux et permet la circulation de l'air ; le chapeau de paille est rabattu sur le front et la nuque. Ils ameublissent le sol à grands coups de houe, donnant ainsi un démenti à ceux qui présentent le paysan du Midi comme peu enclin au travail.

Toute la partie où l'eau peut parvenir est un vaste jardin potager ou fleuriste ; la zone non irrigable est couverte de champs de fenouil ou d'oliviers, partout où le rocher est garni d'un peu de terre. Le fenouil, que j'ai déjà rencontré dans le Comtat[1], est destiné en grande partie à l'étranger : à l'Angleterre, où son parfum est associé au savon ; à l'Allemagne, où la graine est mélangée à la pâte du pain. La graine est très légère : on en compte plus de 10,000 dans un gramme ; le prix moyen est de 80 fr. les 100 kilogr. Au-dessus des cultures s'étend l'immense plateau limité par les garrigues de Nîmes, et la ligne de falaises de Bellegarde, région dont les

---

1. 11ᵉ série, chapitre XVI.

plantations reconstituées sont un des plus vastes vignobles de France.

J'étais venu pour le pont du Gard. Reconnaissant en consultant l'indicateur la possibilité d'aller à Uzès visiter la fontaine d'Eure et de revenir au pont au moment où la chaleur sera moins grande, j'ai continué ma route. Le chemin de fer traverse une vaste plaine encadrée de collines profondément ravinées, arrosée par des filioles d'irrigations ; les prés et les peupliers étonnent, sous ce soleil de feu. Puis, soudain, on pénètre dans les coteaux rocheux et les garrigues brûlées, où le cultivateur patient a su conserver de la vigne et des oliviers. Au fond, entre des collines abruptes, sa base noyée dans la verdure, apparaît le pont du Gard ; la rangée supérieure d'arcades prend ainsi une apparence aérienne.

Si le Gardon coule dans un abîme, la plaine où court le chemin de fer est bien cultivée, les environs de Vers et d'Argilliers révèlent un labeur acharné. Dans ces campagnes où, grâce à la limpidité de l'atmosphère, le moindre objet prend un extraordinaire relief, on aperçoit avec surprise des édifices singuliers : une pyramide, des rotondes, un château à colonnes accouplées, à tours ajourées ; on pourrait croire à des essais d'architecture classique tentés par un prince de l'Inde.

On a abandonné la vallée du Gardon pour remonter celle de l'Alzon. Elle est plus maigre, mais il y a cependant beaucoup de céréales et de vigoureux champs de luzerne ; sous les oliviers croît le sorgho à balai ; même il y a des cultures de betteraves assez étendues dont les produits sont destinés à la sucrerie de Port-l'Ardoise. La rivière est invisible, on la devine aux rangées de peupliers ; des groupes de ces arbres remplissent des dépressions où la carte indique des fontaines. Le chemin de fer et la route traversent la transparente rivière au pont des Carettes, site presque désert aujourd'hui, mais qui dut avoir jadis une certaine importance, on y voit de vieux édifices drapés de lierre. La voie monte entre des parois de roches blanches et soudain, très loin, sur une haute colline, on aperçoit des tours, des campaniles ajourés, des créneaux, des remparts, une cité d'aspect féodal, c'est Uzès. On ne parvient pas de suite en ville, la station est loin, il faut se jucher sur d'immenses omnibus et grimper par une route poussiéreuse tracée dans le roc. Sur le plateau, on longe de beaux parcs et d'immenses luzernières complantées de mûriers énormes, avant de pénétrer sur un grand cours ombragé d'alisiers, d'ormes, de platanes et de marronniers aboutissant au boulevard circulaire de la ville primitive d'Uzès.

Il est plus de midi déjà; je vais à l'hôtel déjeuner en hâte, commander une voiture pour la fontaine d'Eure et, pendant qu'on attelle, parcourir la ville. La chaleur est torride, mais, sous les arbres et les tentes des cafés, l'impression de fraîcheur est exquise, on comprend l'attitude des gens venant d'un pas lourd, le gilet déboutonné, la veste sur le bras, s'installer devant les tables de fer pour boire des boissons glacées. Il en vient tout le long, sous les alisiers au feuillage sombre. Mais lorsque j'abandonne la partie vivante des boulevards pour traverser la promenade des Marronniers, le vide se fait, le silence est troublé par le seul cri des cigales. Du parapet on a une vue admirable et sauvage à la fois sur le ravin profond de l'Alzon, les collines hérissées de rochers, le plateau désert des garrigues. Au coin de cette promenade qui rappelle, avec l'éclat du ciel en plus, les remparts d'Angoulême, s'élève la statue de Brueys, le glorieux vaincu d'Aboukir. Ensuite se continue le boulevard, sur lequel s'alignent des casernes vides; Uzès n'a plus de garnison et escompte toujours l'envoi d'un bataillon de zouaves. Des rues étroites et fraîches ramènent à l'intérieur de la ville. Là sont les vieux édifices féodaux : le *Duché*, château en partie enveloppé par des constructions parasites et dont le donjon maladroitement restauré domine toute la cité ; la *tour de l'Horloge* et la *tour du Roi*. Mais on éprouve une déception devant ces restes : aperçus d'ici, ils n'ont pas l'aspect grandiose qu'on leur a vu à distance.

Par des ruelles larges à peine d'un mètre, infectes, sans air mais bordées souvent de maisons offrant des fenêtres et des porches à motifs charmants, j'ai atteint la place de la République, bordée d'arcades, et retrouvé le boulevard où m'attendait la voiture. Je prends place à côté du cocher : nous voici lancés à fond de train sur une pente sinueuse, tracée au-dessus du ravin de l'Alzon, si curieux avec ses roches érodées et trouées sur le versant exposé au soleil, si vert du côté de la ville. La chaleur est extrême dans ce vallon encaissé, rares sont les passants, une seule voiture monte la côte, le cheval est coiffé d'un vaste chapeau de paille percé de deux trous pour laisser passer les oreilles. Au bas de la côte, le torrent fait mouvoir de petites usines. Ce sont, dit mon cocher, des fabriques de jus de réglisse. Il prononce *jusssse*, avec autant d'*s* que vous voudrez en mettre. L'Alzon fait encore mouvoir ici de nombreuses filatures de cocons; elles sont, avec une fabrique de lacets et les commerces culinaires de la truffe, des écrevisses de l'Alzon et de la confiserie, l'élément principal de l'activité d'Uzès.

La route traverse l'Alzon, presque sans eau, et l'on suit un chemin frayé dans les prairies

jusqu'à un moulin ombragé par deux platanes gigantesques, moulin animé par un cours d'eau d'une limpidité merveilleuse alimentant le bassin d'un lavoir voûté en ogive. Le cours d'eau vient de la fontaine d'Eure, il transforme aussitôt en rivière le maigre ruisseau de l'Alzon. Grâce aux deux platanes aux troncs énormes, à la puissante ramure, le moulin d'Eure est une « fabrique » d'une rare splendeur.

La fontaine est plus haut ; pour l'atteindre,

l'équipage traverse une prairie récemment fauchée. C'est un bassin carré en maçonnerie, les eaux sourdent et bouillonnent parmi des plantes aquatiques. La source est très basse en ce moment, aussi donne-t-elle plutôt l'impression d'un marais ; mais, à l'issue du bassin, c'est un gros ruisseau clair et frais. Pour capter ces eaux pures au profit de Nîmes, les Romains avaient construit un aqueduc dont le pont du Gard est le reste le plus grandiose.

Le site est admirable ; le fond de la vallée si vert et frais contraste avec les rochers brûlés des garrigues ; sur d'autres roches envahies par une végétation puissante, apparaît Uzès, de fière et martiale allure, grâce à ses tours et à ses clochers. C'est un des beaux paysages du Midi, un des plus beaux de la France entière. Je m'arrache avec peine à sa contemplation.

Le retour, sur la route exposée au soleil, est terrible. Aussi à peine avons-nous retrouvé la statue de Brueys, et je m'enfonce avec délice dans les petites rues ombreuses pour aller visiter la cathédrale, Saint-Théodorit. Son élégante tour Fénestrelle attire seule l'attention ; c'est un clocher à jour, haut de 40 mètres, dont la fine silhouette est une des grandes beautés de ce paysage. Uzès n'est plus évêché, l'ancienne résidence de ses prélats est devenue l'habitation du sous-préfet. Le parc des évêques, aujourd'hui propriété particulière, est une admirable promenade tracée dans les rochers abrupts surplombant l'Alzon.

Il faut repartir pour visiter le pont du Gard avant de gagner de nouveau Avignon. L'omnibus m'emmène à la station et quelques minutes après le train me laisse sur le quai de la halte du Pont-du-Gard, à un kilomètre à peine du fameux aqueduc. Jamais route ne me parut plus longue que ce ruban blanc exposé aux rayons implacables de juillet. En vain aperçoit-on, au pied de la route, les eaux du Gardon retenues par un barrage, il semble que leur miroir immobile réverbère encore ce ciel de feu. Au fond, majestueux, dans le cadre austère des collines se dressent les trois rangées d'arcades sous lesquelles passaient jadis les eaux de la fontaine d'Eure et de la fontaine d'Airan, sa voisine.

L'apparition du monument ne surprend pas comme on pourrait le supposer. Le pont du Gard a contre lui d'être trop vanté. On l'a tant célébré, il a donné lieu à des descriptions si enthousiastes! Et l'on s'étonne de le voir moins grand que ne le rêvait l'imagination, on le compare involontairement à d'autres œuvres architecturales modernes, à ces viaducs hardis dont les chemins de fer ont couvert notre territoire. Je ne suis pas seul à avoir ressenti cette déception ; Arthur Young, passant ici en juillet en 1787 et n'ayant pas les points de comparaison offerts par notre industrie moderne, disait déjà : « A première vue, je fus désappointé, je me figurais quelque chose d'autrement grandiose, mais je découvris bientôt mon erreur, et restai convaincu, après l'avoir examiné de plus près, qu'il ne lui manque aucune des qualités qui commande l'admiration. »

Ce sentiment ne s'impose donc pas tout à coup, le monument d'ailleurs l'inspire moins par ses proportions que par la pureté de ses lignes, leur harmonie, la couleur, la sauvagerie du site. Le pont du Gard est bien fait pour ce paysage, ces roches brûlées, ces eaux limpides. Les siècles, d'ailleurs, ont ajouté beaucoup à sa beauté ; ils ont doré les pierres et émoussé les angles.

Veut-on des chiffres ? Ce pont, restauré au siècle dernier par les États du Languedoc, a 269 mètres de longueur au sommet, et 171 seulement à la hauteur du premier étage, c'est-à-dire au tablier du pont accolé à la première rangée d'arcades. La hauteur totale est de près de 49 mètres. Il y a 6 arches au-dessus du fond de la vallée, il y en a 11 au second rang supportant les 35 arceaux de l'aqueduc proprement dit. Quant à la longueur totale du canal qui amenait les eaux à Nîmes, elle était de 41 kilomètres. Le pont est en assez bon état pour être utilisé encore, on comprend malaisément pourquoi la ville de Nîmes

n'a pas repris l'œuvre romaine, restauré les galeries et conduit de nouveau sur ses collines arides les eaux pures des fontaines d'Uzès. Elle aurait profondément transformé sa banlieue en arrosant les garrigues. L'antique monument est assez solide et puissant pour pouvoir apporter, pendant des siècles encore, une rivière d'eaux pures à la grande cité du Midi.

Les bords du Gardon sont exquis, de beaux arbres se penchent sur l'eau transparente et offrent un abri délicieux. A l'issue du pont, une auberge est installée sous les ombrages ; tout autour, le maître du café, ses domestiques, les ouvriers de carrières voisines dorment, sur l'herbe étendus. Nous sommes là quelques touristes, que l'ardeur du soleil avait suffoqués ; sous cette voûte impénétrable nous nous laisserions aller, nous aussi, à cet assoupissement, plusieurs déjà sont endormis ; dans la crainte de succomber à mon tour, je prends le chemin de Remoulins, heureusement bordé de quelques arbres, sous leur ombre j'atteins sans trop de peine La Fous, hameau de jolies maisons habitées par des malades venus pour suivre un traitement dans le bel établissement hydrothérapique créé au bord du Gardon. Mais la chaleur est suffocante à la traversée du pont suspendu. Sous ce soleil, la petite ville de Remoulins, propre et régulière, est plongée dans un morne silence, les moulins eux-mêmes tournent à regret. Deux de ces petites usines, où l'on fait de la farine et de l'huile, appartiennent à des meuniers aux noms héroïques de Calderon et de Truphémus.

Il faisait chaud sur la route de la gare, et cependant il fallait marcher vite pour ne pas man-

quer le train du pont d'Avignon. Il entrait en
gare au moment où j'arrivais ; quelques secondes
après, nous étions en route.

Oh ! le pittoresque parcours du chemin de fer !
A peine a-t-on quitté Remoulins et l'on est en vue
du plus extravagant des paysages. Les coteaux situés au nord de la voie ferrée ont été fouillés,
érodés, ravinés et sculptés par les eaux. Les parties restées debout, les *témoins,* affectent les formes les plus imprévues : il y a des pitons et il y a
des gouffres, il y a des lèvres de ravins et des falaises capricieusement plissées ; par l'ouverture
d'un torrent à sec, l'œil plonge un instant dans
une sorte de cratère aux aspects fantastiques. La
carte de l'État-major donne un nom à ce coin
d'argiles bouleversées : ce sont les « fossés de
Fournès ».

Le pays tout entier, au delà de Fournès, vers
Théziers, Domazan et Estézargues, est ainsi déchi-
queté. La terre argileuse dont l'érosion a produit
ces formations bizarres est exploitée à Théziers
en d'importantes briqueteries.

La plaine dans laquelle le train file à toute vapeur n'est limitée que par les coteaux aigus de
Comps et de Montfrin, les collines rocheuses de
la Montagnette et les lignes bleues des Alpilles.

On devine le Rhône aux fourrés de peupliers et de saules. A droite de la voie ferrée se suivent d'innombrables cerisiers, à gauche de belles olivettes couvrent le flanc des coteaux en une nappe immense. Dans ces oliviers les cigales sont nombreuses ; s'exaspérant par le bruit, elles couvrent parfois le tapage du convoi.

La petite ville d'Aramon apparaît entourée de vastes jardins maraîchers où l'on fait des primeurs, des tomates surtout, dont les lignes sont abritées par des haies de roseaux. Le pays ne peut être irrigué, mais des norias permettent d'amener l'eau du sous-sol et d'arroser ces beaux jardins.

La petite ville a donné son nom au cépage le plus répandu dans le pays, mais elle possède peu de vignes ; la culture des légumes, les fruits, les oliviers font la fortune de ces rivages du Rhône.

La plus grande partie des 2,700 habitants d'Aramon sont des ouvriers, la fabrication des chaises, si répandue dans la contrée, et la vannerie, plus importante même qu'à Vallabrègues[1], y occupent un très grand nombre de bras d'hommes, de femmes et d'enfants.

A peine aperçoit-on un instant cette grise petite cité, le chemin de fer passe sous un tunnel, des-

---

1. Voir 3° série du *Voyage en France*, page 282.

sert la gare et, courant au pied des collines, longeant le Rhône devant l'embouchure énorme de la Durance, monte vers Avignon dont la silhouette grandit peu à peu. Voici la gare du pont d'Avignon ; en quelques instants, j'ai franchi les bras du fleuve et la Barthelasse.

IV

LES HUILES DE SALON

Orgon. — Les Plaines. — Le pertuis de Lamanon. — Les canaux de Craponne et des Alpilles. — Salon. — Le commerce des huiles. — Les olives et les graines oléagineuses. — Le goût de fruit. — Un Pactole oléagineux. — A travers Salon. — Le château. — Les fabriques d'estagnons. — Adam de Craponne et Nostradamus. — Les caisseries. — Procédés commerciaux. — Mouvements de la gare. — La transformation de la Crau salonnaise.

Salon, Juillet.

Quand, après avoir parcouru l'opulente plaine de Cavaillon[1], on se rapproche de la Durance, on voit se dresser de l'autre côté du puissant cours d'eau les premiers contreforts des Alpilles, modestes par leur hauteur réelle, mais amusantes par leur façon de jouer à la montagne. Sur l'une de ces collines, bien découpée, la chapelle de Notre-Dame de Beauregard et les ruines d'une forteresse appelée château du duc de Guise do-

---

1. Voir 11e série du *Voyage en France*, pages 336 et suivantes.

minent le large lit où les bras de la Durance errent parmi les galets.

Au pied du coteau, une vieille petite ville dont les maisons grises se confondent avec le rocher, avec des murailles éboulées, enchevêtrement de rues tortueuses bordées de vieux édifices dont beaucoup gardent des traces d'un passé de richesse et d'art.

La ville se nomme Orgon ; le chemin de fer de Tarascon, une branche du canal des Alpilles et les routes se disputent l'étroite bande de terre. Le site est curieux : des falaises, des aiguilles de rocher, des blocs éboulés, des ruines, composent un des paysages les plus pittoresques de la vallée ; à peine a-t-on passé sous le pont du chemin de fer de Salon et le paysage change brusquement. Route, canal, voie ferrée, bordent le massif rocheux ; à l'est et au sud s'étendent les immenses campagnes de la plaine de Sénas, couverte de vignes, de luzernières, de prairies et de rangées de mûriers.

Les hauteurs se dressent, abruptes, creusées de ravins sans nombre, pour supporter un singulier contrefort des Alpilles, plateau de landes appelé les Plaines, véritable désert dans lequel on chercherait en vain une habitation.

La route abandonne peu à peu la base des

Plaines pour se diriger vers le bourg de Sénas, gros centre agricole enrichi par le canal. Cette rivière artificielle est souvent trop au-dessous de la surface du sol pour répandre naturellement ses ondes ; les cultivateurs ont inventé un curieux instrument servant à amener l'eau ; c'est un récipient muni d'un long manche creux ; par un jeu de bascule, on peut puiser dans le canal et verser dans le terrain à irriguer.

Le paysage de Sénas est saisissant. Les Alpilles, formant comme une muraille, sont coupées par une dépression très profonde et très large. Au milieu de l'ouverture, un rocher surmonté par les ruines du Castelas ; à côté, deux hautes buttes ayant l'apparence de tumuli ; au fond, la belle montagne des Houpies barrant l'horizon.

La route, laissant de côté ce passage vers l'intérieur du massif, se dirige droit sur les Alpilles et arrive tout à coup en face d'un défilé étroit ouvrant sur les vastes horizons de la Crau. Il est peu de changements de spectacle aussi subits que cette apparition de l'immense plaine. Le passage ou *pertuis* de Lamanon est lui-même superbe. Au couchant se dresse régulière, noble de formes, couverte de bois de pins d'admirable venue, la montagne du Défends, dont le nom même explique la beauté sylvaine ; le déboisement a été

LES HUILES DE SALON. 49

interdit. Au pied de la montagne, la rue unique de Lamanon borde le canal des Alpilles, à l'en-

droit où le canal de Craponne pénètre lui aussi dans la Crau. En face du Défends, d'autres collines boisées, premiers contreforts de la Trévaresse, commandent le pertuis.

Ce paysage fut évidemment le lit de la Durance ; par là elle a dirigé vers la mer le prodigieux champ de cailloux de la Crau. Le génie d'Adam de Craponne a rendu le pertuis aux eaux du torrent, voici plus de 300 ans ; puis le Parlement de Provence, complétant l'œuvre de ce grand homme, a emprunté le défilé pour diriger vers Salon, Miramas et les Martigues une partie de l'eau dérivée par le canal des Alpilles. A tous les points de vue, le pertuis de Lamanon, où se croisent les routes et les voies ferrées, d'où se ramifient les canaux, est donc un point vital pour la Provence.

La Crau, de ce côté, se présente sous un aspect florissant. Si beaucoup d'amandiers décèlent encore des terrains non irrigués, il y a de belles plantations de pêchers. Au bord des canaux et des rigoles s'étalent des prairies et des champs de culture bordés de cyprès. Au pied des collines de la Trévaresse, les olivettes mettent des teintes plus douces. Mais le cyprès est la caractéristique du paysage ; sa présence révèle la violence du mistral dont il doit amortir les effets.

Le canal de Craponne se dirige vers Arles, celui des Alpilles projette dans la Crau des branches destinées à vivifier les campagnes d'Istres, de Martigues et de Salon. Leur rôle est loin d'être rempli, car des milliers d'hectares incultes bordent encore leurs berges. Autour de Salon seulement, l'eau de la Durance a vraiment transformé le pays. Aux abords de la ville, les vergers de pêchers sont nombreux et superbes. Dans ces plantations sont de belles demeures, presque des châteaux. Partout des vignes, des champs, des prés, des jardins. On devine un terroir enrichi par le voisinage d'une ville active.

Dès la gare, remplie de wagons, où les voyageurs sont nombreux, Salon s'affirme prospère. L'avenue qui conduit au centre est bordée de belles maisons ; sur les portes, de grandes plaques de cuivre annoncent les bureaux des courtiers en huiles ; de grands magasins sont remplis d'estagnons destinés à renfermer l'huile ; une odeur oléagineuse flotte dans l'air.

Si j'ai tenu à m'arrêter longtemps à Salon, c'est parce que l'on m'a parlé de procès intentés à ses industriels. On les accuse, à Aix et à Nice, de vendre des huiles d'olive mélangées d'autres huiles. Est-ce jalousie contre une prospérité sans précédent, ou bien expression de la vérité ?

Vous n'êtes pas sans avoir été l'objet de sollicitations de la part de représentants de marchands d'huiles ; vous avez pu constater combien les voyageurs de Salon sont les plus nombreux. Si vous avez feuilleté quelquefois le Bottin vous avez été stupéfaits de ces centaines de noms de marchands d'huiles remplissant trois pages de l'énorme volume au mot *Salon*. Il y a vingt ans, rien de tout cela n'existait ; Salon était une pauvre petite ville agricole, commerçante surtout en amandes. A un moment, on a commencé à vendre, sous le nom d'huiles d'olive, des huiles de graines diverses : arachides, coton, etc. Le public, auquel on offrait souvent des huiles d'olive fabriquées sans soin, dont le goût d'olives fermentées ne peut plaire à tous les palais, les accueillit avec plaisir sous le nom d'huiles *sans goût de fruit*. Salon, qui faisait déjà un petit commerce local et dont les affaires s'étaient développées avec l'ouverture du chemin de fer, fut frappé de cette tendance et, par des coupages d'huiles de graines et d'huiles d'olive, donna au consommateur du Nord le produit préféré. Peu à peu ces huiles ont pris la place de l'ancienne, le goût est si bien dépravé que l'on repousse l'huile de pure olive comme trop forte. Les affaires ont pris bientôt une extension énorme, les commandes affluèrent, de rapides fortunes se sont accomplies. Ce fut une véritable transformation ; tout le monde : coiffeurs, boulangers, artisans voulant puiser dans ce pactole oléagineux, se mit à fabriquer, couper et vendre de l'huile. Aujourd'hui, il y a plus de 400 maisons à Salon.

Voilà ce que je suis venu voir.

L'avenue de la gare aboutit à un large boulevard, planté de platanes énormes ; c'est le tracé des anciens remparts. La ville primitive était presque circulaire ; elle s'étendait sur les pentes d'un coteau surmonté par un château encore debout aujourd'hui, de très fière mine et transformé en caserne de dépôt pour les zouaves. Le cours circulaire, à l'endroit où le rencontre l'avenue de la gare, s'appelle cours Victor-Hugo. Les platanes le couvrent d'une ombre puissante et fraîche, des fontaines moussues coulent dans des vasques. Devant un joli hôtel de ville est la statue d'Adam de Craponne ; une maison voisine a été habitée par l'illustre ingénieur qui accomplit l'œuvre grandiose de la fertilisation de la Crau et transforma les environs d'Arles et de Salon en campagnes riches et populeuses.

Craponne n'est pas le seul enfant de Salon glorifié par la ville ; un autre personnage plus célèbre peut-être, mais dont l'œuvre est infiniment moins belle, Nostradamus, a également son effigie.

Si les « cours » larges, ombreux, animés, bordés de luxueux magasins donnent une grande impression de richesse, la vieille ville, groupée autour du rocher et du château, a des rues étroites et sombres, bordées de maisons de belle et noble apparence. Au-dessous du vieux château, dont les créneaux évoquent le moyen âge, beaucoup de ces demeures ont encore des armoiries sculptées sur le linteau de la porte. Mais les hôtels sont maintenant habités par une population ouvrière ; dans plus d'un les ferblantiers forment et soudent les estagnons, d'autres empaillent les bonbonnes.

Au dehors de la vieille ville, un beau clocher gothique s'élance sur les substructions romanes d'une tour. A ses pieds, et partout, d'ailleurs, sur les trottoirs, des ouvriers martèlent, ploient, soudent le fer-blanc pour la fabrication des estagnons. Des charrettes passent pleines de caisses allant aux magasins. La prospérité du commerce des huiles a fait naître la caisserie ; une grande usine scie et débite en planches et en caisses les pins des environs.

J'ai pu visiter un établissement d'huiles. Ils

sont nombreux à Salon, mais il n'y a guère que cinq à six grandes maisons. Beaucoup de commerçants placent eux-mêmes leurs produits ; la ville ne possède pas moins de 400 voyageurs de commerce ; quant aux représentants installés à poste fixe, ils sont légion. Depuis 15 ans, le commerce de la place a décuplé.

Peu d'ouvriers pour la manutention, le plus grand établissement en emploie une soixantaine à peine, tout s'y borne à recevoir les huiles du pays et celles produites à Marseille par les graines et fruits oléagineux nécessaires aux coupages.

Cette question des coupages est délicate ; Salon, attaqué avec virulence pour ses procédés, se défend avec des raisons assez plausibles :

« Le consommateur à Paris et dans le Nord, m'a dit l'un des fabricants, ne veut pas des huiles à goût de fruit d'olive, il les tient pour mal purifiées. Par contre, les huiles ayant perdu de leur goût par le coupage lui plaisent. Quand on nous demande de l'huile d'olive absolument pure, de première qualité, cette huile offusque le goût ; elle nous revient pour compte, nous donnons donc ce que le client préfère.

« Nous avons ici d'excellentes huiles. Eyguières, Mouriès, Lambesc, Pélissanne sont de grands producteurs, mais si nous envoyions ces huiles du pays à Paris, on nous les refuserait. Paris déjà nous fait concurrence ; on y vend l'huile de sésame pure sous le nom d'huile d'olive et elle est préférée par cela même qu'elle est sans goût. Si un client nous demande l'huile garantie d'olive, nous la lui fournissons.

« L'huile d'olive, chez le propriétaire, vaut 1 fr. 40 c., l'huile de graine coûte environ 60 cent. Ces deux chiffres permettent d'établir nos prix, qui vont de 1 fr. 60 c. à 2 fr. le kilogr. avec l'emballage et les soins nécessaires à une bonne conservation.

« L'Espagne, l'Italie, la Tunisie surtout, qui fabriquent bien, nous envoient des huiles d'olive qui sont traitées ici.

« Du reste, nous fabriquons l'huile dans nos propres pressoirs à olives, nous extrayons des tourteaux l'huile inférieure au moyen du sulfure de carbone et nous avons pu, de la sorte, alimenter les grandes savonneries créées à Salon depuis quelques années. Savez-vous que nous possédons plus de 20 fabriques de savon expédiant par jour plus de 25 tonnes de produits ? »

Et mon obligeant informateur m'a fourni des chiffres précis. En huiles seulement, Salon fait 4,300,000 fr. d'affaires. La gare expédie 27,000 tonnes d'huiles par an et fait 2,900,000 fr. de recettes; chaque jour, 75 tonnes y sont manipulées. Le mouvement total, expéditions et arrivages, est de 100,000 tonnes chaque année. Le bureau de poste est un des plus importants de France.

L'huile et le savon ne sont pas les seuls éléments du commerce de Salon, les amandes donnent également lieu à un grand mouvement d'affaires ; mais ce commerce diminue d'année en année avec les progrès de l'irrigation. L'amandier ne peut vivre dans les terrains mouillés, il lui faut des sols secs ; dans cinquante ans d'ici, les canaux auront conquis à la culture toutes les terres de la Crau où il se plaît.

La confiserie des olives occupe également quelques ateliers ; les produits de ces confiseries sont achetés par les fabricants d'huiles qui envoient en cadeau à leur clientèle un flacon ou un bocal d'olives quand leur commande est assez importante pour mériter cette gracieuseté.

L'activité de cette petite ville de 10,000 âmes est vraiment admirable ; ce n'est pas un mince mérite de la part de sa population que d'avoir créé ainsi dans cette oasis de la Crau un des plus grands centres commerciaux de la France. Certes, on est en droit de regretter que le goût des pures huiles des olivettes provençales disparaisse ainsi, mais on reviendra un jour à l'emploi de ces produits uniquement tirés de l'olive, quand les petits fabricants auront su imiter les propriétaires soucieux de donner une huile franche de goût en pressant des fruits fraîchement cueillis et soigneusement triés, au lieu de livrer au moulin des olives mises longtemps en tas et fermentées. Ce que l'on prend pour le goût de l'olive est trop souvent le résultat de la fermentation.

Du haut des collines environnant Salon, la vue est immense sur la Crau. La plaine donne l'impression de l'infini. Partout on voit les canaux marcher à la conquête de la formidable steppe de galets. Autour même de Salon, vignobles, prairies et vergers offrent un aspect de splendeur. Avant Adam de Craponne, cette partie de la Crau n'était pas moins aride que le centre de la plaine. Mais cette œuvre, colossale pour le temps où le grand ingénieur l'entreprit (1554 à 1559), a transformé la région de Salon comme elle avait transformé les campagnes bordant la rive gauche de la Durance. Le canal a déjà fertilisé 28 kilomètres quand il arrive à Lamanon, ayant prélevé 15 mètres cubes à la seconde dans le grand torrent. Il se divise en deux « œuvres ». *L'œuvre d'Arles* se dirige sur cette ville pendant un cours de 45 kilomètres en fertilisant des campagnes, superbes aux abords d'Arles. L'*œuvre de Salon* est moins longue, elle va surtout alimenter la rivière souvent à sec de la Touloubre, dont le débit ainsi augmenté sert à l'irrigation des campagnes riveraines de l'étang de Berre.

Certes, le travail d'amélioration est énorme, mais combien il reste encore de milliers d'hectares à conquérir ! Le rêve si réalisable d'Adam de Craponne n'est pas entièrement accompli, malgré le concours du canal des Alpilles. Ces beaux travaux du génie humain n'ont pas donné tout ce que l'on peut en attendre.

V

NOËL CHEZ MISTRAL

En vue des Alpilles. — Autour d'Orgon. — Noves. — Chateaurenard, ses ruines et son marché. — La culture du chardon à carde et de la chicorée. — La contrée de Maillanne. — La maison de Mistral. — Le félibrige. — Les félibres et la France. — Le mistral. — A vêpres. — Le costume d'Arles.

Maillanne, 25 décembre.

Profitant des fêtes de Noël, je suis venu voir un coin de Provence dans lequel je n'avais point pénétré encore, la Crau de Saint-Remy et les Alpilles. Cette contrée, rapidement entrevue aux portières d'un wagon, entre Avignon et Tarascon, est le pays de Mistral. L'auteur de *Mireille* habite dans la plaine une petite maison dont il n'est point sorti, en vue des Alpilles dont les falaises, les crêtes déchiquetées, les croupes disloquées jouent si gentiment à la montagne. Sourd à tous les appels, il s'est confiné là, au milieu de ces paysans dont il a chanté le labeur.

Même aujourd'hui, où le soleil, levé rouge,

s'est laissé voiler de nuages gris qui ont un instant saupoudré de neige les Alpilles et se sont ensuite résolus en pluie, le paysage est d'une grandeur sereine. Dans la plaine vaste, les lignes de cyprès rangées pour rompre le vent du nord donnent l'idée de quelque site déjà vu mais oublié. Il faut aller dans l'Orient turc pour trouver tant et de si hauts cyprès.

Ces arbres abritent les cultures délicates des primeurs et des fleurs. Depuis Carpentras jusqu'aux Alpilles, sur chaque rive de la Durance, c'est un immense jardin. En cette saison, il est dépouillé ; sauf les choux-fleurs, les cardons et les chicorées frisées, il n'y a rien derrière ces noires lignes de cyprès et ces tue-vents de grands roseaux ou cannes de Provence ; mais vienne avril, et tout se transformera : d'immenses champs de haricots et de petits pois mettront la neige de leurs fleurs en papillons, et Saint-Remy, pendant des lieues, verra fleurir les champs où l'on récolte des graines de fleurs et de légumes pour le monde entier.

Les trains de Paris m'amenaient de trop bonne heure dans le pays de Saint-Remy. Pour profiter de la matinée, je suis allé, par Cavaillon, rejoindre à Orgon la ligne de la rive gauche de la Durance.

Il n'était pas jour encore quand je suis descendu à Orgon, mais la lune était claire, elle illuminait la haute roche blanche, hérissée d'aiguilles, creusée, trouée, maculée çà et là de noires taches de gazon, dominant la ville. Le petit train où j'ai pris place, composé d'une locomotive et d'un wagon à deux étages, s'est mis en route aussitôt; il a traversé la bourgade grise et longé l'avenue de platanes sur laquelle s'alignent les maisons du quartier neuf. Le coteau s'abaisse ensuite ; ce rameau des Alpilles ressemble à des ondulations, à des vagues blanches soudain solidifiées.

Entre ces collines, étrangement formées de roches entassées, s'ouvrent de petits vallons, plantés d'oliviers et de vignes. Les cyprès apparaissent, indiquant par leur présence la fréquence du mistral. Derrière ces noires rangées, près du Plan d'Orgon, s'alignent des pêchers. Au milieu de la campagne grise et solitaire s'allonge, tout blanc, le sillon sans fin de la route. Malgré la latitude, il a gelé fort cette nuit, il y a de la glace dans les fossés, les canaux d'irrigation même sont pris parfois. Ces canaux sont bordés de grands roseaux roussis, dont la teinte neutre s'enlève sur le fond sombre des cyprès.

Autour du village de Saint-Andiol, le paysage devient moins sévère, les arbres y sont nombreux.

Les cyprès font place aux saules, aux ormes, aux chênes ; le lierre monte aux troncs et aux maîtresses branches. Par cette aurore glaciale on se croirait loin, bien loin dans le Nord. Au milieu de ses arbres, Saint-Andiol surgit, tout gris, pittoresque grâce à la tour carrée d'une grosse maison. Le terroir est en pleine exploitation, les canaux de la Durance ont permis de créer de vastes prairies, entre lesquelles se suivent les champs d'artichauts et de primeurs abrités du vent par les haies de cyprès et les abris en cannes de Provence.

Le jour se fait ; au midi, dans le ciel pur, mais pâle encore, se dessine la chaîne des Alpilles. Au nord, c'est le massif rocheux de Gadagne[1]. Les vignes qui jusqu'ici couvraient la plaine font place à des cultures nouvelles. Autour des mas en *pisé* — car la pierre est rare en cette partie de la vallée — s'étendent de vastes pépinières. Le village de Cabannes se livre surtout à la production des jeunes plants. Quelques pépiniéristes ont même créé des maisons importantes. Entre les enclos où croissent les petits arbres, il y a de beaux vergers de pêchers et des champs d'artichauts.

1. Voir la 11ᵉ série du *Voyage en France*, pages 322 et suivantes.

Les pépinières cessent aux abords de Noves. Ce gros village, bâti au pied des parois rocheuses qui portent la petite Crau d'Eyragues et qui s'annonce par une vieille église dont la tour lourde et sans grâce est surmontée d'un campanile en fer forgé, fut la seigneurie dont le nom était portée par Laure, la Laure de Pétrarque. Noves est entre la colline rocheuse et la Durance, au milieu d'une campagne opulente, vastes jardins entourés de cyprès, coupés de canaux bordés d'osiers au branchage d'or.

La voie ferrée longe maintenant la colline grise, portée par des falaises couvertes de lierre; des pins clairsemés croissent sur les pentes de la Petite Crau; dans la plaine, vers la Durance, s'étendent des vignobles. La route, bordée de platanes, le chemin de fer, le canal d'irrigation abondant et large, courent ensemble jusqu'à Châteaurenard, entre des monticules de rochers. La culture se fait de nouveau maraîchère : derrière les brise-vents, entre les lignes de pêchers, verdoient des carottes, des choux et des oignons.

Châteaurenard, par sa longue avenue plantée de platanes noueux dont les rameaux forment une voûte, par ses magasins, ses cafés, son animation, a des allures de ville : ce n'est cependant qu'un bourg, malgré sa population de 6,000 habitants, mais la plupart de ceux-ci habitent dans la campagne parsemée de *mas*.

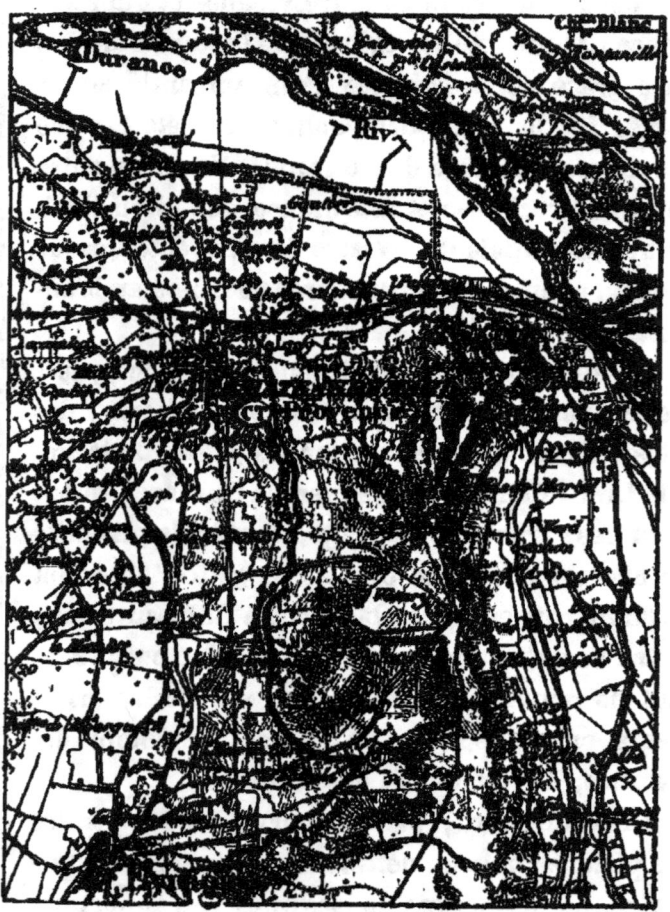

Châteaurenard a grande allure grâce aux belles ruines de son château, dominant la bourgade du haut d'une colline boisée de pins. Les ruines ont ma première visite : on y monte par une large rue dans laquelle est l'église. Des affiches me renseignent sur les industries du pays et les plaisirs de la population : à côté d'un avis concernant le « grainage cellulaire des vers à soie », indice d'une éducation active du précieux bombyx, je vois annoncer une « pastorale » en 5 actes et 7 tableaux, à propos de Noël, « arrangée par Louis Tombarel et jouée par les membres de l'Union chorale ».

Par les pins, au milieu des rochers, on monte aux tours du castel féodal, si élégantes avec leur couronnement de mâchicoulis. Des deux tours, l'une a été fendue, il n'en reste qu'un côté, comme une coupe théorique : elle montre encore de fines nervures et de délicates clés de voûte. La seconde semble entière, mais tout l'intérieur est effondré. Les assises d'autres tours se montrent avec des substructions considérables.

Du haut des remparts, la vue est immense. Au-dessous, blottie contre la roche, la ville, toute petite, se prolonge dans l'ample campagne par une multitude de mas bâtis au milieu des jardins divisés par les tue-vents en ce moment dépouillés, mais qui, le printemps venu, seront une immense culture de haricots et de petits pois. Ces jardins s'étendent fort loin : jusqu'à Barbentane et à la Montagnette.

Les cyprès sont innombrables ; ils couvrent toute la plaine, de la Montagnette aux Alpilles. De l'autre côté du large ruban de graviers gris et d'eaux grises de la Durance — thalweg désolé mais bien réduit depuis que les îles ont été peu à peu conquises à la culture au point de rapporter 50,000 fr. par an à la commune de Châteaurenard — s'étendent encore des cultures maraîchères, puis les hauteurs de Gadagne, les monts de Vaucluse et le Ventoux superbe. Le contraste est saisissant de ces campagnes cultivées avec soin et des collines blanches et nues.

J'ai quitté cet observatoire des ruines de Châteaurenard pour longer des traces de murailles et gravir une autre colline surmontée par une chapelle de la Vierge. Une belle avenue dans les pins, entre les roches couvertes de thym et de lavande, descend de là vers la ville.

Depuis mon arrivée celle-ci s'est animée. Quelques voitures chargées de chicorée frisée sont arrêtées sur le boulevard. Un marchand que je questionne me dit :

— Oh ! ce n'est rien, aujourd'hui ; le jour de Noël on ne vient pas des mas à Châteaurenard ; mais, en temps ordinaire, vous verriez, par centaines, les voitures apportant primeurs et légumes aux commissionnaires qui les envoient à Lyon, à Paris, dans la France entière. Ici viennent les salades, les haricots, les petits pois ; en cette saison, ce sont les cardons et les choux-fleurs. Le commerce est énorme, à tel point que la Compagnie des chemins de fer de Paris à Lyon, pour dégager sa gare de Barbentane, cède des employés à la petite Compagnie des Bouches-du-Rhône et celle-ci peut alors charger directement les wagons à Châteaurenard.

En été, cette animation se produit tous les jours, car il y a marché chaque matin ; en hiver il y a marché seulement le jeudi et le dimanche. Et pourtant Châteaurenard n'est qu'un *point* ; Rognonas fait plus que nous des choux-fleurs, Barbentane produit des asperges et des pommes de terre, Noves récolte des fraises en abondance. Tout cela donne au pays une activité extraordinaire. —

Je ne puis guère en juger, au 25 décembre ! Cependant, en quittant Châteaurenard, je vois, devant beaucoup de portes, un amas de feuilles de choux-fleurs indiquant une récolte abondante de ce beau légume.

La route évite les mas pour suivre les pentes

pierreuses de la Petite Crau, plantées d'oliviers. Partout où le sol a été assez profond, sont des champs de cardère à foulon, terrains divisés en hauts billons dont un côté seulement, celui exposé au soleil, est planté de chicorée frisée. La chicorée *tourne*, c'est-à-dire pomme et blanchit au soleil, c'est pourquoi on la dispose du côté opposé au nord. Au fond du sillon, où l'eau du canal arrive, on plante des chardons. La culture est active cette année, car les têtes se sont bien vendues et l'on espère une récolte non moins fructueuse en 1897.

Derrière des lignes de cyprès, des planches de radis mettent des teintes d'une verdure douce, plus loin sont des champs de choux destinés à la graine. Au milieu de ces campagnes, entre des remparts en pierre de taille bien conservés, est le village d'Eyragues, dont l'église, fortifiée, est fort curieuse avec ses créneaux. Au delà, des campagnes d'oliviers, puis les champs de Saint-Remy, remplis de *mas*.

Je n'ai pu visiter Saint-Remy dans la matinée, je suis aussitôt parti pour aller rendre visite au poète, comme on dit ici en parlant de Mistral. Longtemps on traverse les mas et les jardins à fleurs et à légumes. Puis franchissant une roubine de desséchement, on entre dans la région de Maillanne.

Celle-ci participe peu à ces cultures jardinières. Elle constitue, au milieu de la zone des petits enclos abrités, un terroir de vignes, de céréales et de chardons à carde. Les *mas*, si nombreux autour de Châteaurenard et de Saint-Remy, se font rares ; c'est un pays de grande et opulente culture, les fermes isolées sont vastes, elles doivent nécessiter un personnel considérable ; en les voyant se dresser, à l'abri des grands cyprès, on se souvient de Mireille vivant dans le grand mas des Micocoules, au milieu d'un peuple de bouviers, de moissonneurs, de pâtres et de vignerons.

Maillane est un gros village, propre et tranquille, dont les rues sont bordées de maisons de pierres ; l'une d'elles est plantée de platanes ; c'est le *cours*, sans lequel il n'est ville ni bourgade en Provence.

La maison du poète est la plus grande ; elle est à l'entrée du village, vers la route de Saint-Remy : maison simple et cossue de bourgeois campagnard ; de grands lauriers-tins commençant à fleurir forment des haies et des massifs ; derrière, un parterre fleuri, où l'acanthe et le ricin développent leur feuillage ornemental, se termine au bord de la plaine, face aux Alpilles tourmentées. Horizon fait à souhait pour les yeux, il en est peu de plus limpide et de plus parfait.

Craignant de ne pas trouver le maître chez lui, je lui avais écrit; il m'avait cordialement répondu, en me priant à déjeuner. A midi, je frappais à la porte hospitalière du poète des *Isclo d'or*. Lui-même venait m'ouvrir et, cordialement, m'introduisait dans le grand bureau clair dont tout un panneau est rempli par la bibliothèque. La table de travail, chargée de livres, est près de la fenêtre d'où l'on voit au loin, par delà les cyprès, les glèbes et les vignes, les cimes des petits monts que les gens de Provence nomment Alpilles ou petites Alpes et dont l'administration a fait les Alpines.

En attendant le repas, nous avons parlé de la Provence, de cette plaine ensoleillée dont Maillanne occupe le centre, entre la Montagnette parfumée de lavande et de thym et la petite crau pierreuse d'Eyragues, couverte d'oliviers souffreteux et de noueux amandiers. Mistral connaît tout le monde dans la plaine et sur les coteaux. Tout le monde, en Avignon et en Arles, et bien au delà, connaît la figure de mousquetaire du poète, tempérée par un regard malicieux et doux.

Puis nous avons parlé félibrige. On a raconté que Mistral allait mettre la Bible entière en provençal. Il n'en est rien ; chaque année, dans l'*Armand prouvençau*, le poète transcrit du latin en provençal littéraire un chapitre du livre sacré. Grâce aux affinités entre les deux langues, il serre l'expression avec une précision plus grande que celle des traductions françaises. C'est affaire de pur dilettantisme et non la tâche formidable dont on nous parlait. Mistral est assez riche de son propre fonds pour ne pas s'imposer une œuvre de seconde main.

Cet *Armand prouvençau* où Mistral, Aubanel, Félix Gras, Roumanille et tant d'autres ont, depuis trente-deux ans, conduit le grand œuvre de la renaissance provençale, tirait 200 exemplaires lorsqu'il fut créé ; aujourd'hui 10,000 sont vendus chaque année ; ils vont de foyer en foyer, de mas en mas, passant entre toutes les mains et accomplissant une transformation profonde des idées. Cette tentative de lettrés est devenue œuvre populaire ; elle a poussé des racines tenaces parmi le peuple des champs. La bourgeoisie des villes y reste réfractaire ; elle préfère le journal de Paris et les idées extérieures. Tandis que le paysan, l'ouvrier et l'habitant des petites villes ont, cette nuit, célébré Noël selon les traditions avec la bûche, les incantations, les noëls provençaux et le gai repas, le bourgeois des cités importantes s'est abstenu ou bien a imaginé de célébrer Noël avec le gui sous les portes et le sapin illuminé.

J'ai retrouvé l'impression ressentie cette année, en Avignon, en parlant du félibrige à des bourgeois[1]. Quelques-uns y voyaient une fumisterie ; de plus bienveillants y montraient une variété provençale du folklore, naturellement bruyante comme il convient en ce pays des cigales. Les rares félibres avignonnais se voient en proie à une malveillance peu déguisée. L'un d'eux me disait : « Si, au cercle, je vois tout le monde lire un journal en me regardant, c'est qu'il est dur pour le félibrige. Si, au contraire, un journal est introuvable, je suis certain qu'il y a un mot aimable pour nous. »

— Mais, ai-je demandé à Mistral pendant que nous déjeunions dans la salle à manger bien claire, peinte en blanc, ornée de meubles taillés en plein bois par le menuisier du pays, est-ce que cette hostilité ou ce malentendu entre la bourgeoisie des villes et vous ne tient pas au particularisme, disons le mot, aux tendances séparatistes dont on accuse si sottement les félibres ?

---

[1]. Voir 11ᵉ série du *Voyage en France*, page 317.

Le maître eut un superbe élan d'indignation :

— Nous, séparatistes ! la Provence s'est donnée à la France solennellement, tout entière, au xv° siècle. Sa fidélité ne s'est pas démentie et ne se démentira pas. Mais ne faut-il pas réagir contre la centralisation monstrueuse de notre patrie ; est-ce une force pour elle de voir disparaître la vie propre de nos provinces au bénéfice de Paris ? Ne faut-il pas rétablir cette existence particulière ? Ne faut-il pas attacher l'enfant au sol en lui parlant l'idiome de sa province, en lui disant ses beautés, en lui enseignant ses gloires ?

Et Mistral, dans cette sortie que je condense, donnant plus le sens que les paroles mêmes, reprenait :

— Il faut maintenir les populations sur le sol natal au lieu de laisser continuer l'exode; nous y parviendrons en exaltant le patriotisme local.

Je sais que l'on nous reproche de rester en quelque sorte un petit peuple bien distinct. Nous ne le sommes pas plus que les Bretons, les Auvergnats ou les Basques ; nous sommes plus vibrants, voilà tout : puis, est-ce notre faute si les moustiques et le mistral empêchent les étrangers de s'implanter chez nous !

— Les moustiques, le mistral ?

— Oui. Lorsqu'un Anglais, un Américain, un

Français du Nord même sont séduits par nos horizons et notre ciel, ils rêvent de s'installer au milieu de nous. Mais voilà que la bise descend du nord, hurlante, mordante, cinglante, et le visiteur s'enfuit effrayé. S'il vient l'été, les moustiques l'empêchent de dormir. Voilà pourquoi nous restons purs de toute alliance. Nos voisins de la côte d'Azur n'ont pas ces fléaux : les étrangers leur achètent jardins, champs, rochers, grèves. Le Provençal du littoral, enchanté, vend à un bon prix ; il ne garde rien, puis, le magot mangé, il doit se mettre au service de l'acquéreur et lui cirer ses bottes. Voilà pourquoi nous bénissons notre mistral !

Ah ! le bon vent ! continua le poète. Mon père avait une adoration pour lui. Les jours où l'on vannait le blé, souvent il n'y avait pas un souffle d'air pour emporter la poussière blonde. Alors mon père avait recours à une sorte d'invocation au mistral. « Souffle, mon mignon », disait-il, et il priait, il implorait. Vous ne me croirez pas ? Eh bien, le vent venait et mon père plein de joie lui criait : « Brava ! brava! » Souvent il soufflait trop fort, il emportait la balle blonde, et le grain lourd, et le van lui-même, et mon bon père l'implorait pour lui dire : « Assez ! »

— Monsieur, voulez-vous goûter de la fougasse

et de la rondelle? a dit là-dessus Mme Mistral, la gracieuse et spirituelle félibresse qui fait les honneurs de Maillanne.

La fougasse est un gâteau à l'huile, la rondelle est du nougat rond, mince et plat comme une crêpe, et parfumé, et délicieux !

Après dîner, Mistral m'a fait visiter le village ; nous sommes allés à vêpres ; l'église était pleine de femmes vêtues de l'élégant costume des Arlésiennes. La race ici est admirable ; ce n'est plus la beauté grecque des femmes de la ville, c'est quelque chose de plus gracieux et de plus fin.

Il n'y avait qu'une femme sans la coiffure d'Arles ; Mistral m'a dit d'un air de triomphe :

— Notre beau costume s'en allait, le félibrige en l'exaltant l'a maintenu ; bien mieux nous reprenons le terrain perdu.

Nous sommes sortis là-dessus, pendant qu'une musique très gaie, de cuivres et de tambourins, résonnait sous les voûtes. L'air était bien réjouissant pour une cérémonie religieuse, mais c'était Noël et une Noël de Provence !

VI

LE FÉLIBRIGE ET SAINT-REMY DE PROVENCE

Rôle littéraire des Alpilles. — Le félibrige et les syndicats agricoles. — Les sept apôtres. — Paysage de Saint-Remy. — Les champs de fleurs. — Le commerce des graines. — Excentricités végétales : le cornichon-serpent. — A travers Saint-Remy. — Les vieux hôtels. — La rue du Géant et le passage d'Annibal. — Les antiques : l'arc de triomphe et le mausolée. — La fête de la charrette.

Saint-Remy, 25 décembre.

Je suis revenu à pied à Saint-Remy, par les « paluds » saignés de canaux et les grands vignobles séparés par des lignes de cyprès, en vue des Alpilles dont les lignes fantastiques barraient l'horizon redevenu limpide. Les Alpilles jouent dans la Renaissance littéraire de la Provence un rôle considérable, prépondérant même, pourrait-on dire, grâce à Mistral dont la vie se passe au pied de ses crêtes rocheuses d'une pureté antique. Le Ventoux et Vaucluse, par la grandeur des cimes ou la splendeur des paysages, semblaient davantage mériter la suprématie, les vers de

Mireille ont suffi pour restituer aux Alpilles l'auréole dont elles furent revêtues au temps des Cours d'amour. Sur cet Hymette provençal, les chants de *Mireille* ont éveillé les abeilles. Mais, peu à peu, les poètes sont nés au loin, partout où sonne le doux parler de Provence. Le peuple lui aussi s'est mis à chanter : Mistral, tout à l'heure, me parlait de ces paysans, de ces ouvriers qui répètent les vers des poètes, de ceux surtout qui écrivent des chansons. Chaque bourgade a son félibre dont les initiés parlent comme d'un maître. Non loin d'ici, de l'autre côté des Alpilles, à Paradou il y a Charloun Rieu dont les chansons sont pleines du parfum rustique de la Crau. Le réveil se produit même sous la forme du théâtre : Passières-Almory, de Chabrillant, a formé une troupe avec laquelle il va de bourgade en bourgade représenter des pièces provençales. Détail curieux, il donne des représentations sous les auspices des syndicats agricoles, elles font suite à une conférence sur l'emploi des engrais chimiques ou le meilleur mode d'assolement !

A Marseille, une marchande de volaille s'est affiliée au félibrige, elle vient d'achever une pièce en quatre actes, un drame. Et comme je souriais, Mistral m'a dit, sérieusement : « Je la connais. l'œuvre ne sera point banale ! »

Le mouvement du félibrige a donc surtout gagné les couches profondes de la population. C'est ce que rêvaient, en 1854, les sept poètes provençaux réunis au castelet de Font-Ségugne, dans la colline de Gadagne : J. Roumanille, Paul Piéra, Jean Brunet, Alphonse Tavan, Anselme Mathieu, Théodore Aubanel et Frédéric Mistral, le plus jeune de tous, alors âgé de 24 ans et dont, cinq ans plus tard, *Mirèio* — Mireille — devait faire le chef incontesté de la nouvelle école. Le mot *félibre* est lui-même dû à l'auteur de cette épopée rustique ; il l'emprunta à un vieux cantique dans lequel on parle des *sept félibres de la loi*.

Servis par une volonté et une imagination ardentes, les sept apôtres ont donc pu vivre leur rêve. Mistral, qui survit à ses amis, achève en pleine gloire une vie heureuse. Son sort eût été tout autre s'il avait quitté sa plaine de Maillanne, ce petit peuple, cette nature éclatante qu'il nous a rendus avec une si grande vérité. La force du félibrige est de s'être inspiré ainsi de la terre natale, de n'avoir pas rêvé de plus grands horizons.

Ici le moindre détail du paysage évoque des sensations heureuses. Dans les jardins arrosés par l'eau des canaux se dressent, robustes, entourés de cyprès, de lauriers-tins et de lauriers, les *mas* robustes, construits en blocs de pierre bien appareillés. Devant l'entrée, au midi, des piliers de pierre supportent des poutrelles sur lesquelles courent les souples sarments de la vigne qui, l'été, donneront l'ombrage.

Sur la rive gauche de la « roubine », ces mas abondent, entourés en cette saison de sillons garnis de chicorées, de rangées d'oignons, de navets, de betteraves à feuilles pourpres. Tout ce terroir de Saint-Remy n'est qu'un champ destiné à produire la graine. L'eau de la roubine et du canal fait mouvoir des moulins aux vastes proportions portant un vocable inscrit à l'entrée : Saint-Roch, Saint-Joseph, Saint-François, Saint-Bernard, Saint-Louis. Partout la vie ruisselle de ces eaux : elles font tourner des roues, remplissent des canaux, s'en vont par rigoles abreuver des sillons quand le soleil d'été les brûle.

En cette fin d'année, il n'y a que de rares champs en valeur. Seules la cardère à foulon et la marjolaine occupent de grands espaces. Cette dernière forme des carrés d'un gris bleuâtre. Les sommités, recueillies au printemps, sont alors desséchées, réduites en poudre et envoyées en Angleterre et en Allemagne, où l'on parfume les ragoûts et les pâ-

LE FÉLIBRIGE ET SAINT-REMY DE PROVENCE. 81

tisseries avec cette labiée connue en France par la ronde enfantine :

> C'est le chevalier du guet,
> Compagnons de la marjolaine,
> C'est le chevalier du guet,
> Gai, gai, dessus le quai !

Au printemps, les cardères à foulon dressent

leurs hampes garnies de thyrses à fleurs violacées et les mas sont entourés d'une flore merveilleuse. Tous les champs sont consacrés à la culture des fleurs pour la graine. C'est une vieille industrie pour Saint-Remy et sa région. Mistral m'a dit que son grand-père faisait déjà des graines de fleurs et de légumes. Mais le marché n'en était point sur place, on allait porter à Nîmes le produit de la récolte ; aujourd'hui Nîmes a créé des comptoirs à Saint-Remy, où ses grainiers centralisent leurs achats. Les maisons de Lyon, de Paris, de l'étranger : Angleterre, Allemagne, États-Unis même, sont venues s'implanter au pied des Alpilles, et quelques indigènes, cinq ou six environ, ont créé de leur côté des maisons de commerce.

Cette industrie est fort curieuse. Le cultivateur n'est point un producteur dans le sens absolu du mot, il ne fait que mettre son sol en valeur pour le compte du grainier. Celui-ci fournit la semence : résédas, œillets, zinias, gueules-de-loup, pensées, violettes et des centaines d'autres espèces ; quand le plant est assez haut, on le replique en lignes régulières ; au moment de la floraison, les grainiers arrivent à Saint-Remy, très nombreux ; ils s'installent dans le *Grand Hôtel de Provence* dont leur présence régulière a fait un établissement confortable et bien tenu. De mai à juillet, l'hôtel retentit de toutes les langues : c'est la tour de Babel de l'horticulture ; les Anglais, les Allemands et les Yankees de Philadelphie dominent. Chaque matin ces messieurs s'en vont surveiller les cultures et admirer le tapis éblouissant qui, en mai et juin surtout, s'étale des Alpines à la grande roubine des Paluds. Avec la chute des pétales commence le travail des grainiers : au bout de leur canne ils fixent une petite pioche large de trois travers de doigt, ils examinent plant par plant ; toute capsule à graine, tout fruit qui ne promet pas une semence répondant au type rêvé est une condamnation à mort pour la plante : un coup de pioche la coupe au collet de la racine. De la sorte on conserve seulement les porte-graines répondant au type attendu. Par cette sélection on obtient des graines de premier choix.

Au fur et à mesure de leur maturité, les graines sont cueillies, les capsules sont battues, les fruits ouverts et desséchés. Les grosses graines sont nettoyées par le lavage à grande eau et séchées, les petites sont passées au ventilateur. La graine une fois bien sèche et débarrassée de toute impureté est ensachée et expédiée moyennant un prix convenu à l'avance. Ce prix varie, naturellement. Ainsi la graine de pensée, qui est très fine, atteint parfois de 180 à 200 fr. le kilogramme. Les prix, d'ailleurs, peuvent se modifier selon le temps qu'il a fait, plus ou moins favorable à la production.

La quantité de graines expédiée chaque jour de Saint-Remy est énorme : on en fait des vagons complets, non seulement de graines à fleurs, mais encore de graines potagères et fourragères. Certains pays demandent à Saint-Remy des excentricités végétales. On m'a parlé avec admiration, dans un mas, d'un certain cornichon-serpent dont la longueur atteint de 1^m,80 à 2 mètres. La forme et l'allure de ce légume extravagant sont telles que l'on ne peut le contempler sans terreur, paraît-il : on craint à chaque instant d'être mordu.

Une autre culture importante est celle du pavot, les champs multicolores en sont fort beaux; ils sont cultivés pour le compte des Nîmois restés en possession du monopole de ces boules soporifiques. Mais bien plus étendus encore sont les champs de chardons, et bien plus considérable le commerce de ces sommités sèches qui servent à carder la laine! Il s'en fait un immense commerce, très étendu, l'Allemagne est un client important pour Saint-Remy[1].

La petite ville doit toute son activité et sa ri-

---

1. Sur la culture du chardon, voyez encore 11ᵉ série, page 287.

chesse à ces cultures. Prospérité visible dès les premiers pas, bien peu de villes en Provence ont plus riantes demeures sur un *cours* plus large et mieux ombragé. Une vaste place ornée de fontaines s'étend à l'entrée vers la route de Tarascon, devant le péristyle pseudo-grec de l'église, odieuse façade d'un monument qui fut digne de la belle époque de l'art chrétien, à en juger par la haute tour crénelée, surmontée d'une flèche qui se dresse au-dessus des toits, construite en 1330.

Si les dehors, par les larges avenues du « tour de ville », sont charmants, l'intérieur révèle une ancienne prospérité. Peu de cités provençales ont autant de fontaines monumentales, de maisons historiées, de niches renfermant des statuettes de saints et de saintes.

La ville est toute mignonne, mais elle renferme plus d'un édifice digne d'attention. Son hôtel de ville, surmonté d'un beffroi, portant au-dessus des arcades du rez-de-chaussée un grand balcon de pierre écussonné, est sur une petite place fort pittoresque, au milieu de laquelle une fontaine, pyramide flanquée de dauphins aux angles, rappelle la réaction royaliste de la Restauration par son inscription : *A Louis XVIII : 20 août 1814.*

Une autre place, dite place Favier, est en partie bordée par un hôtel de la Renaissance sculpté et orné avec profusion ; il est flanqué d'une jolie tourelle en poivrière. C'est l'ancienne demeure de la noble famille parlementaire des Mistral, illustre jadis et qui possédait à Valence le somptueux et élégant tombeau appelé aujourd'hui le pendentif[1]. Les Mistral sont devenus des gentilshommes campagnards, puis des cultivateurs. Le poète de *Calendau* est leur descendant. Je tiens ce détail de Mistral lui-même, car, à Saint-Remy, on appelle cet hôtel « maison de la reine Jeanne », le peuple attribuant à cette princesse tous les monuments du pays.

Près de l'hôtel des Mistral, une jolie fontaine est ornée du buste de Nostradamus. Le fameux astrologue naquit à Saint-Remy, on y montre encore sa maison. Non loin est la rue du Géant, dont le nom éclaire pour les archéologues locaux l'histoire si nébuleuse encore de l'expédition d'Annibal. Sous la Restauration, les ouvriers qui creusaient les fondations d'une maison trouvèrent des ossements énormes ; on les attribua à un géant, mais le docteur Toulousan, envoyé par M. de Villeneuve, préfet de Marseille, reconnut un squelette d'éléphant ; des débris d'armes trouvés autour des ossements permirent de constater que

---

1. Voir 9° série du *Voyage en France*, page 227.

l'animal n'était pas un témoin des âges géologiques, mais que l'on se trouvait en présence d'une sépulture d'éléphant de guerre. Or, Annibal seul ayant amené des éléphants en Gaule, on est en droit de conclure au passage des Carthaginois au pied des Alpilles, solution d'ailleurs bien naturelle de ce problème irritant, la vallée de la Durance étant évidemment la route entre le littoral de la Narbonnaise et la vallée du Pô.

Ce détail m'a été fourni par Mistral ; il semble ignoré de la plupart des auteurs modernes qui se sont attachés à rétablir l'itinéraire d'Annibal à travers la Gaule. Il paraît d'accord avec le simple examen de la carte. Pourquoi l'envahisseur aurait-il cherché à remonter l'Isère, le Drac ou le Rhône au-dessus du Léman, quand la large vallée de la Durance s'ouvrait devant lui ?

Voilà ce que je me disais en quittant la rue du Géant, à l'heure où carillonnaient les cloches pour la sortie de vêpres, où, sur le cours, se répandaient les belles filles de Saint-Remy au profil délicat et fin, vêtues du costume si seyant et gracieux des Arlésiennes. Et, songeant à ce passé lointain, je suis allé, en ce crépuscule clair, jusqu'au plateau des « Antiques » pour revoir les monuments debout encore de la cité disparue de *Glanum*.

La route qui monte au plateau, d'abord bordée de villas, puis de maisons basses habitées par les carriers, devient chemin champêtre. On passe entre les jardins à graines, en ce moment dépouillés ; il ne reste debout que des mufliers aux fleurs éclatantes. Grâce au doux climat, malgré la fin de décembre il y a encore des églantiers fleuris dans les haies, abritant des pervenches. Devant les mas faubouriens s'étendent des aires en ciment ou en brique soigneusement rejointoyée, servant à battre les tiges à graines. Puis ce sont des oliviers, croissant en un terrain pierreux, un ravin érodé par un torrent descendu des Alpilles et, brusquement, on voit se dresser l'arc de triomphe et le mausolée, les monuments les mieux conservés de l'époque romaine.

Rien n'est plus étrange que l'état actuel de ces édifices, il ne reste pas une pierre de Glanum, tout a été nivelé avec fureur, mais arc de triomphe et tour funéraire sont demeurés debout depuis quatorze siècles et conservent toute leur fraîcheur de décoration. L'arc de triomphe a des caissons qui semblent sortir du ciseau du sculpteur, les rinceaux, les colonnes, ont à peine subi quelques mutilations. Seul l'entablement a disparu.

Plus complet encore est le mausolée fastueux élevé à la mémoire de membres d'une famille

« Jules ». C'est un édifice haut de près de 20 mètres, dont les deux étages circulaires se dressent au-dessus d'un socle carré. Il y a là une profusion inimaginable de colonnes, de pilastres, d'entablements, de frises, de corniches sculptés, de bas-reliefs et de statues. L'ensemble laisse une impression un peu froide, il y a trop d'ornement : on se croirait en présence d'une gigantesque pièce montée.

Ces restes de Glanum se dressent, solitaires, sur un petit plateau gazonné, de forme circulaire, entouré de bancs de pierre. Ils empruntent au site une beauté élégante et sobre à la fois. Les Alpilles se dressent derrière eux, avec leurs pitons, leurs tours, leurs roches trouées, leurs falaises. Le paysage sous un autre ciel, dans les brumes du Nord par exemple, serait plein d'angoisses et se prêterait à la légende tragique. Ici, sous ce beau ciel limpide, ces formes heurtées et brisées de la petite chaîne évoquent plutôt la mythologie comme la concevaient les peintres du siècle dernier.

Je suis rentré à Saint-Remy, alors que les étoiles s'allumaient au ciel. A l'hôtel, un voisin de table me dit à brûle-pourpoint :

— Mauvais moment, Monsieur, pour venir dans ce pays. C'est le jour de la Saint-Éloi, pour la fête de la charrette, qu'il faut être ici ! Vous verriez alors passer une charrette pleine de fleurs, traînée par des chevaux caparaçonnés, habillés, ornés de petits miroirs sur le front, de pompons sur les oreilles. Toute la cité, toutes les campagnes ont déversé leurs habitants, le cortège fait le tour de ville pour se rendre devant l'église, où le curé bénit la charrette.

Voilà le moment de voir Saint-Remy !

Ce sera pour une Saint-Éloi prochaine.

VII

DES ALPILLES EN ARLES

Le mistral dans les Alpilles. — Lever du soleil. — Les rochers des Baux. — Fantastique paysage. — Une ville morte. — La Crau, vue des Baux. — Les Alpilles d'après *Tartarin*. — Les carrières de Fontvieille. — L'abbaye de Montmajour. — En Arles : la ville, les arènes, le théâtre, Saint-Trophime.

Arles, 26 décembre.

J'ai quitté Saint-Remy ce matin avant le jour. Le ciel criblé d'étoiles répandait une lueur diffuse sur la large route plantée de platanes. Après la neige et la pluie d'hier, le ciel s'était rasséréné ; mais, comme il arrive souvent, le mistral était venu aussitôt, déjà il sifflait dans les arbres ; sous son haleine mordante, la boue s'était congelée, dans les ruisseaux une couche de glace étincelait.

Craignant de m'égarer pendant l'heure qui me séparait encore du jour, je n'ai point voulu prendre les sentiers qui montent droit aux premières pentes des Alpilles, j'ai suivi jusqu'au chemin des Baux la route de Tarascon, longée de ruisseaux au bord desquels croissent de grands roseaux en ce moment dépouillés. Le mistral s'accroît à mesure que l'aurore s'approche, il souffle rageusement dans ces grandes cannes jaunes dont il arrache avec fureur les dernières feuilles. Il siffle, il crie, il sanglote dans les hautes tiges froissées. Ces roseaux arrêtent une partie de l'âpre vent et je puis, sans trop de peine, poursuivre le grand chemin, tout blanc.

Peu à peu le jour se fait; la plaine de Maillane s'éveille, noire de ses cyprès. Au fond de l'horizon, vers le nord, une haute cime neigeuse apparaît, dorée par le soleil encore invisible pour nous : c'est le Ventoux dont la base est plongée dans l'ombre. Au sud, les Alpilles profilent leur chaîne déchiquetée, d'un bleu profond. Voici la Maussane d'où se détache le chemin des Baux. Je quitte la grande route et l'abri de ses roseaux pour monter droit vers les Alpilles, par une campagne de jardins maraîchers. Le mistral augmente de violence, je l'ai heureusement dans le dos, il aide plutôt à mon ascension.

Avec le jour rapidement accru, les détails du paysage s'accusent, se précisent. La masse des Alpilles, tout à l'heure sombre, apparaît toute blanche : roches dressées, éboulis couverts d'une maigre végétation de chênes verts et de plantes aromatiques. Des sommets descendent des ravins aux pentes livides, au thalweg semé de roches blanchâtres ou *gaudres*. Lorsqu'on arrive contre la montagne, elle perd du grandiose aspect prêté par l'éloignement, la netteté des lignes et la transparence du ciel. On est dans une gorge évasée, entourée de rocs pelés, d'éboulis blanchâtres. La route, très sinueuse, s'élève sur les flancs de ce val desséché, bordée de dés de pierre dessinant les lacets jusqu'au sommet. Dans ce couloir, le mistral est terrible, je dois attacher mon chapeau avec un foulard et, cependant, par deux fois, je suis décoiffé, il faut courir pour rattraper mon feutre.

Quand les détours m'amènent dans un pli de terrain, le mistral n'a plus de prise, il fait même trop chaud sous le soleil, le vent qui passe là-haut apporte le parfum des herbes qu'il a frôlées et froissées : thym et lavande, hysope et romarin, mais à peine le lacet du chemin vous ramène-t-il au nord et le mistral semble reprendre plus de vigueur.

Personne sur la route, pas un oiseau, pas un animal dans la maigre garrigue, sur les rochers blancs des crêtes, si bizarrement déchiquetés, rongés, troués, dressés en obélisques, en falaises, en aiguilles, en murailles, pas d'autre bruit que celui du mistral arrivant avec furie de la plaine et se précipitant de toute sa force dans la vallée.

On ne tarde pas à gagner la crête, près d'un petit *plan* couvert d'amandiers et d'oliviers souffreteux, bordé par une ligne rigide de rochers semblables à des remparts. La route coupe cette muraille par une tranchée dans la roche blanche et tendre et, tout à coup, on aperçoit un paysage immense et mélancolique : la Crau tout entière, ses étangs et au loin le miroir resplendissant de la petite mer de Berre[1].

Le paysage immédiat défie toute description. Ce site des Baux ne ressemble à rien de déjà vu. Certes, il y a ailleurs des entassements de roches. Ploumanac'h et l'île de Bréhat en Bretagne[2] laissent une impression profonde, mais due aux teintes fulgurantes du granit, à la lumière brumeuse de la Manche. Ici la roche est d'un blanc de neige, aucune broussaille, aucun brin d'herbe n'en relève la teinte aveuglante, à peine, dans les endroits où le soleil pénètre rarement, des plaques grisâtres. Les roches sont la montagne elle-même, les eaux météoriques, le vent, le soleil les ont sculptées ; il y a des tours, des remparts, des

---

1. J'emploie à dessein ce mot *petite mer* au lieu d'étang. Le bassin de Berre mérite ce nom, comme le Morbihan, par la masse et la limpidité de ses eaux, par sa jonction avec la Méditerranée. Le terme d'étang est absolument impropre.

2. Voir 5ᵉ série du *Voyage en France*.

obélisques, des nids d'abeilles géantes, des cavernes, des tunnels. On ne saurait trouver un spectacle plus fantasmagorique. Ces rochers aux formes indescriptibles sont attaqués par les carriers, ils y découpent des tranches donnant l'idée d'énormes pains de savon. Et ces blocs réguliers, ces coupures droites et blanches font ressortir avec plus d'étrangeté encore ces monstrueuses fantaisies de la nature : obélisques titaniques, gargouilles, dentelles, masques grimaçants, orbites ouverts dans une mince paroi de calcaire.

En face, au delà de ce paysage extravagant, on devine, confondus avec le rocher, des maisons, des débris de tours, des murs éboulés, couvrant la pente roide sous les tours cyclopéennes d'un château creusé à même la roche; c'est la *ville* des Baux, cité morte et déchue dont les Félibres ont rêvé de refaire la capitale de la Provence littéraire. J'y pénètre, l'esprit encore plein de mes lectures sur cette *Pompéi* provençale. Ainsi qu'il arrive toujours en pénétrant dans un site trop vanté, les Baux ont été pour moi une déception. On les a décrits comme une ville encore debout, avec ses palais, ses temples, ses châteaux. Hélas ! tout est ruines et poussière. Çà et là on trouve bien encore quelque maison sculptée, une porte de la Renaissance, des motifs d'ornementation sur des restes innommables, mais ce n'est qu'un amoncellement de débris, sauf dans la rue principale, ancienne voie romaine qui, malgré les siècles, a conservé la trace des chars. De hautes maisons, mornes, ayant une partie de leurs fenêtres aveuglées, semblent encore habitées, mais je n'ai croisé d'autre passant que le facteur faisant la levée de la boîte aux lettres devant la mairie. Qui donc peut écrire en cette cité morte !

La roche friable a été taillée par les seigneurs et les bourgeois, ils y ont excavé des demeures, sobrement ornées ; mais les voûtes s'écroulent. Ces ruines du rocher sont plus sinistres que celles des demeures maçonnées.

L'impression de ces débris et de cette solitude est profonde. Il semble que la cité s'est effondrée sous un fléau mystérieux. J'ai tenté d'échapper au cauchemar en gravissant la partie supérieure de la colline, près d'un mamelon aplani et revêtu de ciment pour recueillir les eaux de pluie et les conduire dans la citerne du village. Là, une pelouse fine s'étend entre les ruines et le rocher taillé en falaise, d'où l'on domine un vaste bassin planté d'oliviers, enfermé entre la chaîne centrale des Alpilles et les collines de Maussane. Je m'élève plus haut encore, malgré le mistral qui fait rage, me coupe la respiration et, parfois,

DES ALPILLES EN ARLES.

m'empêche absolument d'avancer. Les ruines sont maintenant plus effritées ; à travers des murs bran-

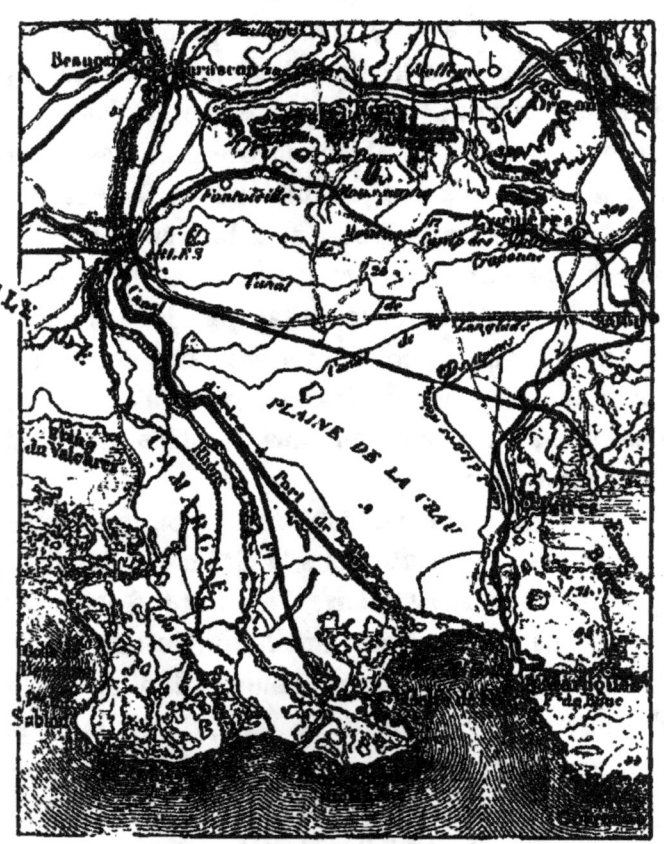

LES ALPILLES ET LA CRAU
D'après l'État-major, échelle au $\frac{1}{600,000}$.

lants on parvient au château, ce qui fut l'acropole des Baux, forteresse taillée en partie dans la roche.

Le mistral m'a empêché de m'aventurer bien haut, je craignais à chaque instant d'être précipité du sommet des remparts ou des rochers. J'ai pu trouver une encoignure à l'abri du vent terrible ; là, sous le chaud soleil, j'aurais passé de longues heures à contempler l'étrange cité, la plaine de la Crau, les étangs, l'horizon confus des marais du Rhône, la Camargue immense et la ligne étincelante de la mer. Il est tard déjà, je suis à jeun ; l'hôtel des Baux, dit *de Montecarlo*, est fermé, il me faut gagner Fontvieille si je veux réparer mes forces et atteindre Arles de bonne heure.

Je m'arrache à regret au paysage des Baux et descends le chemin rapide qui fut la voie romaine. Voici le fond du vallon, des fermes habitées, des jardins, des cultures, des chemins conduisant aux carrières. Ici il y a des êtres humains, on retrouve la vie.

Des voitures chargées de dés de pierre s'en vont à la gare, d'autres montent à vide. Le vallon, étroit, est cultivé et planté d'oliviers. Bientôt la route se bifurque : d'un côté est Paradou, où je devrais aller chez le poète Charloun Rieux, recommandé par Mistral ; de l'autre est Fontvieille. Paradou allonge le chemin de trois kilomètres ; le mistral est si violent, malgré l'écran des Alpilles, que j'ai la lâcheté de ne pas aller voir le félibre.

Je le regrette à cette heure ; mais pourquoi cette belle et poétique Provence a-t-elle une bise aussi mordante !

En route donc pour Fontvieille, dans un vallon rempli d'oliviers et d'amandiers, coupé de carrières, entre la colline boisée du Deffends qui me cache la Crau et les cimes rocheuses des Alpilles. Elles sont peu hautes ici, leurs pitons n'atteignent pas 240 mètres, il faudrait aller vers Eyguières pour trouver des crêtes de plus de 500 mètres. Mais, dans ce ciel pur, elles ont encore belle allure et portent des noms de grands sommets : mont Paon, mont Valence ! Ces pitons, ces crêtes, ces arêtes, ces blocs entassés ont été malignement révélés par Daudet dans son *Tartarin sur les Alpes*. C'est là qu'il fait aller le club alpin de Tarascon, le dimanche, pour planter « le drapeau du club, la Tarasque étoilée d'argent » sur le *Mont-Terrible*, le *Bout-du-Monde*, le *Pic des Géants*, après avoir franchi « abîmes, gouffres, gorges effroyables ». La carte d'état-major, mon seul guide aujourd'hui, ne me fournit aucun renseignement sur la latitude de ces montagnes aux noms grandiloquents.

Les Alpilles, d'ailleurs, s'émoussent peu à peu, leurs aiguilles disparaissent, les escarpements font place à des pentes douces couvertes de taillis Pour exploiter la pierre on est allé la chercher dans le sol, très profond. Voici les carrières de Fontvielle, étranges dans la garrigue couverte de chênes nains, avec leurs piliers de pierre supportant la barre et la roue des treuils qui permettent de hisser les blocs. Au-dessous s'ouvrent de grands puits carrés, très larges, dans les parois desquels sont creusés des escaliers permettant de descendre à plus de 30 mètres au-dessous de la surface du sol. Là, depuis 400 à 500 ans, se creusent des galeries profondes d'où sont montées une grande partie des pierres, dites pierres d'Arles, qui ont servi à construire les palais et les maisons des villes. Grâce au Rhône, permettant d'emporter à peu de frais les pierres de Fontvielle, Marseille s'est bâtie en partie avec ces matériaux, la Marseille moderne surtout, si prodigieusement accrue. Même Lyon est venu chercher cette pierre blanche, facile à tailler, mais résistant bien moins aux intempéries que le calcaire dur ou *pierre froide*. Deux cents ouvriers travaillent dans les carrières de Fontvielle; un chemin de fer, devenu la ligne d'Arles à Salon, avait été créé jadis pour relier Fontvielle à Arles. Malgré la concurrence des autres carrières, rendue facile par les voies de communication, la pierre d'Arles n'en reste pas moins en possession d'un vaste marché, grâce à la facilité avec laquelle elle se prête à la taille et au développement des constructions de pierre sculptée dans les villes du Midi.

La petite ville de Fontvielle est à un quart de lieue des carrières, en vue de la large trouée comprise entre les collines de Beaucaire, la Montagnette et les Alpilles, au milieu de laquelle le Rhône descend entre les grands arbres de ses rives. Le paysage est immense, majestueux même. Le défilé entre Beaucaire et la Montagnette est comme barré par les deux villes de Beaucaire et de Tarascon qui semblent à portée, malgré la distance, grâce à l'extrême transparence de l'atmosphère. Les ruines de la première de ces villes, la lourde masse crénelée du château de la seconde prennent une grandeur surprenante. Au pied des Alpilles, jusqu'au fleuve, s'étendent les terres fertiles des Segonnaux, conquises sur la Crau par le colmatage, région opulente, avec des prairies comparables à celles de la Normandie et qui seraient un paradis sans le mistral descendu avec impétuosité par la Crau de Saint-Remy et la trouée de Beaucaire.

Fontvielle est une bien mince bourgade ouvrière, peuplée de carriers, de vignerons, de presseurs d'huile d'olive. Comme toute cité du Midi elle a son *cours*, les maisons neuves y sont en nombre ; une halle moderne, très claire, indique le bien-être et contraste avec la haute tour carrée, couronnée de mâchicoulis, dorée par les siècles, seul reste d'un château jadis puissant.

Je voulais poursuivre à pied ma course vers Arles, mais le mistral souffle avec une violence telle, je vois arriver des gens dont la figure semble si bleuie et ratatinée par le froid, que je capitule et me décide à louer une voiture, un char à bancs découvert, traîné par un petit cheval plein de feu. Nous avons mis une demi-heure pour faire les 9 kilomètres séparant les deux villes. Après avoir dépassé la tour et gravi quelques mamelons rocheux, on traverse une large plaine très plate, couverte de vignobles, couverte d'eau en ce moment, toute cette région se prêtant à merveille à la submersion et permettant ainsi de lutter contre le phylloxéra. A cette époque, avec les vignes noyées, on pourrait se croire revenu à l'époque lointaine où Arles était entourée d'immenses lagunes communiquant avec la mer et formant, à l'entrée de la région maritime du fleuve, un port intérieur où les barques rhodaniennes, les navires de la Méditerranée et les radeaux portés sur des outres — utriculaires — naviguant sur la

Durance et les étangs, constituaient le centre commercial le plus considérable du monde romain. Mais ces eaux sont aujourd'hui désertes et bien réduites en surface, l'exhaussement continu du sol a permis de livrer les champs à la culture, il n'en reste que des mares ou des marais roseliers fournissant aux cultures les abris contre le mistral.

Au-dessus de ces plaines horizontales et verdoyantes se dressent les anciennes îles des étangs arlésiens, collines rocheuses d'un caractère insulaire encore. Le Castelet et ses ruines féodales, le mont de Cordes, la butte de Montmajour, si belle avec les ruines de son abbaye, sa chapelle et ses grands arbres, forment comme un petit archipel. Au delà on traverse le grand canal du Vigueirat, ancien lit de la Durance, qui dessèche et féconde à la fois la plaine jadis lacustre et l'on atteint Arles par une rue de maisons basses, blanchies à la chaux et la place Lamartine, voisine de la gare.

Arles, à ces abords de la voie ferrée, est une des plus tristes villes du Midi ; la rue d'accès est un fossé, on arrive à l'entrée de voies étroites, irrégulières, pavées de petits cailloux de la Crau. Aussi l'impression première, difficile à effacer, est-elle des plus défavorables à l'ancienne métropole de la Gaule impériale. Combien la ville aurait gagné à posséder sa gare près des Aliscamps, sur la route de Marseille! Le voyageur arrivant dans ce qui fut la Rome des Gaules aurait pénétré par les beaux boulevards plantés d'arbres, ces esplanades, cette Lice ensoleillée, abritée du mistral, bordée d'un côté de jardins et de cafés et, de l'autre, par les eaux vives du canal de Craponne Il aurait vu, dès ses premiers pas, une cité riante et gaie comme le sont toutes les villes de Provence sur leur *cours*. Il rencontrait le théâtre romain, les Arènes, Saint-Trophime, c'est-à-dire les merveilles de la cité antique. Arles n'aurait pas gagné ce renom de tristesse qu'elle ne mérite pas plus que les autres villes du Midi. Celles-ci n'ont-elles pas toutes un noyau de ruelles étroites, sordides, puantes souvent, sans caractère? Arles, au contraire, dans ses voies les plus sombres, montre des détails pittoresques et charmants.

Mais on n'apprécie bien ces antiques cités que si on les trouve au delà d'une zone moderne, large, aérée, couverte d'arbres, confortable en un mot. On aime courir par les vieilles rues de Marseille, de Nîmes, d'Avignon, de Valence ou de Montpellier après avoir été imprégné de la gaîté répandue dans la cité moderne. Si le train ou la voiture nous amenaient au milieu de ces vieux quartiers, on éprouverait une sensation de tristesse.

Tel est le cas pour Arles où, comble de malechance, les abords de la gare sont d'une solitude et d'une laideur indescriptibles. Les premières rues de la cité, malgré les ornements sculptés, les grandes portes à marteau, les niches ornées d'une statue de saint, portent la peine de cette entrée rébarbative.

Et pourtant, grâce au costume et à la beauté des femmes qui circulent dans les voies étroites, Arles fait peu à peu disparaître cette impression; on se plaît par ces rues biscornues, ne « piquant » nulle part, où tant de détails charmants attirent l'attention, d'où le ciel paraît d'un bleu si éclatant.

Les édifices antiques attirent d'abord le visiteur. Les arènes laissent une impression de mélancolie, la ruine, trop haute pour le cordon de maisons endormies qui l'entourent, n'a pas la beauté imposante des arènes de Nîmes; le théâtre, malgré son extrême délabrement, et dont il reste seulement les gradins, produit une sensation plus profonde. Deux colonnes de nobles proportions, supportant un morceau d'entablement, c'est tout ce qui subsiste de la scène, mais elles ont une beauté propre si grande! On resterait longtemps à les contempler.

La scène s'adosse à la rue du Cloître, étroite et

somnolente qui entoure Saint-Trophime, la merveille d'Arles. Nulle part l'art roman n'a rien produit de comparable à cet arc couvert de sculptures, porche de l'église vénérable. L'architecture romane, ici, par la multitude des figures de saints, d'anges et d'animaux est un précurseur de la floraison merveilleuse qu'amènera l'art gothique L'église elle-même est, à l'intérieur, assez banale, mais une de ses portes ouvre sur le cloître, un des plus étranges et des plus admirables monuments religieux du Midi. Il ne faut pas chercher ici les fines colonnettes du cloître du Mont-Saint-Michel, ni la grâce exquise de Fontevrault : l'architecture est massive, sur deux côtés les voûtes sont soutenues par des arcs romans, deux autres faces sont gothiques. Les figures sont barbares et cependant l'ensemble est d'un effet magique, cette cour herbue, ouvrant sous un grand carré de ciel bleu, a des dimensions restreintes et elle donne une impression de grandeur et de foi, due sans doute au contraste entre les proportions massives des voûtes et la délicatesse élégante des colonnettes doubles, surmontées de chapiteaux délicatement fouillés.

VIII

D'ARLES EN CRAU

Encore en Arles. — La Lice. — Les Aliscamps. — La décadence d'Arles. — Moyens de la prévenir. — Campagne arlésienne. — Le mistral et le chemin de fer. — Entrée en Crau. — Aspect de la plaine. — Les troupeaux et les bergeries. — Les oasis : l'étang d'Entressen. — La gare de Miramas. — A travers la Crau. — Les canaux d'irrigation. — Eyguières.

Eyguières. Décembre.

La place sur laquelle s'ouvre Saint-Trophime, avec son obélisque de granit, son hôtel de ville surmonté d'une coupole et de la statue de Mars, l'ancienne église transformée en musée où l'on a réuni les précieux débris de l'ancienne métropole romaine, est, malgré ses faibles dimensions, une des plus belles et des plus nobles de province. Mais elle est moins vivante que la place des Hommes ou du Forum, sur laquelle on voit deux colonnes antiques engagées dans une muraille moderne. La place des Hommes a les hôtels, les cireurs de souliers, des platanes, une fontaine, c'est-à-dire la vie. Là viennent se grouper les ouvriers agricoles pour s'engager au travail dans les mas de la Camargue et de la Crau.

Mais sur l'esplanade de la Lice surtout est la rumeur de la Cité. La foule s'y forme en deux groupes : les hommes habillés de vêtements sombres devant les cafés, les Arlésiennes élégantes et graves se promenant sur la chaussée. Les boutiques de foire, les omnibus pour les faubourgs, les zouaves de la garnison mettent du bruit et de la couleur sur ces larges avenues ensoleillées, longées par le jardin public. Près de cette partie vraiment animée de la ville, contrastant avec les ruelles tortueuses et sombres, est une autre promenade d'une douceur majestueuse : les Aliscamps, si célèbres aux siècles passés, et qui conservent encore, malgré les mutilations, les envois aux musées et la destruction d'une partie de la nécropole pour l'assiette des ateliers du chemin de fer, tant de tombeaux antiques, du moyen âge et de la Renaissance.

Ces Aliscamps, c'est-à-dire les Champs Élysées où les fidèles tenaient à dormir de leur dernier sommeil, ne sont pourtant plus qu'une avenue très courte, bordée de mausolées, et de chapelles ruinées, ombragés par de grands peupliers Ce furent jadis une ville funéraire immense. Non seulement les Arlésiens s'y faisaient enterrer, mais les habitants des villes riveraines du Rhône envoyaient leurs morts au fil de l'eau, en des cercueils soigneusement calfatés ; on déposait le prix des fu-

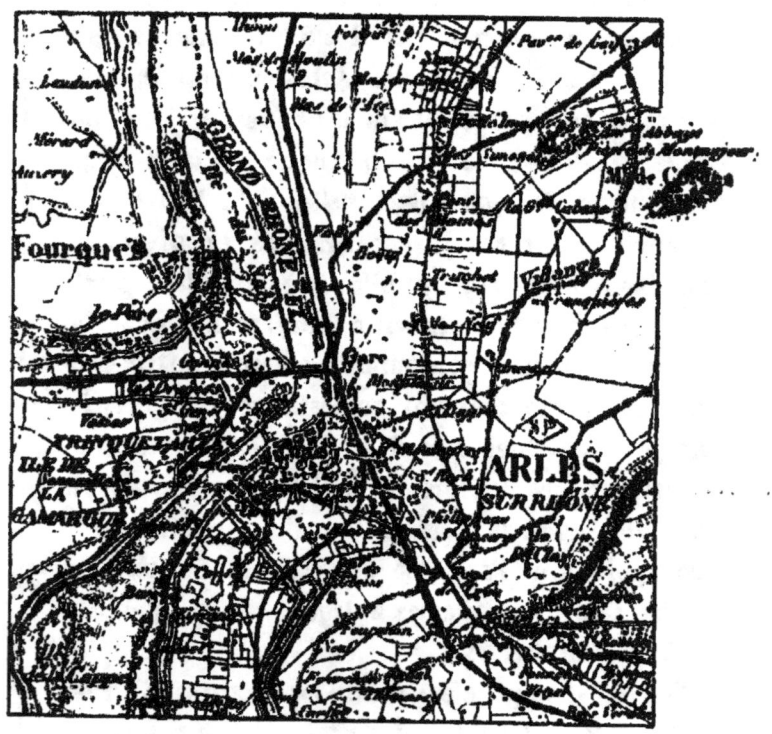

nérailles dans le cercueil et, à Arles, une confrérie arrêtait les funèbres colis et procédait aux obsèques dans la terre sanctifiée par le tombeau de l'apôtre d'Arles, saint Trophime. La richesse de la nécropole était énorme, tombeaux païens et chrétiens en faisaient un véritable musée. Tout cela a été presque entièrement détruit; les pauvres restes des Aliscamps n'en sont pas moins aujourd'hui encore un des sites les plus saisissants de l'ancienne cité impériale.

Cette destruction des Aliscamps pour la construction des ateliers et des voies du chemin de fer a été une faute irréparable. Certes, à ces travaux, Arles a gagné de résister à sa dépopulation constante, mais on eût pu obtenir le même résultat sans étrangler l'antique cité entre les noires constructions du chemin de fer et la digue formidable qui cache à Arles la vue du fleuve sous prétexte de la préserver des inondations. Il suffisait de faire passer le chemin de fer au delà des Aliscamps, dans la direction de l'est.

Aujourd'hui le mal est accompli, Arles ne peut plus s'étendre; elle a perdu la navigation qui l'animait et n'a pas su profiter de l'occasion inespérée de devenir un point de transit entre le Rhône et la mer. Au lieu d'empêcher le développement de Port-Saint-Louis[1], elle aurait dû apporter tous ses soins à venir en aide à la ville naissante et pousser au dragage des hauts-fonds sur

---

1. Voir 8ᵉ série du *Voyage en France*, chapitre XIX.

le bas Rhône pour lui donner un tirant d'eau plus considérable. Arles aurait pu alors laisser à Saint-Louis les grands navires et recevoir sur les quais aujourd'hui déserts de sa gare maritime des bâtiments calant de 3 à 4 mètres.

Rien n'est navrant comme l'état actuel de ce port d'Arles si vivant il y a cinquante ans encore. A peine un ou deux navires, ou plutôt de grandes barques de cabotage, y viennent-ils de temps à autre. Les grands vapeurs fluviaux de Lyon à Port-Saint-Louis y déposent rarement des marchandises. Le mouvement total atteint à grand'peine 9,000 tonnes.

L'état actuel de la population d'Arles explique cette décadence. Sur les 25,000 habitants de la commune, la moitié, à peine, habitent la ville ; le reste est dans les villages. La ville a été désertée par son aristocratie et sa bourgeoisie, nul ne peut prendre l'initiative de la création de services maritimes. Cependant une grande maison lyonnaise de construction de navires y a établi des chantiers. La commune elle-même est trop vaste, son territoire couvre 103,000 hectares, plus que bien des arrondissements, plus de deux fois la surface du département de la Seine. La presque totalité de la Camargue, une partie de Crau en dépendent. Les habitants d'Arles exploitent au loin, par des fermiers, ces vastes terrains agricoles, ils sont donc tournés vers la gestion du sol et non vers le commerce et l'industrie. Leur produit le plus célèbre, le saucisson, se fabrique à Tarascon.

Peut-être, si ces immenses espaces étaient répartis en communes : Saint-Louis, Raphèle, Saint-Martin-de-Crau, Mas-Thibert et, dans la Camargue : Saliers, Albaron, la Capelanayé, le Sambuc, les Salins-de-Giraud, ces groupes de mas et ces bourgs perdus disposant de leurs ressources fiscales pourraient-ils se développer, au grand avantage de la cité même ; celle-ci pourrait alors se tourner vers l'exploitation de sa situation géographique, si belle encore, et devenir un centre vital pour le Midi. Si l'étendue lui est mesurée sur la rive gauche, elle a, dans son faubourg de Trinquetaille, entre les deux bras du Rhône, des espaces illimités pour s'étendre. Il serait facile d'en faire la tête de ligne du réseau navigable du Midi par un tronçon de canal de deux kilomètres à peine reliant le canal d'Aiguesmortes vers Saint-Gilles au Petit-Rhône et en coupant, entre Arles et Fourques, par un autre canal, l'extrême pointe nord de la Camargue.

Arles peut donc espérer encore la prospérité. La mise en valeur de la Camargue et de la Crau est pour elle une certitude d'accroissement.

J'ai longuement parlé de la Camargue dans un précédent voyage[1]. Il me reste maintenant à traverser la Crau pour achever la visite de cette région provençale arrosée, fertilisée ou à fertiliser par la Durance.

Jadis la plaine pierreuse venait jusqu'aux abords de la ville, le canal de Craponne a permis de transformer en prairies et en vignobles le désert infertile. On les atteint aussitôt après avoir traversé la région basse des marais couverte de vignes submergées, bornée, au nord, par le mamelon et les ruines fauves de Montmajour et les crêtes blanches des Alpilles. Pour franchir cette dépression et atteindre Arles, le canal court sur une longue rangée d'arcades.

Et aussitôt gravi ou traversé le talus à peine sensible qui porte la Crau, on est dans un pays d'aspect opulent : grandes prairies encadrées d'arbres, mas vastes et cossus entourés d'arbustes fleuris et précédés de belles avenues de platanes. Les arbres du Nord : peupliers, ormes, saules, marronniers, se mêlent aux pommiers. Sans les figuiers et les cyprès, sans le ciel d'un éclat implacable en cette fin d'année, on pourrait se croire dans les parties les plus bocagères de la Norman-

---

1. Voir 8ᵉ série du *Voyage en France*.

die. Mais celle-ci n'a pas en tel nombre les mas et les villas.

Bientôt les cyprès plantés au bord de la voie ferrée masquent cet heureux paysage dont le petit hameau de Raphèle, doté d'une station, est le centre vivant. Le mistral atteint ici toute sa violence ; rien ne l'arrête, on l'a vu immobiliser des trains sur le chemin de fer et les ingénieurs n'ont pu remédier au fléau qu'en imitant les cultivateurs et en faisant de la ligne ferrée une avenue majestueuse de noirs cyprès. Le vent, au delà de la voie, vers le Rhône, fait plier les joncs de l'immense étang des Chanoines, dont le colmatage fera un jour une opulente prairie. Au delà de ces marais, on entre dans la Crau encore sauvage; il y a bien au nord, sur les rives du canal de Craponne et de la roubine de la Chapelette le village et les mas de Saint-Martin-de-Crau, mais le chemin de fer, tout en les desservant par une station, se tient dans la partie encore inculte. Vers le sud se dressent les bâtiments d'une fabrique de dynamite qui a trouvé dans la Crau un isolement propice.

Au bord de la voie c'est la solitude, les seules habitations sont les maisons de gardes-barrière, très classiques avec leurs assises trapues et le grand arceau ouvrant sur un vestibule donnant accès dans l'intérieur. Peu à peu la Crau se précise : champ de pierre fauve sans bornes, couvert de maigres taillis de chênes verts. Ceux de ces arbustes qu'on a laissés croître sont assez hauts et montrent que la Crau aurait pu devenir une truffière ou une pinède si le pâturage des moutons n'avait été de tout temps la seule et désastreuse exploitation de l'immense champ de cailloux[1].

Ces abords de la Crau ont donc encore des taches de verdure ; on a tenté de les conquérir en plantant des amandiers, dont s'alignent les troncs noirs et rugueux, contournés par le vent. Parmi les champs de pierre et les plantations, l'eau de la Durance a permis aux habitants de Saint-Martin de créer quelques belles oasis de prairies, de cultures et de vignes. Ces dernières traces de la volonté humaine disparaissent : voici le véritable désert de la Crau, plaine sans fin de cailloux entre lesquels, en cette saison, croît une herbe courte, à peine visible, pacagée par des moutons roux, qui s'abriteront ce soir dans les bergeries semées çà et là. Ces humbles constructions, sous ce ciel clair, et dans la plaine rase, prennent parfois l'aspect de vastes édifices. Au loin on aperçoit encore des bouquets d'arbres indiquant un mas né au

---

1. Voir la carte au chapitre précédent, page 97.

bord d'un canal. Ces parties cultivées sont des *coussouls*.

Un de ces mas appelé les Poulagères est au milieu de tas énormes d'ordures ménagères, formant avenue sur les deux côtés d'un embranchement du chemin de fer. Ce sont les débris recueillis dans les rues de Marseille et transportés chaque jour par train spécial. La grande cité en se débarrassant ainsi de ses ordures, concourt à la transformation de la Crau, à laquelle elle fournit des éléments fertilisants par l'humus, qui manque si complètement à ce désert pierreux. Les cailloux sont exploités : les trains qui ont amené les gadoues aux Poulagères ramènent les galets à Marseille, où ils sont utilisés pour le macadam.

L'emplacement de ce dépôt a été choisi entre les deux branches du canal des Alpilles appelées de Langlade et d'Istres, dont les eaux compléteront l'œuvre des gadoues. Cette partie de la Crau pourra ressembler un jour à la région d'Arles ; déjà, autour du vaste étang d'Entressen aux eaux bleues, s'étendent des prairies, des champs, des lignes d'arbres et des mas.

L'oasis d'Entressen est vite disparue, car la Crau recommence plate, nue, semée de cailloux. toute vibrante de lumière, mais bornée au loin par les collines isolées d'Istres et la ligne de rochers de Miramas, derrière lesquels s'étalent les eaux de la petite mer de Berre.

Au milieu de ces cailloux, on aperçoit avec surprise d'immenses pylones de fer entre-croisés, supports de lampes électriques qui, la nuit, jettent sur la Crau une lumière blanche et éclatante. C'est la gare de triage de Miramas, très vaste, construite par la Compagnie de Lyon à cette jonction de la voie maîtresse de Paris à Marseille et des embranchements de Cavaillon et de Port-de-Bouc. Les nombreuses voies se prolongent en plein désert ; des troupeaux de moutons à la toison sale, presque noire, viennent paître jusqu'aux abords des rails. De grands bâtiments pour les locomotives, un village d'auberges et de cités ouvrières alignées sur de larges avenues font prévoir l'éclosion d'une cité nouvelle à ces confins de la Crau.

Je n'ai pas de train pour Salon avant la nuit. C'est 12 kilomètres à faire à pied ; malgré le mistral, je me résigne à cette course. Et même, en examinant la carte, à gagner Eyguières à travers la *pleine Crau*.

Aux abords de Miramas, le pays est assez cultivé, entre les collines rocheuses et la branche du canal dite de Grignan ; toute cette zone est en voie de transformation : entre les immenses alignements d'amandiers, on trouve des parties irriguées et cultivées, puis des portions de Crau encore incultes. Mais la conquête est presque complète ici, grâce au grand nombre des rameaux d'eaux fertilisantes. Le canal de Craponne, seul, traversait autrefois le désert, celui des Alpilles (Alpines sur les cartes) s'y ramifie en plusieurs branches: Grignan, d'Istres, de Langlade, d'Eyguières, de Salon ; d'année en année se détachent plus nombreuses les filioles. Au milieu des cultures nouvelles les mas se sont bâtis : Beauchamp, la Poitevine, Regarde-Venir. Il faut dépasser l'écluse de Merle, véritable clé de ce régime vivifiant des eaux, pour retrouver la Crau déserte, celle que la végétation n'a pas conquise encore, où, l'été, se produit le phénomène du mirage.

Le mistral me crible d'aiguilles invisibles ; comme hier aux Baux, je dois m'envelopper le visage d'un foulard pour maintenir mon chapeau. Au loin les Alpilles grandissent, très hautes sur ce point. A leur pied, je vois verdir les olivettes qui font la fortune du pays d'Eyguières, depuis le Paradou des Baux jusqu'au pertuis de Lamanon. Au nord-est se dessine ce pertuis par lequel, à la fin de la période glaciaire, ont été déversés les déluges de la Durance, amenés par la fusion des glaciers et qui ont couvert de galets 53,000 hectares d'un golfe marin, large de 37 kilomètres sur 30, formant ainsi la Crau.

Voici enfin des prairies, des cultures, d'immenses champs d'oliviers ; on traverse le canal de Craponne et l'on entre dans un vallon largement ouvert entre le mont Menu et la montagne du Défends où Eyguières est bâti. La nuit descend, j'ai encore le temps de parcourir les rues régulières et propres de ce grand bourg enrichi par les huileries et les savonneries avant d'aller dîner et prendre à la gare le chemin de fer qui me ramène à Cavaillon.

IX

AU PIED DU LUBERON

Les gorges du Régalon. — Mérindol. — Lauris — Cadenet et le tambour d'Arcole. — Pertuis et ses pommes de terre. — La Durance au pertuis de Mirabeau. — Les abords de Manosque.

Manosque, Juillet.

J'ai fait ce matin sous une violente pluie d'orage l'excursion des gorges du Régalon; je venais d'atteindre l'extrémité de ce curieux couloir quand le ciel s'est couvert brusquement; l'obscurité est venue et j'ai dû refaire en courant le chemin déjà parcouru pour ne pas être atteint par le torrent dont les eaux ont subitement grossi; sous l'averse j'ai gagné le vieux Mérindol, amas de masures ruinées au sommet d'un rocher d'où l'on a, malgré la pluie, une vue majestueuse sur l'ample thalweg de graviers parcouru par les bras divagants de la Durance.

De l'autre côté du torrent, sur une butte isolée où il semble garder la prise d'eau du canal des Alpilles, le fier bourg de Mallemort se dresse au

milieu d'une plaine admirablement arrosée et cultivée. La rivière grise, enflée déjà par l'orage, est sillonnée par des eaux rougeâtres qui n'ont encore pu se mêler au flot ; elles descendent des pentes de l'*âpre Luberon*, comme l'a nommé Mistral, par tous les ravins de la montagne.

Autour de Mérindol, beaucoup de grottes creusées dans les rochers sont fermées par des murailles en maçonnerie. Au-dessus du bourg moderne, ces grottes se confondent avec les débris du bourg primitif, détruit et dont la population fut décimée par ordre du Parlement de Provence pour punir les Vaudois de leur hérésie.

Malgré ces souvenirs horribles, malgré la pluie, ces premières pentes du Luberon sont charmantes, c'est le type le plus complet et le plus heureux de la montagne provençale avant la déforestation. Des pins verts sur les hautes pentes, des oliviers sur les étroites terrasses ; au-dessous, des cultures irriguées, donnent une impression de richesse.

Il est 8 heures du matin à peine, et je n'aurai pas de train avant 10 heures et demie. La réclusion dans une auberge m'effraie ; bravant l'ondée, je m'en vais au hasard sur la grande route, je m'arrêterai à l'une des gares pour prendre le train de Pertuis. Bien m'en prend, si le ciel reste menaçant les averses s'apaisent peu à peu, je puis rejeter mon capuchon et marcher à l'aise, au milieu de ces campagnes opulentes, en vue de la montagne boisée de pins d'un vert sombre. Il y a les mêmes cultures que dans la plaine de Cavaillon[1], mais aux légumes et aux haricots verts s'ajoutent ici, en abondance, les asperges. La récolte est achevée, les tiges graciles où déjà mûrissent les baies rouges sont toutes ruisselantes de gouttes de pluie. Les parties les plus basses de la vallée sont transformées en oseraies.

J'ai marché rapidement, en une heure Lauris est atteint. C'est encore un vieux bourg féodal juché sur un rocher entouré de vastes prairies. Le roc est percé de grottes et couvert de jardins disposés en terrasses. En avant du bourg une grande maison à quatre étages ouvre de multiples fenêtres sur la vallée : c'est le château. Mais à l'intérieur toute cette féerie disparaît, des rues étroites et tortueuses s'enchevêtrent autour de l'église.

Il faut attendre près d'une heure encore pour avoir un train, heureusement un brave homme arrêté avec un cabriolet, me voyant errer mélancolique à l'entrée du chemin de Lourmarin, me

---

1. *Voyage en France*, 11ᵉ série, chapitre XXIII.

demande si je ne vais pas à Cadenet; sur ma réponse, il offre de me conduire, et nous voici courant rapidement sur le grand chemin dont la pluie violente a fait disparaître toute poussière. Le cabriolet est attelé d'un petit cheval vif comme la poudre; il descend rapidement dans la vallée de l'Aiguebrun; au grand trot il monte par les pentes couvertes de mûriers, d'oliviers, d'abricotiers et d'autres arbres à fruits. Le Luberon ici s'entr'ouvre pour laisser passage à l'Aiguebrun; la vallée, dont l'entrée est commandée par une tour, est étroite, mais on distingue fort bien l'intérieur du système montagneux.

Des collines bien découpées, très accidentées, couvertes de mûriers, d'oliviers, d'amandiers surtout, sorte de petit massif isolé entre le Luberon et la Durance, dessinent une sorte d'amphithéâtre grandiose au milieu duquel, au flanc d'un rocher, apparaît Cadenet. Des ruines féodales au sommet du roc, des campaniles, des flèches d'église, des maisons serrées, dévalant au bord de ruelles étroites, de beaux platanes, voilà Cadenet, une des plus gracieuses villes du Midi, vue à distance; bien peu séduisent autant le voyageur. Tout autour le feuillage pâle des oliviers, plus bas des mûriers, des prairies plantureuses forment un cadre riant à la petite cité. Dans ce paysage naquit

Félicien David. Le musicien du *Désert* n'a point sa statue dans sa ville natale, par contre on y voit l'effigie d'un de ces petits tambours célèbres dans l'histoire des guerres de la Révolution, le plus illustre de tous : André Étienne, le tambour d'Arcole, né à Cadenet.

Dans les petites rues dévalant vers la plaine, habite tout un peuple de vanniers ; les osiers de la Durance sont transformés ici en paniers. Ce doit être un grand commerce, car, à la gare où je suis descendu à pied, après avoir pris congé de mon aimable conducteur, j'aperçois sur le quai de grandes caisses à claire-voie remplies de fine vannerie.

Voici le train ; il m'emmènera jusqu'à Pertuis. La voie ferrée court au pied de hautes collines recouvertes d'un tapis vert de pins et de broussailles. Ces hauteurs masquent la vue du Luberon, mais un instant, par l'ouverture de la vallée du Marderic, on aperçoit la belle montagne, très lointaine, formant comme un fond de tableau au curieux site d'Ansouis. Et l'on suit de nouveau les collines ; hautes encore vers Villelaure, elles s'abaissent en pentes douces, couvertes d'oliviers, en enclos de cultures où les pommes de terre dominent, jusqu'à la ville de Pertuis.

Celle-ci est annoncée par une lourde tour carrée

d'église, flanquée de quatre pyramidions ; ses maisons sont en partie masquées par d'immenses platanes, sauf vers le vallon où le Lez, d'ordinaire à sec, roule aujourd'hui des eaux boueuses. La petite ville, de tout temps importante par sa situation à l'un des principaux passages de la Durance, s'est encore développée depuis la création des chemins de fer ; sa gare est importante ; une vaste rotonde abrite les locomotives qui conduisent les trains vers Avignon, Veynes ou Marseille. Sur l'autre rive de la Durance, à Meyrargues, les lignes locales d'Arles et de Draguignan viennent se souder à la grande voie de Grenoble à Marseille. Pertuis est donc un des points vitaux de la vallée. Elle compte aujourd'hui près de 6,000 habitants.

On a l'impression d'une cité florissante ; les grands platanes qui ombragent le « cours », les cafés bruyants et animés, pourraient faire croire à une ville plus considérable. A cette heure, la foule est grande, composée surtout de ces paysans à vaste feutre qui ont de vagues allures de mousquetaires. Sous les arbres, sur les carrefours, sont des fontaines dont une assez monumentale

Pertuis, comme toutes les petites villes du Comtat, a des concerts décorés de noms ronflants : l'Éden, Tivoli, les Folies pertuisiennes ; les jeunes gens s'y groupent en plusieurs sociétés musicales. Cette fièvre de plaisirs et de distractions ne saurait aller sans des ressources financières. La pomme de terre en est le principal élément ; elle vient à merveille au bord de la Durance, les plantations en sont considérables ; elles donnent lieu à un commerce étendu.

Des débris de rempart et une vieille tour dite de l'Horloge mettent une note féodale dans cette cité bien moderne, où la lumière électrique a été répandue à flots par les capitaux lyonnais. Le soir, quand les cafés et les magasins sont éclairés, quand les promeneurs affluent sous les platanes touffus du *cours*, l'aspect de Pertuis est fort gai.

Mais sauf le frais abri de ses arbres, Pertuis n'a rien pour retenir longtemps le touriste. En une demi-heure on a visité tout ce que la petite cité peut offrir d'attractions ; j'ai profité d'une voiture d'hôtel pour retourner à la gare. De Pertuis à Manosque une course pédestre me tentait, mais ce serait long : d'ailleurs, à en juger par la carte, le trajet par voie ferrée est aussi intéressant.

Après avoir laissé à droite la ligne de Marseille, on atteint bientôt le pied du Luberon, à l'endroit même où la Durance vient le frôler. Le torrent est extrêmement violent aujourd'hui ; tous les affluents ont amené d'énormes masses d'eau boueuse; beaucoup sont déjà asséchés ; on ne devine la crue qu'aux herbes couchées au bord des ravins, aux limons rouges ou jaunes laissés dans les plis du terrain.

Nulle part la Durance n'a plus de puissance et de majesté. Le lit, énorme, est enfermé entre les hautes parois boisées d'un contrefort du Luberon et, sur l'autre rive, d'âpres collines où l'on cherche en vain un village. Dans cet ample thalweg, des flots limoneux courent autour d'îles et d'îlots de gravier sur lesquels la végétation cherche en vain à s'implanter par des saules et des peupliers rabougris, nés d'une bouture charriée par le torrent et destinés à être emportés avec l'île elle-même. Pas de cultures sur ces vastes espaces, la main de l'homme se montre seulement sur quelques terrasses ou ressauts des collines où les oliviers, les amandiers surtout sont l'objet de soins assidus. L'amandier ami des terres pauvres domine; on l'a taillé en forme de coupe pour permettre à l'air et à la lumière de pénétrer dans l'intérieur de l'arbre et de mûrir plus promptement le fruit. Bientôt j'irai dans l'intérieur du pays assister de plus près à la culture et à la récolte de l'amande, coque dure ou coque tendre.

La vallée se resserre peu à peu; des fenêtres du wagon, on voit les collines se rapprocher comme prêtes à se toucher. C'est le défilé de Mirabeau, dans lequel le grand torrent, si large en amont et en aval, est réduit à 150 mètres; toutes ses eaux réunies passent sous un pont suspendu d'une grande allure. Et aussitôt, en débouchant d'un tunnel, on voit la vallée s'entr'ouvrir de nouveau, la rivière divaguer entre ses îles. Ici, le Verdon atteint la Durance, au sein d'une plaine immense dans laquelle le torrent enferme plus de deux kilomètres de largeur de terrain entre ses coulées.

On n'aperçoit pas le village de Mirabeau pendant le passage dans le défilé, mais on peut un instant reconnaître les débris du château où naquit le père du grand tribun de la Révolution. Involontairement, quand l'homme d'équipe jette aux voyageurs ce superbe nom de Mirabeau, on cherche des yeux le village, mais il est masqué par la colline. Cependant, sous l'impression de ce mot soudain prononcé, le caractère grandiose du défilé se grave plus profondément encore dans la mémoire.

Le chemin de fer, maintenant, s'éloigne de la Durance pour longer les collines qui terminent le massif du Luberon; ici finit le département de Vaucluse, on pénètre dans les Basses-Alpes. Malgré ce nom, le paysage reste bien provençal par le ciel, la netteté des horizons, les cultures, les vergers d'amandiers et les oliviers. L'aspect est moins opulent que dans la grande plaine du Comtat, le sol est maigre et caillouteux, cependant l'irrigation accroît chaque jour le domaine agricole, à mesure que l'usage des eaux de la Durance s'étend davantage. Ces eaux sont amenées ici par le canal de Manosque, dont l'ouverture est toute récente, car les travaux ont été entrepris en 1889 seulement et le nombre des rigoles dérivées est encore faible. Lorsque tout le volume disponible sera utilisé, la zone de terrain comprise entre la base des collines et le torrent ne tardera pas à se couvrir de cultures comparables à celles du Comtat. Les eaux de la Durance, très chargées de troubles, colmateront rapidement la plaine pierreuse et sablonneuse. Manosque, dont les habitants ont mis à profit les eaux du canal, a transformé sa banlieue si riche déjà. La partie basse, arrosée par le canal de la Brillanne, était une merveille de culture, la partie haute ne tardera pas à se couvrir de champs, de prairies et de jardins. La production des primeurs y sera d'autant plus facile que les vents n'ont pas ici la violence atteinte dans les plaines de la Drôme, de Vaucluse et la Crau.

X

LES PÉNITENTS DES MÉES

Entrée nocturne à Manosque. — Un type de ville provençale. — Les rues de Manosque. — Les mines de lignite. — Volx. — Les gorges du Largue. — La houillère de Bois-d'Asson. — Chemin de fer de Forcalquier. — Saint-Maime, Dauphin et Mane. — Forcalquier. — La citadelle et Notre-Dame-de-Provence. — Les pénitents des Mées.

Ganagobie. Juillet.

Avant que l'omnibus ait eu chargé les bagages et pris les voyageurs du train venant de Veynes, la nuit est venue. Dans l'obscurité profonde, sous le ciel où de grands nuages masquent les étoiles, les lourdes guimbardes montent la large route qui conduit à Manosque. Ancienne cité féodale bâtie sur une terrasse pour se mieux défendre, la ville paie sa sécurité militaire d'autrefois par son éloignement du chemin de fer. Elle est à 1,500 mètres de la station; ce n'est rien dans une grande ville où l'on franchit d'autres distances sans y faire attention, mais dans la nuit cette avenue solitaire, sans maisons, paraît interminable. Enfin voici des lumières, c'est un réverbère électrique ; Manosque eut la bonne fortune de se contenter longtemps de quinquets fumeux, aujourd'hui la force motrice du canal lui donne à flots une lumière éclatante.

Après dîner, je suis allé par la ville : des rues étroites, pavées de cailloux pointus, des portes féodales, de grands boulevards sombres plantés d'arbres géants, tout cela tranquille, endormi, comme mort. Aucun pas sur le pavé, rarement une lueur filtrant à travers les fentes d'une porte. Pour trouver du mouvement, il faut revenir dans la direction de la gare, sur le boulevard où quelques cafés aux terrasses flamboyantes sont remplis de consommateurs. Manosque est bien encore une cité du Midi !

Au matin le soleil frappe mes fenêtres. L'astre n'est pas encore sorti en entier de l'écran des monts lointains et déjà je suis debout pour admirer un des plus vastes paysages de Provence.

La ville est assise au pied d'une haute colline conique surmontée d'une tour et couverte d'oliviers disposés en terrasses, charmante ainsi sous le manteau des arbres au feuillage léger dont la verdure est comme saupoudrée d'une fine poussière d'un gris opalescent. Sous la montagnette élégante, la campagne descend en pentes douces, très planturouse et verte, jusqu'à la Durance, dont l'immense lit rempli par les pluies donne la sensation d'un énorme fleuve de pays inexploré.

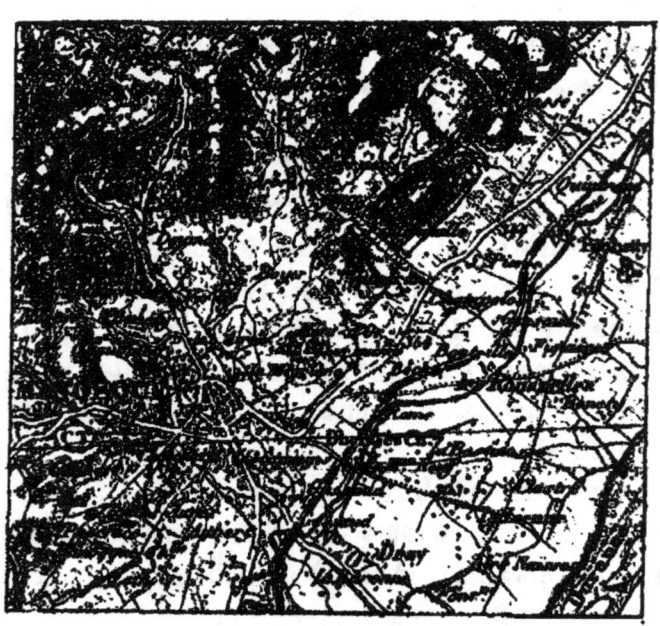

Au delà s'étagent des coteaux aux formes sévères, de hautes collines, puis très lointains, estompés par une brume légère, de grands monts fièrement découpés, arêtes séparant les Alpes de Provence des Alpes Maritimes.

La ville est encore endormie, les cafés sont clos

sur le grand boulevard en terrasse ; les cigales attendent le chaud soleil de midi pour reprendre leur chant interrompu ; un jet d'eau pleure dans un bassin ménagé entre les rampes d'un escalier à double évolution.

Peu à peu la cité s'éveille, on voit les volets s'entr'ouvrir, mais les passants sont rares ; Manosque n'est point une ville manufacturière, elle n'a point d'ouvriers en dehors des petits ateliers sur rue. Les voitures pour la gare stationnent à l'entrée de la ville, devant la vieille porte Saunerie, si pittoresque avec ses tourelles à mâchicoulis dressées au-dessus des petites fenêtres romanes, aux colonnettes élégantes. De chaque côté de la porte se courbent les boulevards qui enclosent la vieille ville, montrant par place des remparts et des tours.

La rue principale, étroite et montueuse, est bordée de hautes maisons dont beaucoup ont noble allure avec leurs fenêtres sculptées et leurs grilles forgées. Cette voie principale, la rue du Commerce, passe devant la petite place de l'hôtel de ville et, sous le nom de rue des Marchands, atteint une autre porte, dite Soubeyran.

De chaque côté de cette artère centrale s'étend un dédale de petites rues bordées de vieilles bâtisses lépreuses, ventrues, déjetées, percées de petits porches. Les noms de ces voies mélangent singulièrement les vocables patriotiques aux anciennes dénominations; il y a la rue Torte et la rue de la Liberté, la rue Hoche et la rue de l'Équerre, la rue Guillempierre et le boulevard Mirabeau. Il y a la rue du Poète et la rue de la Figuière. Des impasses sales et puantes ouvrent sur la vaste place du Terreau, bordée de cafés, plantée de platanes, égayée par une fontaine de rocaille. La place finit en terrasse d'où la vue est très belle sur des campagnes verdoyantes.

Peu de monuments, mais, sur l'une des églises, Saint-Sauveur, se dresse un clocher dont le campanile en fer forgé, très ouvragé, est un des plus élégants de cette Provence où les édicules destinés à suspendre les cloches sont d'un art charmant et bien particulier. Derrière l'édifice, de nauséabondes ruelles, où les détritus et les immondices s'accumulent, offrent pourtant d'heureux détails dans les constructions. Sur deux ou trois points sont gravées les quatre mains, armes de la cité.

Cette amusante vieille petite ville offre un aspect prospère, aucune autre cité des Basses-Alpes n'a un tel caractère d'activité; si Digne n'avait son cours Gassendi, elle serait bien inférieure à Manosque malgré son rang de chef-lieu. Si l'on défalquait des habitants de Digne la garnison, la population du lycée, des prisons et les fonctionnaires gravitant autour d'un préfet et celle des hameaux épars loin du centre, Digne serait moins peuplée que Manosque. Quant aux sous-préfectures des Basses-Alpes, elles sont fort dépassées par le simple chef-lieu de canton placé en terrasse au-dessus de la Durance, à la jonction des principales routes de la vallée et devenu le centre des affaires à cette limite du Comtat et de la Provence.

Manosque ne doit rien de sa prospérité à l'industrie, elle est surtout commerçante ; cependant elle tire une part de sa richesse de l'exploitation d'un petit bassin houiller. Derrière ses collines boisées d'oliviers, d'autres collines, plus hautes, recèlent une couche de lignite assez activement exploitée. Des puits où il ne faudrait pas chercher l'énorme outillage de ceux de la Loire et du Nord, permettent d'extraire chaque année près de 30,000 tonnes. Outre les petits établissements employant des machines à vapeur, ce combustible alimente encore des fours à plâtre et à ciment, embryon d'industrie qui se développera peut-être un jour.

Si l'industrie minière donne quelque vie aux collines rocheuses et boisées abritant Manosque des rafales du nord, la partie basse du pays se transforme peu à peu, trop lentement peut-être, avec l'usage des irrigations. Les flancs des hauteurs sont revêtus d'un manteau continu d'oliviers ; dans la plaine, les zones cailloutenses, encore oubliées par les rigoles fécondantes, sont plantées d'amandiers au tronc noueux ; on trouve le même aspect jusque dans le bassin de Volx dont les villages féodaux et les roches abruptes, nettement découpées, font un des coins caractéristiques de la Provence. Là, au bord du Largue, se détache le chemin de fer conduisant à Cavaillon et, par un embranchement secondaire, à Forcalquier.

J'ai pris cette voie pour gagner le chef-lieu de cette partie des Basses-Alpes. A peine a-t-on eu le temps d'apercevoir, au flanc d'une petite montagne, le bourg de Villeneuve semblable à un village corse et de traverser pendant quelques minutes le bassin de Volx bien cultivé, boisé, semé d'olivettes sur des terrasses et l'on pénètre dans la gorge du Largue, si curieuse avec ses roches trouées. Dans ce vallon étroit où la route, le chemin de fer et le torrent aux eaux claires mais peu abondantes se disputent le passage, est un des centres d'exploitation du bassin houiller de Manosque, la mine de Bois-d'Asson. C'est une humble exploitation sur la rive gauche où des galeries s'ouvrent à différentes hauteurs, où des déblais noirs indiquent les affleurements et des recherches. Sur l'autre rive, il y a un puits, des fours à coke, des amas de débris en ignition par la combustion naturelle. Une petite voie ferrée permet d'embarquer le combustible ; cinq wagons sont prêts, notre locomotive va les chercher et les attelle au train.

Bientôt on sort des gorges pour pénétrer dans un vaste bassin, de grande allure, très pittoresque, à la jonction du Largue et de la Laye. Entre les deux torrents, sur un mamelon isolé, le village de Dauphin, tout gris, groupe ses toits autour de son église ; en face, dominant un troisième vallon où s'écoulent les eaux de Forcalquier, le village de Saint-Maime n'a pas un moins fier aspect. Là se détache l'embranchement de Forcalquier, près d'une petite usine où l'on distille le bois et les schistes.

La courte ligne de Forcalquier est certainement une des moins productives de France, car la ville, située à l'extrémité, est de médiocre importance, mais elle traverse un joli pays, bien cultivé, couvert de noyers. Son unique station intermédiaire dessert le beau village de Mané, construit comme tous les bourgs de cette région sur un mamelon isolé ; il est entouré de murailles croulantes ; des maisons sont portées par des terrasses sur des arceaux; les remparts et les tours de l'ancien château flanquent un des coins de la colline et achèvent de donner au site un caractère romantique. Du haut du coteau on a sur la vallée du Largue une admirable vue.

Un tunnel courbe amène en vue de Forcalquier; l'apparition est superbe, la ville étage ses quartiers autour d'une haute colline conique surmontée par une chapelle à dôme; à côté, un autre mamelon de même forme est également couronné par une chapelle. Autour, des collines accidentées couvertes de vignes et d'oliviers, le viaduc du chemin de fer, des chaînes de rochers, des hauteurs sauvages composent un des plus beaux tableaux de la Provence. Ce panorama de Forcalquier, à l'issue d'un souterrain, vaudrait seul une visite.

A peine descendu du train, j'ai voulu gravir la colline au-dessous de laquelle s'étage Forcalquier. En demandant mon chemin, j'ai appris que cette colline se nomme la *citadelle*; elle possède en effet les ruines d'une forteresse détruite par Henri IV. De ce nid féodal il reste des débris de tours et de remparts, près d'une plate-forme à laquelle on accède par les allées raides d'un calvaire. Une chapelle romano-byzantine, dans le goût du Saint-Sépulcre, y a été édifiée, c'est Notre-Dame de

Provence. L'église est ornée de macarons délicatement sculptés ; aux angles, des anges jouent du fifre, du tambourin et d'autres instruments, mettant une note piquante du moyen âge sur cette architecture bien plus archaïque.

Le panorama fait négliger le monument. La vue est immense et sublime. De là on découvre, au premier plan, la montagne de Manosque couverte de bois, les jolies montagnettes de Forcalquier tapissées de vignes et d'oliviers, derniers contreforts du Luberon ; au loin, bleuie par l'éloignement, la chaîne haute et régulière de la montagne de Lure. A l'est, ce sont les Alpes de Provence, âpres, décharnées, mais d'un dessin si classique et si pur, se dressant par rangées successives, de plus en plus hautes jusqu'aux sommités blanches derrière lesquelles est l'Italie. Il est peu de spectacles plus grandioses et plus complets ; on resterait de longues heures sur cette terrasse parfumée au-dessous de laquelle se tapit, très grise, toute mignonne, la ville de Forcalquier.

On descend par des ruelles étroites et sales, pavées de grosses roches et l'illusion s'évanouit. L'église, où l'art roman s'associe au gothique, est d'un goût sobre, mais elle est digne, par ses proportions et son aspect, du rôle de « concathédrale » qu'elle eut autrefois en partageant avec Sisteron la prépondérance sur un diocèse. Comme la plupart des villes du Midi, Forcalquier compense l'étroitesse de ses voies et leur saleté par un cours ombreux, large et animé, appelé ici boulevard et aboutissant sur une place entourée de cafés : l'esplanade du Bourguet. Entre la ville et la gare, de belles villas, de grands arbres, des jardins donnent à Forcalquier un aspect de gaîté rappelant les petites stations du littoral.

Pour ne pas refaire le trajet par voie ferrée, j'ai entrepris de gagner à pied la vallée de la Durance et la gare de la Brillanne. D'abord ce fut charmant, la course était assez longue, mais la marche entre les oliviers au feuillage léger est si douce ! Bientôt la chaleur est devenue torride, je m'étais muni d'une ombrelle, j'avais quitté mon veston, le soleil était implacable ; pas d'eau dans ce vallon profond, pas d'abris, pas un souffle d'air ; il en fut ainsi pendant dix kilomètres, mais après avoir traversé le Laizon, on débouche dans la vallée de la Durance, sur un plateau irrigué, verdoyant, où la brise se fait sentir. On découvre bientôt l'immense lit du torrent et, sur la rive gauche, le gros bourg d'Oraison aux toits rouges, entouré de superbes oliviers. Quelques centaines de mètres encore et l'on atteint la berge du plateau, au-dessus de la Brillanne. La Durance, grossie par les orages, roule des flots noirs et écume contre les piles d'un beau pont suspendu.

J'ai déjeuné à la Brillanne, et, par le premier train, suis reparti pour les Mées, but de mon excursion finale. Le chemin de fer est construit en corniche au-dessus de la Durance ; sur l'autre rive s'étend une belle plaine plantée d'oliviers et d'amandiers. Dans ce paysage plutôt sévère, on arrive bientôt en face d'un des sites les plus extraordinaires que l'on puisse rêver.

Une montagne se dresse en falaise sur la rive gauche ; en avant de ces escarpements s'aligne une rangée régulière d'obélisques ou d'aiguilles semblables aux menhirs de Bretagne, mais des menhirs de hauteur gigantesque, plusieurs de ces fuseaux ont 150 mètres de hauteur. Ils bordent la colline sur une longueur d'un quart de lieue ; la montagne elle-même est ravinée, comme festonnée, elle se creuse de grottes, elle se hérisse de rochers. Cette formation géologique singulière est l'œuvre des pluies et des vents qui, en rongeant la roche friable, ont respecté les parties les plus résistantes.

Au milieu de cette ligne d'obélisques naturels, dont la disposition régulière fait songer à une procession, d'où le nom de « Pénitents » donné à cet ensemble curieux, la petite ville des Mées groupe ses maisons; les toits, pressés à l'issue d'un torrent, ont tous la même hauteur, on dirait qu'ils ont été apportés et refoulés par le flot comme un cône de déjection.

Ce ravin, à l'entrée duquel la ville est bâtie, était jadis le fléau des Mées. Au siècle dernier, on a foré un tunnel qui prend les eaux de crue et les conduit à la Durance, loin de la ville; des barrages modernes ont complété cette œuvre, et, aujourd'hui, les Mées sont à l'abri des fureurs soudaines du torrent.

XI

LA VALLÉE DU BUECH

La Durance, cette chèvre... — Sisteron et la Baume. — La crau de la Silve. — Conquête par l'irrigation. — Les derniers oliviers. — Laragne et ses vergers. — Les bords du Buech. — Serres et le château de Lesdiguières. — Veynes. — Les glacières de Montmaur. — Arrivée à Gap.

Gap, Juillet.

E la Durènço, aquelocabro — Alandrido, feroujo — alabro...

Et la Durance, cette chèvre, ardente à la course, farouche, vorace comme l'a dépeint Mistral, « cette fille sémillante qui vient du puits avec sa cruche et qui répand son onde en jouant avec les gens qu'elle trouve par la route »......

La Durance — contrairement aux autres cours d'eau, plus abondante à mesure qu'on remonte vers sa source, — rapide et puissante, boit la maigre Bléone venue par un immense lit, dans une large vallée, bordée de montagnes grises, décharnées, mais dont la base est une plaine superbe : immense verger d'oliviers, d'amandiers, de vignes

Ce sont des alluvions transportées par les torrents, fertilisées par leurs eaux, où l'on a pu entreprendre en grand la reconstitution des vignobles et conserver les vins fameux, dans cette partie de la Provence, sous le nom de vins des Mées.

Le confluent de la Bléone marque un changement dans l'allure des montagnes : elles sont plus hautes, plus sévères, plus boisées aussi ; elles forment un cadre grandiose au bourg de Volonne dont les toits gris surplombent des galeries et entourent à demi un rocher couvert de ruines. Il y a beaucoup d'oliviers encore, mais l'amandier y est plus nombreux ; cet arbre couvre les plans, les pentes, les plateaux secs. Les terrains les meilleurs sont consacrés à la vigne ; j'ai traversé un vignoble superbe, dont les sarments greffés sur vigne américaine sont disposés avec soin sur des fils de fer. Il y a l'indice d'un progrès réel, dû sans doute au chemin de fer qui apporte dans cette grande vallée les idées d'amélioration.

J'étais venu à pied de Ganagobie à Château-Arnoux, où j'ai pris le train. En quelques minutes on atteint Sisteron. La ville s'aperçoit de fort loin, dès qu'on a dépassé le site sévère de Peipin. Un rocher couronné de remparts pittoresques barre la vallée, de hautes cimes décharnées lui font

cortège. L'apparition est d'un effet prestigieux
De près, ce caractère de grandeur s'efface en partie, mais il reste encore les vieux toits gris d'une vieille petite ville, blottie au soleil, sous le rocher roux couronné par les remparts dorés d'une citadelle déclassée, surmontée d'un campanile et bizarrement terminée par la paroi trouée du roc

Le paysage ambiant est très méridional. A l'abri des monts dénudés, croissent des oliviers, des figuiers, des amandiers. Site plein de soleil que Paul Arène a si bien décrit dans *Jean de Figues*, sous le nom de Canteperdrix. La ville semble condenser en elle tous les caractères des cités du Midi. Elle a ses avenues de platanes, son *cours*, ses portes crénelées et, à droite et à gauche de sa voie principale, des ruelles obscures, voûtées, où jamais le soleil ne pénétra. Par un de ces passages frais on descend au pont d'une seule arche jeté sur un étranglement de la Durance, coulant très étroite au fond d'une fissure qu'elle a sciée elle-même dans la roche mince de la Baume.

Oh! l'étrange chose que ce rocher! Ce sont des feuillets appliqués les uns contre les autres, donnant vaguement l'impression de quelque formidable missel rendu béant par des signets. Au pied de ce rocher, un faubourg groupe ses maisons dont plusieurs ont un certain caractère architectural.

Sisteron, d'ailleurs, a conservé d'assez nombreux vestiges de son ancien rang dans la province, alors qu'elle était tout à la fois un évêché

et la porte fortifiée entre le Dauphiné et la Provence. La cathédrale romane mérite une visite ; quant à la citadelle, aujourd'hui désertée, elle pourrait retrouver un peu de valeur par la force naturelle du site en cas d'une invasion venue des Alpes.

Placée à la limite de deux contrées bien différentes par leurs productions, Sisteron aurait dû prendre une importance plus considérable, elle est restée une fort petite ville sans autre commerce que celui des amandes et de la graine de vers à soie, malgré l'abondance de la force hydraulique que l'on pourrait capter sur les deux grands torrents du Buech et de la Durance réunis sous le rocher de la Baume.

Le Buech atteint la Durance au sortir d'un lit profond, traversé par un vieux pont original et par le viaduc du chemin de fer. A peine a-t-on franchi le torrent et l'on se trouve dans un paysage immense, plaine terminée par les hautes montagnes du Diois, du Dévoluy et du Gapençais. Entre les deux torrents, le plateau est régulier, c'est une sorte de petite crau étalée à plus de 500 mètres, fond de lac vidé par la rupture du barrage de Sisteron, puis devenu plus tard une forêt comme l'indique le nom de La Silve porté par un de ses hameaux. C'est une forêt encore, de chênes noueux mais de taille médiocre et fort clairsemés ; par la perspective on pourrait croire à une futaie, l'étendue des ramures dépasse une lieue. Çà et là, dans les terrains meilleurs, les amandiers et les noyers forment d'assez beaux groupes, mais le pays est maigre, il serait laid sans le superbe amphithéâtre formé par le mont Burlet.

Cette crau sisteronnaise a trouvé ses vainqueurs ; sur plusieurs points, dans la commune de Mison qui forme, le long du Buech, une langue de terre des Basses-Alpes enclavée dans les Hautes-Alpes, de courageux cultivateurs ont tenté la mise en valeur. Près de La Silve, à Chirombelle, une source abondante a été captée et a transformé un domaine jadis aride. Sous le village de Mison, aux Jenellis, le propriétaire du domaine, M. Esclangon, a eu la patience d'enlever 6,000 mètres cubes de ces pierres qui semblent composer tout le sol. Avec ces cailloux roulés il a drainé les champs et empierré les chemins. De superbes récoltes sont obtenues sur l'ancien désert pierreux. Mais ce ne sont là que des oasis, il resterait beaucoup à faire pour conquérir à la culture les clairières de La Silve et les coteaux caillouteux des rives du Buech, encore réservés à l'amandier.

Partout où l'eau peut parvenir, elle fait merveille : elle a doté le bourg de Laragne et le village de Montéglin qui leur fait face sur la rive gauche de la Verdagne, d'une campagne verte et fraîche, remplie de prairies et d'arbres fruitiers. Le climat est très chaud dans ce bassin, malgré l'altitude de 600 mètres, car on aperçoit encore des oliviers au flanc des collines, les premiers peut-être en venant du Nord. Ce gros village des

Hautes-Alpes formerait donc avec Baix, dans l'Ardèche, la limite de la culture des olives[1].

L'arbre méditerranéen confine ici à la végétation fruitière du Nord. Entre les collines et le Buech, une terrasse allongée, bien irriguée, est couverte de prés luxuriants et de riches cultures : on l'appelle la Plaine, par excellence ; d'innombrables arbres fruitiers la couvrent, des prairies surtout.

J'ai repris le train à Laragne. Le chemin de fer côtoie sans cesse le torrent, entre de hautes cimes sans grand caractère. Le Buech a des eaux claires ; elles seraient abondantes, même en été, sans les emprunts incessants des canaux d'irrigation qui permettent de transformer en liseré vert ce fond dévasté par le torrent, un des plus farouches des Alpes.

Le chemin de fer n'a pas de train rapide dans tout ce parcours de Grenoble à Marseille, où, sauf Aix, les plus grosses villes, Manosque et Sisteron, ont l'une 6,000, l'autre moins de 4,000 âmes ; aussi a-t-on le temps de contempler le paysage d'ailleurs peu varié et présentant sans cesse les mêmes pentes plantées des mêmes amandiers.

---

1. Voir le chapitre XVI (les premiers oliviers), 2ᵉ série du *Voyage en France*.

Le site le plus curieux est celui de Serres, c'est une vieille petite ville bâtie au-dessus du Buech, à l'extrémité d'un rocher ou *serre*, projeté en forme d'éperon.

J'ai couché à Serres. Depuis longtemps je voulais m'arrêter dans cette curieuse cité, qui est pour le voyageur descendant du Dauphiné par le col de la Croix-Haute la première révélation du Midi, par son ciel éclatant, ses ruines, ses maisons si étroitement serrées. Je n'ai pas regretté les quelques heures passées là.

A côté de la vieille ville, si pittoresque, s'est bâtie une ville nouvelle, due sans doute au chemin de fer qui possède une gare importante dans ce défilé où plusieurs vallées se réunissent. De grandes maisons blanches ou peintes, aux toits rouges, aux fenêtres closes de contrevents verts, gris ou bleus, puis on traverse le Buech et l'on pénètre dans les rues étroites et fraîches de la vieille cité, masquées par la façade de hautes habitations qui bordent le torrent. Au milieu de la ville, une vaste construction fut habitée jadis par Lesdiguières ; elle a gardé une partie des appartements et le grand escalier du fameux connétable. Dans le dédale de ces rues sombres, l'église occupe la pointe du promontoire. Au-dessus de la ville, des débris de remparts couronnent la crête qui se relie au mont Jardanne et fait face au rocher d'Arambre. Le défilé, vu de là-haut, est superbe; la vallée du Buech, qui s'élargit, est verte et gaie; ses plantations d'amandiers annoncent les approches de la Provence, mais je cherche en vain les oliviers, les orangers et les citronniers qu'un touriste enthousiasmé a vus ici. Serres est à 663 mètres d'altitude et à 50 lieues de la Méditerranée. La présence des amandiers et des mûriers, dans une telle situation, fait déjà l'éloge du puissant écran formé par les Alpes.

Serres, malgré l'incontestable prospérité due au chemin de fer, possède à peine 1,200 habitants, faisant un commerce d'entrepôt pour les vallées voisines. Elle s'efforce de devenir une ville industrielle par ses fabriques de chaux hydraulique. Jadis elle avait de l'importance; au moment de la Révolution, ses chapeliers livraient 50,000 chapeaux par an, ses tanneries étaient réputées. La création des voies ferrées, en faisant de Veynes le nœud des communications, donnera sans doute à cette dernière ville plus de chances d'avenir, mais Serres aura toujours pour elle sa situation méridionale à l'entrée de la vallée basse du Buech.

L'aspect est tout autre, en effet, lorsqu'on est sorti du défilé de Serres et que l'on abandonne le grand Buech pour son affluent le petit Buech, presque aussi considérable, malgré son nom. Le ciel est toujours aussi pur, les roches aussi nues, mais à des détails difficiles à préciser, on reconnaît un autre climat, une autre nature. On devine le pays plus froid, malgré l'âpreté et l'horrible nudité des pentes au midi, malgré les vignobles de Veynes étalés au pied des dernières pentes du Dévoluy.

Veynes fut jadis une ville assez importante; elle avait beaucoup décru, mais les chemins de fer sont venus en faire un centre d'activité pour les Alpes du Dauphiné et de Provence. La ligne de Livron à Briançon la dessert, les deux lignes de Lyon et de Marseille aboutissent dans sa gare, les trains de l'une à l'autre grande cité ne peuvent circuler qu'après un rebroussement à cette station. La rotonde des locomotives, les ateliers, les magasins, le buffet forment à 1,000 mètres de la ville l'embryon d'un grand faubourg. La commune avait 1,500 habitants à peine, elle en compte 2,000 aujourd'hui. Quelques industries renaissent : chapelleries, scieries, produits céramiques, etc.

La ville a peu de caractère, c'est une grande bourgade entourée de quelques débris de tours et de remparts.

Le mouvement le plus considérable de la gare

se fait avec Gap. Tous les trains venant de Livron, de Grenoble ou de Pertuis, ont une correspondance avec le chef-lieu des Hautes-Alpes. La ligne suit le Buech, coulant dans un vallon étroit, entre de hautes roches d'abord boisées, mais se dénudant peu à peu. On suit, à gauche, le massif de l'Aurouze[1], couvert à sa base d'une admirable futaie de pins, mais hideux encore au sommet, malgré l'assaut continu du reboisement. En face, sur la rive gauche du Buech, on peut juger déjà des effets des plantations : les croupes et les vallons sont très verts. Le contraste est énorme entre les pentes décharnées du Dévoluy, exposées au midi, et le beau cirque de la montagne de Ceüze.

La Roche des Arnauds, située dans un ample paysage, fournit au chemin de fer, en quantité, des colis de glace destinés aux cités du Midi. Autour de la gare, dans les chambres d'emprunt du chemin de fer et les dépressions, on a créé des petits lacs, dont l'eau, facile à renouveler, gèle chaque hiver ; la glace est emmagasinée et vendue pendant l'été.

Le chemin de fer court dans une plaine assez large entre le Ceüze et l'Aurouze, puis, après la

---

1. Sur l'Aurouze et Gap, voir la 9ᵉ série du *Voyage en France*. Sur la ligne de Veynes à Livron, voir la 8ᵉ série.

Freyssineuse, descend par de fortes pentes dans le bassin de Gap. La ligne passe sur de beaux viaducs, et bientôt court sans cesse au milieu de schistes noirs, délités, horribles, ravinés. Au fond, tout au fond, au pied de ses montagnes verdoyantes, encore marbrées de neige au sommet, voici Gap, dont les maisons disparaissent sous les arbres.

XII

DE GAP A DIGNE

Tallard, ses vignobles et ses ruines. — Dans les Basses-Alpes. — Vignobles nouveaux. — Digne. — Aspect de la ville. — Son commerce. — Industrie des astéries fossiles. — Situation économique des Basses-Alpes. — Montagnes ruinées. — Tentatives de restauration.

Digne. Août.

Grise et maussade matinée après tant de journées belles et brûlantes. Je voulais gagner Tallard et de là traverser le haut massif montagneux d'entre Durance et Sasse. Si les brumes continuent à peser sur les monts, mon excursion sera manquée ; cependant, je voudrais coucher à Sisteron.

La voiture qui fait le service de Tallard suit la grande route de Marseille ; laissant à gauche la gorge profonde où se tord la Luye, elle monte entre de grands arbres sur les hautes collines au-dessus desquelles, sur une butte plus haute, Pelleautier se groupe autour d'une ruine. On atteint le canal de Gap et, désormais, on le suit jusqu'au point où il pénètre dans la vallée de la Durance.

La route ne tarde pas à descendre, tout en se tenant très haut au-dessus de la vallée de la Rousine, déjà méridionale d'aspect et, çà et là, tapissée de beaux vignobles. Bientôt on voit l'horizon s'entr'ouvrir et s'étaler une large plaine enfermée entre un bourrelet de hauteurs qui la sépare de la Durance. Sur un mamelon se dressent des ruines majestueuses, c'est le château de Tallard, dont les énormes remparts, les tours, les hautes façades doivent être d'un effet grandiose sous l'éclatant soleil; mais, dans cette buée blafarde d'un jour d'orage, on pourrait se croire au pied de quelque burg fantastique des bords du Rhin.

La bourgade, bâtie au pied des ruines, est fort somnolente, elle est cependant au cœur de la région la plus riche des Hautes-Alpes, grâce aux vignobles réputés qui couvrent les pentes des vallées de la Durance et de l'Avance. Malgré le phylloxéra, les crus ont continué à produire ; les vins de Jarjayes surtout ont une grande réputation locale, très méritée. Il en est de même de tous les villages entre l'embouchure de l'Ubaye et celle du Buech.

Cette partie de la vallée de la Durance, complètement exposée au midi, abritée des vents du nord par le haut et large massif montagneux que l'Avance divise en deux parties, se prête à merveille à cette culture de la vigne, ses terres sont brûlées par un soleil ardent. Sur l'autre rive, appartenant aux Basses-Alpes, au contraire, le pays est plus frais ; les montagnes sont déjà hautes, on n'y trouve plus de vignes, mais les céréales et les prairies sont d'une belle venue.

A peine a-t-on franchi le pont de Tallard et l'on entre dans les Basses-Alpes ; une route suit la rive gauche du torrent, très encaissé ici, dont toutes les eaux, réunies dans un lit étroit, descendent rapides jusqu'au petit bassin de Curbans. Entre la Durance et le torrent, la plaine est assez bien cultivée, même on devine, à l'opulence de quelques récoltes, l'emploi des engrais chimiques, trop peu utilisés encore. A l'embouchure du torrent de Rioa, le cône de déjection est recouvert par une belle vigne, jeune mais de superbe venue, montrant ce que l'on pourrait obtenir par la plantation de cépages américains dans ces sols infertiles. Ce vignoble, qui valut à M. le docteur Ayass une médaille d'or du ministère de l'agriculture en 1894, a été commencé en 1886 et terminé en 1893 ; le coût a atteint 3,000 fr. par hectare. Fumé avec des engrais chimiques et des tourteaux, il offre un aspect florissant bien fait pour encourager les cultivateurs à suivre l'exemple.

La montagne, au-dessus de Curbans, se dresse par ressauts successifs à plus de 1,400 mètres, mais une dépression profonde, le col de Blaux, permet de la franchir. Je l'ai atteint sous une brume maussade qui ne s'est pas dissipée une seule fois. Le sentier est presque sans cesse à travers bois. Cette région des Basses-Alpes a su conserver un peu de sa fraîcheur en gardant ses forêts. Hélas! le brouillard qui m'a gêné pendant cette traversée du col est bientôt devenu de la pluie. Du Caire à la Motte j'ai fait la route sous l'averse; il fallut me résigner à gagner Sisteron par la voiture publique, sans avoir pu visiter les campagnes de la Motte-du-Caire et les reboisements qui transforment peu à peu la vallée de la Sasse. Et, de Sisteron, je suis venu à Digne par la voie banale du chemin de fer.

Faut-il regretter ce contretemps? Le pays, dans la vallée de la Bléone, ne semble pas de ceux qui font déplorer de ne pouvoir s'arrêter. D'ailleurs le chemin de fer reliant le chef-lieu des Basses-Alpes à la vallée de la Durance ne pèche pas par excès de vitesse. On distingue suffisamment les moindres détails de la contrée.

Après la traversée de la Durance, la ligne parcourt la large plaine au milieu de laquelle le grand torrent reçoit la Bléone, non moins large, mais offrant à peine d'étroits et maigres ruisselets au milieu des graviers. La laideur de ces lits de torrents fait mieux ressortir la richesse des cultures irriguées, étendues jusqu'aux fantastiques aiguilles des Pénitents des Mées. L'agriculture, ici, est presque du jardinage, les champs de blé sont exigus comme les carrés de pommes de terre et de prairies artificielles. Ces étroits domaines sont remplis d'arbres fruitiers, de pêchers surtout, de poiriers et, dans les parties sèches, d'amandiers. Hier j'étais en plein paysage alpestre pour descendre à la Motte-du-Caire, me voici de nouveau en pleine Provence : sur les pentes ne croissent que les amandiers et les oliviers. Très laides, ces côtes ; le canal dérivé de la Bléone ne passe pas assez haut pour les fertiliser. Mais partout où la raideur des coteaux n'est pas trop accentuée, on a entrepris la reconstitution des vignobles. En somme, région sauvage et ruinée par le fait de l'homme ; on devine que ces pentes ravagées auraient vite retrouvé leur verdure si l'on interdisait la pâture de la chèvre et du mouton. Par la persistance des coutumes pastorales, il ne reste jamais un brin d'herbe ou une broussaille, les pluies d'orage ne rencontrant aucun obstacle enlèvent le peu de terre végétale qui a résisté et l'on n'a plus que le squelette d'une contrée jadis féconde. Par les pluies, les torrents semblent d'immenses fleuves d'eau boueuse ; aussitôt après, ce sont de torrides lits de cailloux. Ainsi est la Bléone, longée par le chemin de fer, ainsi sont les Duyes (l'Esduye des cartes) dont le thalweg de galets, bouleversé par les courants sauvages, semble une perpétuelle menace pour les arches du pont de la voie ferrée.

Au delà de ce féroce torrent des Duyes, qui vient de ravager un bassin de forme régulière, la vallée de la Bléone est plus riante. Sur chaque rive un canal apporte la fertilité et la fraîcheur ; la route, longée par le chemin de fer, est ombragée de chênes énormes, indice de l'ancienne richesse sylvaine de cette pauvre contrée. Mais les graviers de la Bléone occupent toujours la presque totalité du fond de la vallée. Aux abords de Digne seulement, les cultures empiètent sur le lit du torrent. Des vignes et des arbres fruitiers entourent des fermes, singulières par leurs greniers fermés par des jalousies de lames de bois brunis ou leurs fenêtres barrées par le même procédé. Ces habitations ainsi closes sont des sécheries de prunes, seule industrie agricole un peu importante ici.

Au fond de la vallée apparaît une ville toute

menue, assise au pied de montagnes âpres mais cependant assez vertes à la base : c'est Digne.

De tous nos chefs-lieux de département, celui-ci est le plus petit, le plus exigu ; si on lui enlevait son boulevard, son cours Gassendi, c'est-à-dire sa promenade large, bordée de beaux platanes et de cafés, arrosée de fontaines, on se trouverait en présence d'une des plus insignifiantes et des plus laides bourgades de Provence. Cette commune de 7,000 âmes en groupe à peine 4,800 dans ses murs, le reste est réparti dans les hameaux et les fermes d'un territoire vaste de près de 10,000 hectares. En défalquant la petite garnison, les hôtes du lycée, des prisons, des couvents, des fonctionnaires si nombreux autour d'un préfet, il reste à peine la population d'un mince chef-lieu de canton dans les rues étroites, sinueuses, grimpantes qui dominent le large quartier neuf, digne d'une ville considérable.

La Bléone, devant Digne, est d'une largeur de grand fleuve, il ne faut pas moins de sept arches pour franchir son lit ; mais un courant étroit et sans profondeur trace un sillon changeant dans les graviers. Sur l'autre rive, à l'embouchure des Eaux-Chaudes, s'étendent les vastes constructions neuves du lycée et, aussitôt, on voit s'ouvrir le boulevard Gassendi, dont la fraîcheur et l'animation compensent la laideur du reste de la cité. Une partie plus large, longeant le torrent de Merdaric, est ornée par une statue du philosophe Gassendi ; la caserne servant de centre de mobilisation à un régiment de réserve et à un régiment territorial en remplit un des côtés. A l'extrémité du boulevard une belle fontaine achève cette partie vivante de Digne.

Le reste est, aux abords, une succession de rues et de boulevards amorcés ; au centre c'est un monticule couvert de hautes maisons lépreuses, bordant les ruelles sordides et puantes de la cité primitive. La cathédrale s'élève au sommet de ce rocher ; elle a cette bonne fortune singulière, ayant été souvent restaurée ou agrandie, de produire cependant une impression d'unité et de beauté, peut-être par le contraste avec la laideur banale du quartier. On y parvient par un grand escalier d'où l'on a sur les environs une vue assez étendue ; on voit s'ouvrir d'étroits vallons dans les montagnes revêches fermant l'horizon.

Cette cathédrale a remplacé, dans la suprématie religieuse, l'église d'un vaste quartier de Digne, détruit à la suite des guerres qui ont désolé la Provence. L'antique cathédrale est encore debout, sous le nom de Notre-Dame-du-Bourg, entourée de grands arbres et de végétation faisant ressortir les lignes pures et classiques de son porche roman.

Digne, malgré ses eaux thermales, très efficaces, dit-on, contre les blessures et les rhumatismes, est peu visitée ; son rôle économique est faible, ses commerçants se bornent à un petit trafic local et à la vente des amandes et des prunes sèches, éléments principaux de l'agriculture. Pourtant un industriel avisé, M. Colomb, a tiré parti des pentacrinites, encrinites ou astéries fossiles que l'on trouve aux environs. Ces « étoiles de mer » pétrifiées, grises, ternes, groupées en piles, sont polies et deviennent alors d'un noir éclatant, semblable à du jais. Les fines dentelures, les dessins délicats sont respectés ; encadrées d'argent ou d'or, ces astéries sont transformées en bijoux d'un caractère bien particulier ; on en incruste des bracelets et des broches, on en fait des colliers ou des breloques ; on les dispose à l'extrémité de branches d'or ou d'argent et l'on a des comètes. C'est d'un art un peu fruste mais original et charmant. Ces astéries de pierre n'ont guère plus d'un centimètre de diamètre pour les plus grandes ; l'idée d'en tirer parti est à coup sûr fort ingénieuse.

Digne ne semble pas destinée à s'accroître

beaucoup, à moins d'un coup de fortune qui mettrait ses eaux à la mode. Chef-lieu d'un des plus pauvres départements, elle pourrait cependant jouer un rôle important si jamais on entreprenait d'une façon régulière et continue la conquête du sol par la végétation. Si les eaux étaient aména-

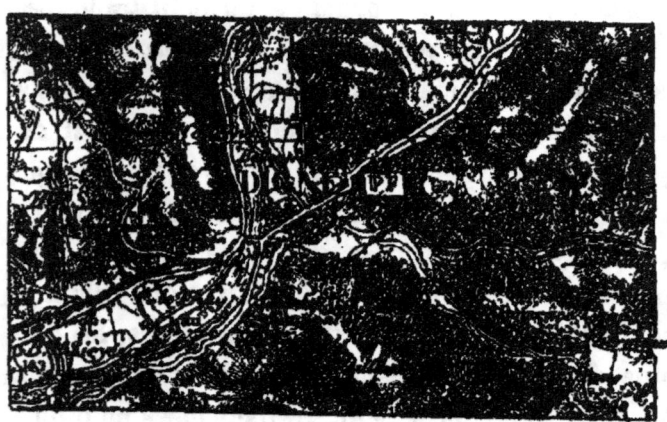

gées, si on les recueillait après les grands orages, on éviterait les dévastations soudaines, on pourrait reconquérir ces thalwegs désolés, les petits plans des vallons et même une partie des pentes par les prairies et les cultures irriguées. Le reste des monts pourrait se couvrir de bois et de gazon. Un tel programme, si considérable paraisse-t-il, peut parfaitement être accompli. Partout où l'homme a voulu, il a triomphé. Les reboisements du service des forêts ont donné d'admirables résultats : sur nombre de points, les jeunes futaies ont remplacé des pentes décharnées, des torrents se sont éteints. J'ai parlé jadis[1] des résultats obtenus dans la vallée de l'Ubaye, ils ne sont pas moins frappants sur les autres versants. Partout où le service forestier a entrepris la lutte, le succès a été magnifique. Il ne faudrait pas vingt ans pour rendre à ce pauvre pays toute sa splendeur. Mais le remède est difficile, autant à cause des sommes énormes à dépenser que par suite de l'hostilité des habitants. Et le pays va chaque jour s'appauvrissant. Cette région de montagnes, où l'élevage du gros bétail semble indiquée, n'a même pas 11,000 animaux de l'espèce bovine ; elle possède en chiffres ronds 25,000 chevaux, ânes ou mulets. Les chèvres, êtres dévastateurs, sont au nombre de 29,000 ; le mouton, plaie des pentes déjà dénudées, compte pour 545,000 têtes.

Le pays est donc pauvre. Les terres incultes couvrent 400,000 hectares sur les 625,000 du département ; faute de bétail, on ne peut songer à augmenter beaucoup les cultures et celui-ci ne peut exister dans ces contrées désolées. Cependant

---

[1]. Voir 10ᵉ série du *Voyage en France*, chapitre XIX.

le cultivateur ne manque pas d'initiative, j'ai signalé déjà au passage les plantations de vignobles qui m'ont frappé, elles sont assez nombreuses un peu partout et l'exemple portera ses fruits. Les novateurs ne se sont pas bornés à constituer des vignobles. A Oraison un propriétaire a créé un bois de pins noirs d'Autriche. A Malijai, où la Bléone rejoint la Durance, M. Blanc a essayé de transformer en bois verts des terrains abandonnés ; le résultat fut tel que le propriétaire, encouragé, a peu à peu acquis tous les terrains ruinés par le phylloxéra ou rongés par les torrents. De 1874 à 1887 il a pu replanter 30 hectares. Depuis lors, il a essayé de reboiser des gorges ravinées, et il a vu s'éteindre les torrents. La propriété ainsi reconstituée a coûté 4,500 fr. d'achat et 2,000 fr. de plantation. Il y a 30,000 pieds d'arbres qui vaudront 5 fr. l'un à 20 ans. Le bois seul représentera donc 150,000 fr. Le résultat est superbe en regard surtout des débours ; il a si bien frappé la commission des primes d'honneur en 1894, que celle-ci a alloué une grande médaille d'honneur à M. Blanc.

Voici un autre exemple révélé par les travaux de la commission. Celui-ci a trait à une transformation agricole d'un vaste domaine abandonné.

L'œuvre a pu être menée à bonne fin grâce à des capitaux considérables; il n'a pas fallu moins de 384,419 fr. 10 c. Cette somme a compris la rectification du cours du grand torrent l'Asse et le défrichement de 50 hectares d'*iscles,* broussailles impénétrables mêlées d'arbres énormes. Le sol tout entier dut être défoncé.

Cette entreprise énorme n'a pas été livrée au hasard. La propriété de la Chapelle, sur les communes de Brunet et de Saint-Julien-d'Asse, fut achetée par M. Sylvestre, industriel à Marseille, à la fin de 1885. Aussitôt il établit son plan d'exploitation : au début de 1886, il plantait ses pépinières et pouvait, l'année suivante, commencer son vignoble. En 1888, le défrichement, qui avait demandé des efforts énormes, était achevé, les plantations de pleine terre avaient pris fin en 1890. 200,000 pieds de vignes couvraient le sol jadis inculte.

Là ne se bornèrent pas les travaux de M. Sylvestre. Il y avait seulement 80 ares de prés à la Chapelle, le produit était absolument dérisoire ; pour nourrir les chevaux et les bœufs employés au défoncement, on devait faire venir toutes les semaines un wagon de fourrage à Digne, d'où un trajet de 32 kilomètres par charrettes était nécessaire. On a créé 13 hectares de prairies et, aujourd'hui, la propriété fournit tout le fourrage nécessaire à l'exploitation. En même temps, on élevait 2 kilomètres de digues le long de l'Asse, pour protéger le domaine ainsi conquis. M. Sylvestre inventa de toutes pièces un système de blocs de béton dont le prix de revient est de 100,000 fr.

par kilomètre, chiffre inférieur à celui des dépenses usuelles.

Pour 1895 la récolte a atteint 6,000 hectolitres de vin, et c'est un début.

Si je m'étends sur ces travaux que je n'ai pu visiter, mais dont je parle d'après le rapport de la commission sur les primes d'honneur — M. Sylvestre a également obtenu une grande médaille d'or, — c'est parce qu'il y a là une des preuves les plus frappantes de la possibilité de transformer les régions les plus ruinées en apparence. C'est de la véritable colonisation à l'intérieur dont les résultats sont dignes d'être médités.

A côté de ces deux exemples d'une propriété forestière constituée à peu de frais et du grand domaine créé par le capital, il y a dans les Basses-Alpes bien d'autres cas typiques. J'en ai déjà signalé près de Sisteron et dans le canton de la Motte-du-Caire. Je pourrais ajouter plusieurs autres entreprises récompensées en 1894. Ainsi le colmatage a été employé près de la petite et curieuse ville de Seyne par M. Davin. Ayant acquis, moyennant 6,000 fr., 14 hectares de landes d'oseraies revêtues de cailloux, il les a épierrés, a conduit des eaux chargées de sédiment, préparé l'irrigation et transformé ces terrains en cultures et prairies.

Près d'Oraison, à la Sarette, M. Wolff a fait d'un ancien vignoble phylloxéré 17 hectares de luzernes et de prairies naturelles bien irriguées, une autre partie du domaine est devenue terres de culture, des jardins fruitiers et des vignes ont été plantés. M. Wolff ne s'en est pas tenu là, il a fait de son domaine, acheté en 1884, une école pratique d'agriculture dont l'enseignement et la réussite ont mérité les plus grands éloges.

Certes, ces propriétés bien tenues, ces terres transformées sont peu de chose en considération de l'énorme étendue des régions ruinées par la déforestation, mais elles prouvent que l'on peut encore rétablir la fortune agricole des Basses-Alpes.

XIII

LES BRIGNOLES DE BARRÊME

La culture du prunier. — Autour du Cousson. — Mézel. — La vallée de l'Asse. — Le vieux colmateur. — La cluè de Chabrières. — Commerce de géologie. — Les vergers de pruniers. — Barrême. — Les sécheries de prunes. — Senez, son évêché et sa cathédrale. — L'abandon des campagnes. — Saint-André-de-Méouilles. — Le Verdon.

Saint-André-de-Méouilles. Août.

En dépit du titre de cette lettre, il ne s'agit point ici de la ville de Brignoles, dans le Var. Celle-ci fut jadis un centre pour la production des fruits desséchés, mais peu à peu cette industrie a disparu et s'est cantonnée bien plus au nord, dans les Basses-Alpes, entre le moyen Verdon et la Bléone. Elle est, avec l'amandier des plaines de Valensole, le côté le plus caractéristique de l'agriculture en Basses-Alpes.

On trouve déjà beaucoup de cultures de pruniers dans la vallée de la Bléone, mais la vallée de l'Asse, vers Mézel et Barrême, est plus particulièrement vouée à la production du pruneau.

Cette région intéressante est traversée par le chemin de fer de Digne à Saint-André-de-Méoulles, tronçon demeuré isolé de la ligne du sud de la France, projetée entre Digne et Nice.

La gare du Sud est en face de celle de Paris-Lyon-Méditerranée. En quittant Digne, la petite voie ferrée semble, elle aussi, se diriger vers Saint-Auban; peu à peu elle s'élève au flanc de la haute montagne de Cousson pour descendre dans la vallée de l'Asse. Longtemps on aperçoit les toits rouges de Digne, surgissant de la verdure au pied d'un coteau gris; au-dessus se dressent des lignes successives de montagnes décharnées, finissant par des crêtes dentelées se profilant sur le ciel.

Le chemin de fer — il est à voie de 1 mètre — franchit le large lit de la Bléone et longe la base de coteaux très verts et bien cultivés, grâce aux irrigations; il monte autour des contreforts du Cousson; la plaine, très aride, est encore revêtue de superbes chênes montrant ce que devait être le pays avant la dévastation des forêts. Cette partie des environs de Digne se modifie; le Cousson avait été sauvagement déboisé, sauf près de la cime où des sources permettent l'irrigation de prairies. L'État a acquis ces pentes dénudées, réduites à l'ossature et, peu à peu, un manteau de pins reprend possession de la montagne dont le plus haut sommet atteint 1,514 mètres d'altitude, 1,000 mètres au-dessus de la Bléone.

Le reboisement est malheureusement localisé ; lorsqu'on a dépassé Saint-Jurson, le pays se fait horrible mais pittoresque : ce sont des collines ravinées, rongées, faites d'un sable aggluliné réverbérant le soleil de façon effrayante. Ne pouvant regarder par la portière, je parcours l'ample wagon à couloir central où nous nous sommes installés, le jeune André Delombre, fils du député de Barcelonnette, que son père m'a confié, et moi. La grande voiture est bondée, c'est la fête de Mézel ; une foule considérable de Dignois vient prendre part aux réjouissances. Cette foule est calme ; lorsqu'elle descend à Mézel, il n'y a pas la moindre bousculade au contrôle, pas un cri ; sans l'accent des causeurs et l'aridité parfumée des collines, on ne se croirait pas en Provence.

Nous suivons la foule jusqu'à Mézel, à deux kilomètres de la gare. C'est un petit bourg propret, formé d'une longue rue allongée au pied d'une haute colline. L'Asse, échappée de la clus de Chabrières, entre ici dans une vallée très ample et lumineuse, entre des monts dressés à 400 mètres au-dessus des eaux. Le thalweg parcouru par les bras divagants du torrent, les terrasses sans cesse menacées par les formidables crues sont pourtant une des contrées où l'on tente le plus d'efforts pour créer des cultures et des prairies ; dans cette vallée est le domaine de la Chapelle, dont j'ai précédemment parlé. Au village de Bras-d'Asse, où la route de Riez franchit le torrent, un vaillant homme, M. Estelle, a fait des merveilles. Ce cultivateur a montré que l'on pouvait gagner les graviers laissés par les crues de l'Asse ; il a obligé le torrent à coopérer à la conquête en dirigeant ses eaux sur les terrains inféconds. Il a construit lui-même barrages, digues et canaux. Sur des terrains ne produisant pas même un centime jadis, il a pu obtenir des récoltes ayant laissé 2,169 fr. de revenus. Le résultat a frappé tout le monde, M. Estelle a été baptisé le *vieux colmateur*. Ah ! s'il y avait beaucoup de travailleurs comme lui dans les Basses-Alpes !

J'ai peu de chance de trouver les gens chez eux aujourd'hui, dimanche et jour de fête locale ; je renonce donc à parcourir longtemps la vallée de l'Asse et vais reprendre le chemin de fer. La ligne, après la station de Mézel, descend dans la vallée ; désormais elle suit continuellement l'Asse. Le pays est sévère ; les rochers, couverts de maigres taillis, se rapprochent et deviennent bientôt une gorge ou clus d'un aspect sauvage et grandiose. Les roches sont disposées en feuillets verticaux semblables à ceux de la Baume de Sisteron; tantôt on les troue par des tunnels, tantôt le chemin de fer achève de remplir l'étroite clus où la route et l'Asse avaient déjà peine à se frayer ensemble un passage. Ce défilé est un des plus pittoresques de cette région, où les trouées des torrents sont si nombreuses et singulières.

Les roches escarpées, taillées en courtines et en bastions, présentent le caractère le plus fantastique. Toutes ces montagnes sont riches en minéraux, fossiles ou cristaux. Les gens du pays en font quelque commerce; même l'un d'eux a pour profession la récolte de ces curiosités; pendant que le train est arrêté à la station de Norante, je lis cette indication peinte sur la façade d'une maison :

GUÉRIN, géologue

Le propriétaire de ce logis est peut-être en France le seul géologue payant patente, car son enseigne est soumise au fisc, comme celle de l'aubergiste.

A partir de Norante, l'Asse est moins enfer-

mée; ce torrent aux crues terribles et soudaines
— l'Asse, fou qui la passe, dit un proverbe — entoure de petits plans couverts par des vergers de

pruniers. Ces « pruneraies », jusqu'à Barrême,
se suivent au pied de hautes et âpres montagnes,
dont on a entrepris la restauration, les pins montent à l'assaut des hauteurs que couronnent les

ruines du « château plus haut ». Déjà l'aspect du pays se modifie et fait prévoir une transformation complète pour le jour où les jeunes plants seront devenus des arbres.

La région de Barrême — où l'Asse de Blieux venue des montagnes au milieu desquelles s'étiole le misérable hameau de Senez, qui fut pourtant jusqu'à la Révolution le chef-lieu d'un évêché, et l'Asse de Clumanc réunies au torrent de Moriez forment l'Asse, — la région de Barrême avait besoin de cette sombre parure de pins. Les montagnes aux formes lourdes manquent de majesté, leur nudité les rend laides et tristes.

Les jeunes plantations enlèvent un peu de cette laideur. Au point de réunion des trois vallées, la bourgade de Barrême serre ses toits gris entourant un clocher ; sur le coteau se dresse un calvaire.

Les maisons, à Barrême et dans la campagne, se distinguent par ces fermetures de fenêtres au moyen de lames à claire-voie déjà rencontrées autour de Digne. Ces fermetures à jour tranchent brutalement par leur teinte brune sur la blancheur des façades. Parfois les bâtiments ne sont que des hangars dont toutes les ouvertures sont closes ainsi. Ce sont les séchoirs à prunes. Tout autour de la ville, dans les parties des trois vallons abritées des vents et des gelées printanières, s'étendent les vergers de pruniers où l'on récolte la prune « perdigale » ou perdigon. En ce moment, ces beaux fruits, presque bleus, couvrent les branches ; la récolte est à peine commencée.

Pendant que le train court vers Saint-André, allons, si vous voulez, dans une de ces maisons où l'on prépare pruneaux et brignoles. L'on ne fait pas l'opération en ce moment, mais le cultivateur nous explique avec bonne grâce la façon dont on procède : La prune est disposée sur des claies et arrosée d'eau bouillante ; cette aspersion est suivie d'un balancement destiné à provoquer l'évaporation ; on voit alors un duvet bleuâtre se former sur le fruit. Ce duvet est un signe de bonne qualité, il donne à la prune une apparence plus agréable. Les claies sont ensuite placées dans les séchoirs ; les lames à claire-voie interceptent le soleil et permettent à l'air de circuler librement. La prune sèche ainsi avec lenteur.

Cette fabrication est celle du pruneau proprement dit, la variété dite *brignole* ou *pistole* est obtenue en pelant le fruit et en enlevant le noyau.

Cette culture du prunier, dont les vergers sont autant de petites oasis parmi les horribles collines de poudingue et de calcaire de ce haut bassin de l'Asse, est surtout faite dans les cantons de Barrême et de Mézel et un peu dans le canton de Digne. Quant à Brignoles, dont le nom est resté au fruit séché, ce n'est plus le centre de fabrication, on n'y prépare plus ou presque plus de brignoles.

Les pruniers sont nombreux dans la vallée de l'Asse de Blieux, où je suis allé visiter l'infime village de Senez, situé à six kilomètres de Barrême. Dans cette région où tant de métropoles religieuses sont devenues de pauvres bourgades, Senez est au dernier rang. Elle comptait près de mille habitants au commencement du siècle, il n'y en a pas cinq cents aujourd'hui; encore, plus de la moitié réside dans les fermes ou les hameaux éloignés. La cité déchue est assise sur une colline dominant l'Asse, entre la haute crête de Vibres, au sud, dont le point culminant atteint 1,672 mètres, et le sommet du Castellard dépassant 1,700 mètres. La cathédrale, de la pure époque romane, est devenue humble église de village. Au moment de la Révolution, elle ne voyait déjà plus son évêque, dédaigneux d'un si misérable séjour, ce diocèse rapportant 10,700 livres seulement. Le prélat, M. de Beauvais, avait huit vicaires généraux appartenant à la noblesse provençale, parmi eux un Castellane. Ces dignitaires résidaient peu volontiers à Senez qui possédait cependant un séminaire.

De cette grandeur officielle, Senez a gardé les caractères topographiques de la carte : lettres capitales penchées accordées par l'état-major aux cités importantes. Et c'est un contraste bizarre de ces deux ou trois pâtés de maisons avec ce luxe de gravure lapidaire. Le canton, dont l'ancienne ville épiscopale est le chef-lieu, a 1,300 habitants seulement.

La décadence est irrémédiable, si décadence il y a, car Senez était déjà un pauvre bourg au temps de ses évêques. Le centre vivant de la contrée est dans une autre vallée, au bord du Verdon, non pas à l'humble et curieuse cité de Castellane, chef-lieu de l'arrondissement, mais à Saint-André-de-Méoulles, terminus actuel du chemin de fer et, par conséquent, lieu de rendez-vous pour les voyageurs allant dans les superbes vallées du Verdon, de la Vaire et du Var. La route qui, de Barrême, y conduit, emprunte, côte à côte avec le chemin de fer, la vallée étroite et rocheuse de l'Asse de Moriez. Assez pittoresque autour de Gévaudan, où la roche se hérisse en tranches démantelées, la vallée s'enlaidit et prend un aspect navrant d'abandon. Cette contrée est une de celles qui se dépeuplent le plus dans les Basses-Alpes.

Le courant vers Marseille, Toulon et les autres grandes villes de Provence est presque insurmontable. Dans la seule ville de Marseille on compte 30,000 Bas-Alpins, il y en a peut-être autant dans le Var. Pour aller chercher la vie facile et le doux ciel de ce qu'ils appellent plus étroitement la *Provence*, les Provençaux des Basses-Alpes abandonnent leurs villages et leurs champs. Ceux-ci restent en friche ou sont livrés à la vaine pâture. Les environs de Moriez sont parmi les plus tristes de ces campagnes désertées.

De Moriez à Saint-André, un tunnel de 1,150 mètres troue la chaîne pour déboucher dans la vallée du Verdon. On a alors sous les yeux un ample bassin au fond très vert, mais dont les montagnes sont effroyablement dénudées. Les forêts s'efforcent de gagner ces âpres parois et ces crêtes décharnées, les jeunes plantations recouvrent déjà des centaines d'hectares, mais il faudra plusieurs années encore pour que la verdure des pins efface l'horreur des montagnes mises à nu.

La gare est le lieu de rendez-vous pour les diligences de cette partie des Alpes de Provence. Le terminus ouest de la ligne communique avec le terminus est, à Puget-Théniers, par un service de voitures; d'autres « diligences » desservent Annot dont les sites grandioses commencent à attirer les visiteurs, Colmars et Allos, Castellane, etc. Ce sont de petites guimbardes peintes de couleurs criardes et salies, — il en est de bleues, il en est de vertes, il en est de jaunes, — sur lesquelles une bande rouge ornée des noms de destination se détache crûment. Ces teintes brutales, ces rideaux décolorés par le soleil, ces capotes poussiéreuses s'harmonisent avec la couleur violente, presque exaspérée des montagnes.

Un buffet a été construit dans la cour de la gare, le buffetier s'est découvert une vocation : il est géologue et antiquaire. Dans les roches fissurées de la vallée, il trouve des cristaux et des fossiles ; il explore les cavernes ; il a fouillé des sépultures gallo-romaines et réuni une collection intéressante. On nous avait recommandés à lui, il a voulu nous accompagner jusqu'au pont romain de Saint-Julien.

Nous avons pris place sur l'impériale de la diligence de Castellane qui, à grand bruit de grelots, nous a fait traverser le bourg de Saint-André, très vivant, arrosé de fontaines. On tourne brusquement et l'on s'engage dans la vallée du Verdon, plaine très verte grâce aux irrigations, la luzerne est superbe. Jadis le Verdon couvrait toute la vallée, on l'a endigué entre des blocs énormes ;

la route est une jetée dominant de haut, d'un côté, le torrent aux eaux limpides, de l'autre, l'ancien lit transformé en échelle d'étangs retenus par des barrages successifs. Pendant les crues, des écluses donnent passage aux eaux troubles et celles-ci, par le dépôt des vases et des sables, comblent peu à peu ces étangs aujourd'hui poissonneux, dont le colmatage finira par faire des terres fécondes. Le torrent, du côté opposé à la digue, ronge de ses ondes bleues la base de collines aux stratifications régulières. Sur un de ces coteaux se dressent des ruines grises entourées d'une ou deux maisons, c'est le château de Méoulles dont le nom a été donné au pays tout entier. Ce vestige féodal est au milieu d'un site d'une inexprimable sauvagerie.

Le buffetier nous fait descendre au bord du torrent, près de rochers que l'on a fait sauter pour asseoir la route neuve ; sous des blocs on aperçoit distinctement des squelettes ; c'est une des sépultures où notre guide a trouvé plusieurs débris curieux. Nous gagnons ensuite le pont de Saint-Julien, établi sur les substructions d'une arche romaine. Le torrent, ici resserré entre les roches, est étroit mais abondant ; ses eaux azurées passent avec rapidité au pied de montagnes couvertes d'arbustes verts, dressant dans le ciel bleu leur tête rocheuse où gîtent les aigles.

Une diligence vient par la route de Puget-Théniers ; malgré mon désir d'aller à Castellane, il nous faut reprendre le chemin de Saint-André pour faire demain l'excursion de Riez par Valensole. Je verrai Castellane à mon retour dans la vallée du Verdon[1].

Le train est reparti alors que le soleil baissait à l'horizon, n'éclairant plus aussi crûment les lignes heurtées et les couleurs ardentes des montagnes. La lumière ainsi atténuée met de la douceur dans ces sites si âpres tout à l'heure.

A la gare de Mézel, où la foule refluant de la fête envahit le convoi, le dernier de la journée, je suis plus encore que ce matin surpris de l'allure de la population. Point de ces chants, de ces cris, de ces clameurs qui marqueraient à Paris le retour d'une fête à Saint-Cloud ou Asnières. Les gens sont calmes, presque graves ; ils se jettent des confetti, mais d'une façon très posée, on dirait qu'ils exercent un sacerdoce.

---

1. Je n'ai pu exécuter ce projet, il me fallut cette année-là me rendre en hâte à Barcelonnette pour les manœuvres alpines.

XIV

LES AMANDIERS DE VALENSOLE

De Manosque à la Durance. — Campagnes irriguées. — Le ravin de Vallongue. — Le plateau de Valensole. — Sous les amandiers. — Le commerce des amandes. — Valensole. — Par les chênes truffiers. — Riez, ses vieux hôtels et ses édifices antiques. — Le château de Campagne et ses vignes. — Roumoules.

Moustiers-Sainte-Marie. Août.

L'omnibus qui fait le service de Riez quitte Manosque à l'heure des premiers trains du matin. De la ville où nous avons pu retenir nos places au sommet de la lourde machine, nous sommes allés à la gare, où les voitures d'hôtel et les omnibus pour les bains de Gréoux remplissaient la cour; puis, les trains arrivés, les voyageurs empilés, tout s'est ébranlé à la fois. Il fait une journée éclatante, malgré l'heure matinale le soleil est de plomb. Cependant tout le monde veut entrer dans l'intérieur, nul ne paraît envier notre place là-haut, au-dessus du cocher, parmi les colis et les bagages... Les pauvres gens vont étouffer!

Ils étaient joliment plus entendus que nous, les autres voyageurs : ils eurent chaud là-dedans, mais nous avons été cuits, rôtis, calcinés. Il nous en souviendra du ravin de Vallongue !

D'abord, ce fut charmant : de Manosque à la Durance, on descend par une pente douce dans l'ample vallée où l'air circule librement, venant par le couloir des monts. L'irrigation a fait de la plaine une chose superbe : des luzernes opulentes, des prairies, des vignes, des vergers semés de bastides forment à la ville une banlieue admirable jusqu'au grand torrent dont le lit encombré d'îles et atteignant près de 2 kilomètres de largeur se rétrécit pour passer en un flot unique, abondant et rapide, sous un pont suspendu. La rive gauche présente elle aussi de beaux vergers, des vignobles, des prairies, mais c'est une étroite bande de terrain rapidement traversée. Dans la haute colline couverte de chênes, s'ouvre un ravin étroit parcouru par un torrent sans eau, qui vient cependant, à la suite d'un orage, de détruire le chemin. La voiture s'en va cahotante, par les creux et les ornières jusqu'au moment où la route, tracée en corniche, a pu échapper au flot furieux accouru par le ravin. Désormais, pendant 10 kilomètres, on monte entre les parois de la gorge boisées de taillis où les chênes verts et les chênes blancs, les myrtes et les lentisques entourent de petites clairières fleuries de lavande. Dans ce passage morne, sans eau, sans ombre, où le soleil tombe d'aplomb, la chaleur est suffocante, on a la sensation d'un four sans la gaîté des flammes. On quitte les vestes, on abandonne les gilets sans éprouver le moindre soulagement, les ombrelles blanches laissent passer ces rayons de feu, nous les doublons avec des journaux sans atténuer beaucoup la chaleur. Le chien du cocher pousse des gémissements en mettant les pattes sur les planches; il vient sous nos jambes chercher un peu d'ombre.

A mi-chemin est une maison cantonnière. Les habitants sont autorisés à vendre des rafraîchissements, on les boit à l'abri d'arbres au maigre feuillage. Nos compagnons préfèrent à la limonade l'eau de la citerne. Après quelques minutes de repos, on reprend la route sous le soleil de plus en plus torride. Jamais encore je n'éprouvai sensation semblable à celle-là. Le ravin est non seulement très encaissé, mais il est très sinueux. l'air ne peut y pénétrer, aussi la végétation offre-t-elle un aspect plus méridional encore que sur les côtes de Provence ou en Corse.

Personne sur le chemin. Cependant, voici des piétons. L'un est en habit noir râpé et usé, un autre a une culotte courte, chacun porte un violon sous un bras, des hardes sur l'autre ; derrière, dans une toilette qui fut somptueuse, une femme jeune mais aux traits flétris suit avec deux chiens dont un est pressé contre sa poitrine et l'autre tire lamentablement la langue en marchant. Ce sont des musiciens et chanteurs de cafés-concerts ; la recette a été maigre à Valensole et ils gagnent Manosque à pied par cette chaleur de purgatoire. Oh ! les lamentables héros de *Roman comique !*

Enfin la gorge s'humanise un peu, les coteaux s'écartent ; il y a, de chaque côté de la route, des petits plans de culture avec des rangées d'amandiers. Après quelques lacets, la route débouche brusquement sur un immense plateau cultivé, rempli, aussi loin que la vue peut porter, par des plantations d'amandiers. Dans les dépressions abritées du vent sont des olivettes d'un vert pâle. Pas une ville, pas même une maison dans la vaste plaine terminée, très loin, par des chaînes de monts rocheux bleuis par l'éloignement.

Ce plateau désert est la seule zone plate de quelque étendue dans toutes les Hautes et Basses-Alpes et les Alpes-Maritimes. Il prend le nom de Valensole, ville bâtie dans un des plis qui le découpent et, par cela même, invisible.

Le plateau de Valensole est la terre favorite de

l'amandier. Nulle part il n'est cultivé d'une façon aussi exclusive. A son ombre, une année sur deux, on sème du blé. Au mois de février, les moissons forment une nappe verte sous la forêt couverte de fleurs d'un blanc légèrement rosé; ce doit être merveilleux. En ce moment on a fini de récolter les amandes vertes; la coque est trop dure pour être fendue au couteau; déjà même quelques amandes se montrent, d'un jaune d'or, dans les valves entr'ouvertes du péricarpe. L'aspect de cet immense verger au feuillage glabre est plus curieux que séduisant.

Les amandes sont récoltées avec plus ou moins de soin. Tandis que les dures sont gaulées comme les noix, les tendres sont cueillies à la main. Les amandiers à coque tendre sont également mieux soignés; on les taille avec plus de précaution pour leur donner la forme de coupe qui permet à l'air et à la lumière de pénétrer facilement.

Une foule de gros oiseaux, geais et pies, s'ébattent sur les amandiers. Très friands de l'amande, ils sont le grand ennemi. Quand le fruit est vert, ils le dévorent; quand l'amande est mûre, ils brisent la coque, chose facile dans les variétés à coque tendre, c'est-à-dire la *princesse* et la *douce*.

L'amande est donc la principale culture et le principal commerce de cette région, c'est aussi la grande industrie. Si l'amande à coque tendre et l'amande verte vont directement sur les marchés après un simple emballage, l'amande à coque dure se vend dépouillée, afin d'éviter les frais de transport. J'ai dit jadis, en racontant la fabrication du nougat de Montélimar[1], que l'on achetait les amandes extraites de leurs coques. A Valensole, qui n'est cependant pas un marché comparable à Aix, la casse des amandes occupe des centaines de bras : un seul négociant emploie 150 femmes et jeunes filles à casser les coques avec un marteau de fer sur une pierre posée sur les genoux.

Il est du reste assez difficile d'obtenir des données sur cette culture, les statistiques officielles la négligent; dès lors, nul ne paraît soupçonner son importance.

Longtemps, bien longtemps, on traverse le plateau couvert d'amandiers, au-dessus du vallon du Riou. La température est supportable depuis que la route n'est plus encaissée. Trois kilomètres avant Valensole, des pommes de terre et des vignes se mêlent aux amandiers et rompent l'uniformité du paysage. De petites constructions égaient

---

1. Voir 9e série du *Voyage en France*, pages 273 et 279.

les champs, ce sont des *bastidons* analogues aux mazets de Nîmes, aux *bastides* de Manosque.

Valensole apparaît enfin, groupant ses toits gris autour du clocher trapu de l'église ; sur un plateau dominant la ville, sont des aires entourées de meules de blé. Au milieu, des mules foulent les gerbes, pendant que les tarares ronflent et crachent la balle blonde. On descend et l'on découvre la ville entière, au flanc d'un coteau bordant le pli jusqu'alors invisible d'un vallon vert. Elle apparaît grise, calcinée, coiffant, comme une calotte, un monticule de ses toits réguliers ; inutile de chercher la vie dans cet amas de maisons, c'est la vieille ville provençale aux ruelles étroites, sinueuses, rocailleuses et montantes. L'animation est au pied du coteau, sur le *cours* classique ombragé de platanes et de marronniers, où s'alignent les cafés, où se tiennent les grands marchés aux amandes, aux animaux gras et aux écorces de chênes exploitées dans le ravin de Vallongue et les autres vallons boisés découpant le plateau.

On déjeune à Valensole, à une table d'hôte bien servie, dans une grande salle à manger fraîche et gaie. Puis on prend une autre diligence, fort exiguë ; nous pouvons nous jucher sur l'impériale. On traverse le riou de Valensole et ses prairies, bordé de coteaux remplis d'amandiers et

d'oliviers, on descend dans un autre ravin semblable, arrosé par le ruisseau de Saint-Jean et l'on atteint un plateau raviné, véritable maquis fort sec où les genévriers et les plantes aromatiques croissent parmi les chênes. Ces derniers arbustes forment des truffières très riches. Ils croissent dans les cailloux roulés d'une véritable crau, mais d'une crau où les eaux d'orage ont creusé des ravins sans nombre, où la route descend, d'où elle remonte en ruban sinueux. Lorsqu'on est au sommet d'une des côtes, on aperçoit au loin des montagnes bleues barrant l'horizon. Les sommets du plateau érodés sont si réguliers qu'on ne peut deviner les ravins dans lesquels on doit successivement descendre : Auboire, Mauroue, Prayou, Auvestre, qui vont rejoindre le lit du Colostre, torrent roulant de l'eau, puisqu'il fournit la force aux dynamos installées à Allemagne pour distribuer la lumière électrique à Valensole et à Riez.

Sur cette plaine apparente, pas un village, pas une maison, toujours des cailloux ou des chénaies. Enfin la route se tient au fond d'un vallon très vert, un grand détour conduit en vue d'une petite ville assise dans les arbres, sous des coteaux de gros galets plantés d'oliviers, de figuiers, de vignes et d'amandiers, couronnés par une chapelle. C'est Riez, une des plus antiques cités de la Provence. Au milieu des prés on voit s'élancer quatre colonnes corinthiennes ayant encore leur entablement, vestiges superbes de l'*Albice Reiorum Apollinarium*.

Ce fut encore une cité épiscopale jusqu'à la Révolution. Plus heureuse que Senez, Riez, si elle a perdu son évêque dont les revenus étaient de 19,000 livres, ses vicaires généraux et son chapitre, a conservé son aspect de ville. Lorsqu'on est sorti du cours ombragé, sans lequel il n'est cité ou bourg en Provence, on pénètre dans la vieille ville, si belle et curieuse encore. Voici la rue Droite, bordée d'hôtels jadis superbes, avec leurs fenêtres à meneaux, les corniches sculptées et les frontons ouvragés. Les porches, par leur noble allure et leur patine rappellent les plus beaux monuments des grandes villes du Midi, mais tout cela est morne, on a bouché avec de la paille l'orbite des vitraux sertis de plomb, on a coupé ou masqué les fenêtres trop hautes. Dans ces rues devenues sordides courent partout les fils pour l'éclairage électrique.

Le palais épiscopal est encore debout, délabré ; près de là, une porte, une belle fontaine attirent l'attention. Dans une autre partie de la ville, sur une placette ombragée de platanes énormes est l'ancienne cathédrale, très humble et insignifiante église. Çà et là, des ruines de tours, de couvents, de châteaux.

La vie s'est tout entière portée sur le cours bordant le champ de foire, antique *forum*. Là, séparé du Colostre par une terrasse, on a amené tout le blé récolté aux environs; il est étalé sur le sol, où des mules tournent mélancoliquement en foulant les gerbes blondes. Tout auprès, sur la route de Moustiers, en vue des admirables colonnes qui forment un décor au milieu des prés et des arbres, est un monument précieux ; le *Temple* ou *Panthéon*, sans grande physionomie au dehors, mais d'une architecture exquise à l'intérieur: rotonde supportée par huit colonnes et entourée par une nef circulaire. Ce n'est point un temple romain, malgré la tradition, mais bien un baptistère des premiers âges chrétiens, construit avec des débris païens. La municipalité de Riez en a fait un dépôt de voirie. Il y a des outils, des planches et des échelles !

Malgré son isolement, malgré la diminution de sa population depuis qu'elle est privée de son évêché, Riez n'en est pas moins un centre assez important. Comme Valensole elle fait un commerce d'amandes, d'écorces et de truffes. Les oliviers y sont plus nombreux; elle a de beaux vignobles,

elle a planté des truffes avant le Vaucluse même;
c'est, dit-on, à Montagnac, village voisin, que l'on
a reconnu la possibilité de faire des truffières artificielles. Montagnac, aujourd'hui encore, fait un
important commerce de truffes fraîches et conservées, récoltées dans les bois entourés de champs
d'amandiers.

La campagne de Riez est très méridionale. Les
coteaux plantés d'oliviers, les bastidons fleuris de
lauriers-roses, les figuiers donnent à ce petit vallon du Colostre un caractère presque africain. Les
terrasses des bastidons sont construites, au moyen
de galets, avec un art véritable. Le versant exposé au nord renferme beaucoup plus de vignes
et de chênes. Il y a là une région vignoble fort
intéressante, indiquant des efforts sérieux pour
reconstituer les richesses perdues.

Les plus belles vignes sont à deux kilomètres
de Riez, autour du château de Campagne, si pittoresque avec ses toits aigus et ses tourelles revêtus
de briques vernissées multicolores, enfoui au bord
de la route sous de grands marronniers. Plus de
20 hectares ont été plantés ici en vignes françaises
greffées sur plants américains. Le châtelain, M. de
Clérissy de Roumoules, descendant des grands
faïenciers de Moustiers, retirant à peine 1,500 fr.

de son domaine, entreprit en 1882 de le convertir en vignobles. Aujourd'hui le revenu net dépasse 10,000 fr. La dépense de 40,000 fr. environ a donné à la propriété une plus-value de 200,000 fr. L'exemple est d'autant plus digne d'être médité que cette région se prête admirablement à la vigne et est cependant déserte : rares sont les hameaux. Un seul village, Roumoules, se montre sur la route ; comme à Valensole et à Riez, la population se livre au dépiquage au moyen de mules. Le bourg est cuit par le soleil ; pour se préserver de ses ardeurs, les habitants ont fait devant les maisons des abris en branchage de peuplier qui répandent une forte odeur empyreumatique. Roumoules, dans sa partie ancienne, est formé de hautes maisons de galets. L'eau y abonde, coulant de fontaines. La population est de race forte et saine ; assises sur le pas des portes, de belles filles brunes, aux dents blanches, ravaudent des vêtements.

Au delà, jusqu'en vue de Moustiers, c'est un vallon doucement évasé, frais et vert grâce à la variété des cultures et de la végétation arbustive, mais rien ne prépare au soudain changement de décor.

XV

LES FAÏENCES DE MOUSTIERS

Apparition de Moustiers. — Les oliviers. — Moustiers et sa chaîne. — Dans la gorge. — La chapelle Notre-Dame de Beauvoir. — A la recherche des faïences. — Restes de l'outillage. — Le dernier faïencier. — Court historique de la faïencerie de Moustiers. — A travers Moustiers. — Les ravins et les cascades.

Moustiers-Sainte-Marie. Août.

Déjà on avait deviné un changement dans la configuration du pays. Après avoir traversé des plateaux de cailloux ravinés, couverts de landes, mais semés de fermes entourées de cultures, d'amandiers, de vignes, de noyers et de grands chênes, on avait vu se transformer peu à peu la barrière bleue des monts ; ceux-ci se précisaient, on pouvait distinguer leurs lignes régulières et grises, légèrement verdies par les pins des reboisements. Soudain le plateau s'affaisse. On se trouve brusquement au sommet d'une véritable falaise d'un aspect fantastique. Ce plateau semblait composé de galets jusqu'à d'énormes profondeurs, il n'en possède qu'à la surface. Le torrent de la Maine l'a peu à peu rongé pour creuser la vallée de Moustiers. L'homme ayant détruit les bois sur la berge formidable, haute de plus de 200 mètres, on distingue nettement les assises successives du plateau, par des bandes de couleurs éclatantes : fauves, rouges, sanglantes, blanches, se continuant en lignes alternées jusqu'aux escarpements lointains de la vallée du Verdon, dont les roches déchiquetées laissent passage à des gorges étroites. Sur les petites terrasses échappées aux érosions, il y a des vignes, des amandiers et des oliviers, corbeilles de verdure au milieu de ces teintes aveuglantes de la roche et des argiles.

Par un grand lacet entre des roches de tuf, la route descend dans le ravin d'Embourguès d'où la vue est plus saisissante encore sur ces parois et ces ravines dont les couleurs éclatantes semblent des marbres précieux supportant des surtouts de verdure. Dans cet abîme profond où les vents âpres du nord ne se font point sentir, on retrouve les oliviers, bien taillés, dont la grande ramure fait prévoir leurs voisins du Var. L'arbre de Minerve croît entre les corniers, les amandiers et les vignes. Au milieu du vallon il entoure les ruines d'un château et de remparts.

Un nouveau et brusque tournant de la route amène en vue de Moustiers. L'apparition de la gracieuse ville est une féerie. Elle couvre de ses maisons blanches le plateau et les pentes d'un rocher, sous une immense paroi calcaire, grise,

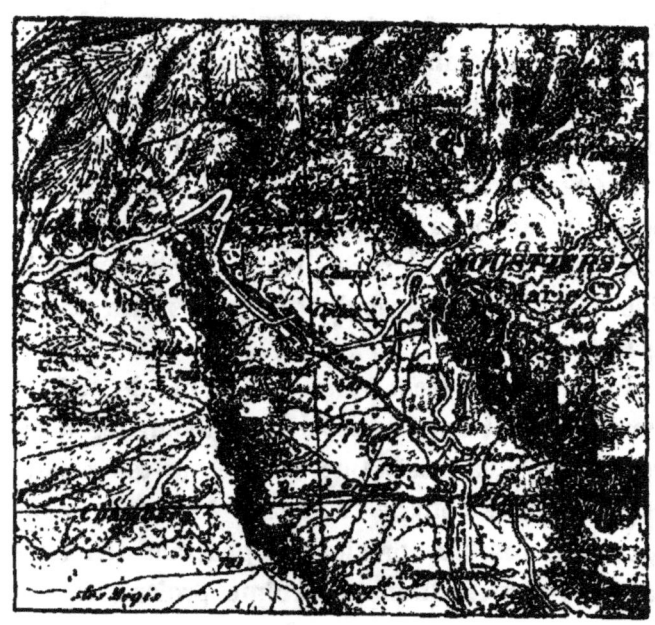

avec des taches fauves. Cette falaise gigantesque est comme fendue d'un coup d'épée de preux. Entre les lèvres de l'abîme une chaîne, paraissant d'ici ténue comme un fil, est tendue, supportant une croix de Malte. Autour et sous la ville, des prés verts, des oliviers taillés en boule ou en coupe. La fraîcheur des prés fait ressortir la blancheur des maisons, la couleur dorée des roches, le vert pâle et doux des oliviers. Au fond se creuse un vallon d'un vert plus sombre, prairies opulentes plantées de pommiers et de peupliers, arrosées par un ruisseau bordé de roseaux au port ornemental. Il est peu de paysage plus admirable que celui de cette mignonne villette surgissant toute blanche dans cet écrin, sous le ciel d'un bleu éclatant, au milieu de montagnes aux formes hardies. C'est une des plus belles choses de notre France. Peut-être n'en est-il guère de plus belle.

Une route en corniche, véritable viaduc construit contre le rocher, au-dessus du ravin plein de verdure et d'eaux murmurantes, bordée de maisons blanches, conduit à Moustiers. Malgré la beauté du paysage, je ne songeai pas d'abord à parcourir la ville, je tenais à retrouver les vestiges des faïenceries fameuses qui ont porté si haut le nom de Moustiers. A l'hôtel on ne put me donner aucun renseignement, tout au plus nous montra-t-on quelques spécimens de cette fabrication artistique. Je fus alors rendre visite au curé, en traversant la vieille église paroissiale, si belle avec ses murs frustes, les colonnes du chœur qui dévie de façon extraordinaire pour représenter le Christ laissant tomber sa tête sur les épaules, ses sobres arcades et ses chapiteaux d'un art primitif.

M. le curé nous reçut à merveille ; il nous apprit que le fils d'un des fabricants, M. Féraud, avait conservé tout l'outillage des vieux faïenciers. Il habite Moustiers pendant l'été. Nous pouvions donc le rencontrer.

En hâte nous avons fait d'abord l'ascension de la chapelle bâtie dans la gorge, au-dessus de la ville. Après avoir traversé des rues étroites mais propres, et franchi le ravin sur un pont envahi par la verdure, nous nous sommes élevés par un chemin ardu, rocailleux, torride. Dans cette fente du roc abritée du vent, la végétation est à demi africaine ; les lentisques et les micocouliers croissent dans la pierre. Le chemin, bordé d'un calvaire, laisse sans cesse apercevoir, déliée contre le ciel bleu, la chaîne de fer longue de 227 mètres qui relie les deux parois. Des grottes, qui furent autant d'ermitages ou d'abris pendant les sièges, se creusent entre les oratoires. Le chemin cesse à une petite terrasse plantée de cyprès, sur laquelle est construite une chapelle, simple, vénérable, au porche abrité par un toit de tuiles vernissées, que supportent deux colonnes aux chapiteaux délicats. La façade est éclairée par d'élégantes fenêtres ogivales. La chapelle, appelée Notre-Dame de

Beauvoir, renferme quelques objets précieux, notamment deux vases en faïence de Moustiers.

Le site est d'un pittoresque inexprimable. La vue dont on jouit des abords de la chapelle est d'une beauté parfaite. Grandes roches, conque verte de la vallée, plateaux sans fin, horizons aux lignes pures captivent longtemps. Mais il faut voir les vestiges de la fabrication des faïences. Et nous voilà, André et moi, dévalant avec rapidité pour aller au « château », où M. Féraud nous accueille avec une bonne grâce infinie. Son père et lui ont recueilli des merveilles de la fabrication moustérienne. Ils en ont peuplé leur belle demeure, assise dans les jardins égayés de jets d'eau

M. Féraud a pieusement conservé les moules dont se servaient les faïenciers; il les a disposés en un petit musée industriel dans les sous-sols de son habitation. Il y a notamment les moules qui ont servi à la fameuse fontaine d'Olery.

Le père de M. Féraud fut le dernier fabricant de Moustiers; il vit encore, c'est un superbe vieillard, très actif et vert. Il a fermé son établissement en 1874. Mais déjà la faïencerie de Moustiers avait vécu, le déclin avait commencé vers 1850.

L'histoire de la faïencerie de Moustiers est

pour faire regretter la disparition d'un des foyers d'art les plus intenses de la France entière. Rien de plus étrange que la naissance d'une telle industrie en cette petite ville perdue au cœur des Alpes de Provence. De temps immémorial elle avait fabriqué de la poterie commune au moyen des terres argileuses de son territoire et de celui de Bauduen, au bord du Verdon. Le pays était couvert de belles forêts, donnant le bois pour la cuisson ; ces bois furent presque tous abattus lorsque François Ier fut fait prisonnier, alors les paroisses vendirent leurs arbres pour contribuer à la rançon du souverain. Le peu qui resta put longtemps suffire aux faïenceries, mais il disparut. L'absence de combustible, la difficulté d'extraction des terres et le prix des transports devinrent finalement une cause de décadence.

La production artistique remonte à la fin du xviie siècle. Elle est due, croit-on, à un Moustérien qui avait travaillé à Fontainebleau dans les dernières années du règne de Louis XIII. Ce potier, nommé Clérissy, dont un des descendants fut anobli par Louis XV, est la tige de la famille de Clérissy de Roumoules. En 1686, Pierre Clérissy couvrit ses poteries d'un émail opaque blanc et les décora d'ornements en peinture bleue. Ce Pierre Clérissy mourut en 1728, à l'âge de

76 ans; il est considéré comme le fondateur de l'école moustérienne de céramique.

Son neveu, également nommé Pierre, continua l'œuvre, il avait su attirer à Moustiers des peintres et des décorateurs qui donnèrent un éclat incomparable à la fabrique. Il fut favorisé, dit M. Eugène Fouque — fils de faïenciers qui a écrit une belle étude sur Moustiers, — par les désastres des dernières années de Louis XIV. La noblesse, ayant fondu sa vaisselle d'or et d'argent, dut se « mettre dans la faïence ». C'est ce Pierre Clérissy, devenu riche, qui fut anobli : il prit le titre de baron de Roumoules.

Le nouveau seigneur se retira et céda sa fabrique à son associé Joseph Fouque, un des peintres attirés à Moustiers et originaire de Quinson. Fouque donna une nouvelle impulsion ; il eut jusqu'à 22 élèves ou décorateurs. Son fils Gaspard lui succéda jusqu'en 1830, ses petits-fils continuèrent la fabrication jusqu'en 1852. Mais avec Gaspard Fouque avait disparu le dernier des fabricants « de vieille faïence » de Moustiers.

Les peintres de Moustiers furent pour la plupart de grands artistes : les Olery, les Viry, les Salomé, les Pol et Hyacinthe Roux sont hors de pair. Et c'est un sujet d'étonnement, cet art si pur et si gracieux vivant avec vigueur dans cette bourgade éloignée de tout centre lettré ou artistique. Lorsqu'on voit dans les musées et les collections particulières, ces dessins en camaïeu où la mythologie a fourni des scènes si aimables et ces ornements d'un goût si pur, on se demande pourquoi cette merveilleuse floraison de la décoration a si complètement disparu. Ne pourrait-on faire renaître ces beaux jours des industries artistiques de la province?

On voit au musée de Sèvres, dans la collection Davillier, des pièces précieuses provenant de Moustiers, notamment des plats et vases signés par Viry, le plus habile des peintres moustériens. Marseille et les autres villes du Midi, Aix surtout, possèdent dans leurs collections publiques ou privées d'admirables œuvres. Chez M. Arbaud, à Aix, il y a des plaques en faïence de Moustiers : une vue de la curieuse ville, les *plaques aux singes*, et des plats, des bénitiers, des appliques sont de pures merveilles.

A Moustiers et dans les environs on peut encore rencontrer des produits de Moustiers. M. Eugène Fouque cite notamment les collections de Mme Peythieu, à Moustiers, et du capitaine Jauffret, à Quinson.

Le succès des Clérissy et des Fouque avait fait naître plusieurs fabriques à côté de la leur, il n'y en avait pas moins de quatorze quand éclata la Révolution. Cette petite ville était d'ailleurs fort industrielle; elle comptait encore cinq papeteries et trois draperies. La population dépassait 3,000 âmes, elle atteint 1,000 à peine aujourd'hui.

La Révolution porta un coup sensible à l'industrie de luxe qu'était la faïencerie de Moustiers. Le blocus continental aggrava cette situation en fermant à Moustiers les pays producteurs de plomb, étain, cobalt, etc., nécessaires à ses émaux et à sa peinture. Puis la destruction des forêts, dont j'ai parlé, fit alors sentir ses effets : il fallut chercher au loin, à grands frais, les fascines nécessaires pour donner la flamme légère indispensable pour produire les teintes si pures de l'émail de Moustiers. Après la chute de l'Empire, Moustiers essaya de reprendre sa place : il était trop tard : peu à peu les fabriques se fermèrent, les pièces disséminées chez les particuliers furent enlevées à vil prix par les collectionneurs. Aujourd'hui, la faïencerie de Moustiers n'est plus qu'un souvenir. Le dernier four a été vendu au printemps de 1896.

Les potiers pour les articles communs ont également disparu; ils étaient assez nombreux à Moustiers, m'a dit M. Féraud.

Celui-ci, après nous avoir fait les honneurs de ses collections, a voulu nous conduire autour de la ville, sur ces belles terrasses plantées d'oliviers dont la disposition singulière en corbeille portée par trois ou quatre grosses souches est due au grand hiver de 1820, qui détruisit tous les arbres et obligea à les recéper. Nous avons parcouru ensuite les artères étroites et fraîches de la ville ; nous sommes descendus dans le grand ravin où, parmi les rochers couverts d'une verdure abondante, naît une source admirable dont les eaux irriguent les jardins, font mouvoir quelques moulins et une papeterie, seuls restes de l'antique industrie. La source est dans un abîme d'arbres et d'arbustes, des ponts franchissent le ravin, des maisons pittoresques escaladent les pentes.

Un autre ruisseau fait la fortune agricole de la petite ville : c'est le Rioul, né au pied de la chaîne abrupte appelée serre de Montdenier. Il débouche au nord de Moustiers par une fissure formidable d'où il se précipitait jadis en cascade. Mais les eaux ont été captées pour l'irrigation et la cascade ne se montre plus que pendant les pluies, ou, à certaines heures de la journée, quand on veut distribuer l'onde fertilisante aux usagers des terres les plus basses.

XVI

LE PLATEAU DU VAR

Les bords du Verdon. — Les plans de Canjuès. — Fontaine l'Évêque. — Les plateaux aux abîmes. — Du haut du col de Majastre. — Aups. — Une plaine de lavande. — La Bresque et ses cascades. — Sillans. — Salernes et ses tomettes. — D'Entrecasteaux à Cotignac. — Barjols. — Tavernes. — Les faïenceries de Varages. — En route pour Meyrargues.

Meyrargues, Août.

Nous avons quitté Moustiers avant le jour; le ciel était encore criblé d'étoiles; au-dessus des crêtes rocheuses, à l'orient, une bande laiteuse annonçait l'apparition prochaine du soleil. Lentement cette pâleur s'est accrue, une à une les étoiles se sont éteintes et nous avons pu distinguer les détails de la vallée, toute sillonnée par des torrents d'une énorme largeur, lits de graviers dont l'aspect désolé détruit le charme intime de beaux plans de culture. Les pentes sont ravagées; cependant, çà et là, de grands chênes montrent ce que dut être le pays avant la destruction sauvage des forêts.

Il fait jour quand nous atteignons le large lit du Verdon. Le cours d'eau est vert et abondant, un pont aux piles aiguës, le pont d'Aiguines, le franchit, en vue de la fissure étroite par laquelle le grand torrent s'évade des gorges où il a été emprisonné pendant 20 kilomètres, gorges sublimes et tragiques, où la montagne se dresse à pic de chaque côté, sur une hauteur de 300 à 500 mètres, où l'on ne peut pénétrer sans peine ; même certaines parties, les plus profondes, sont d'accès impossible. Le courant est trop violent, les seuils trop nombreux, l'eau trop rapide pour que l'on puisse pénétrer en bateau dans ce cañon comparable aux gorges du Tarn. Si jamais on exécute le projet de barrer les gorges et d'en faire ainsi un *réservoir pour les eaux d'irrigation*, la gigantesque cluse deviendra navigable et l'on pourra visiter facilement un des sites les plus curieux et les plus grandioses des Alpes provençales, remonter peut-être dans la gorge non moins belle et aussi longue où l'Artuby coule loin de tout lieu habité pour rejoindre le Verdon.

Les torrents ont creusé leur gigantesque lit au sein de plateaux crayeux et sauvages, percés d'abîmes encore inexplorés où les eaux de pluies, descendant par des pentes presque insensibles, vont s'engloutir pour ressortir au loin en sources abondantes. Les plus vastes de ces plateaux sont assez étendus pour trouver place sur les cartes à échelles réduites, comme les causses — plus vastes — de la Lozère et du Lot. Ce sont le petit et le grand *plan de Canjuès*, sortes d'immenses cuvettes, maigrement boisées ou fleuries de lavande. J'ai hésité un moment, j'aurais voulu parcourir ces déserts, mais en août la chaleur doit être effrayante dans ces parages sans eau. Allez donc étudier un pays sur 25 kilomètres, sans un seul village, lorsque le soleil, reverbéré par la roche blanche, fait monter le thermomètre à plus de 40 degrés ! Et j'ai renoncé à gagner Draguignan par le grand plan de Canjuès ; pour me résigner à atteindre Aups, d'où l'on peut rejoindre le chemin de fer. J'en profiterai pour voir la fontaine l'Évêque.

Le chemin suit le Verdon, a distance, jusqu'aux Salles, beau village aux maisons blanches, bien construites, aux portes et aux fenêtres dont les manteaux et les linteaux sont de pierre de taille. On côtoie dès lors le torrent ; son lit large, semé d'îles, est peu à peu conquis ; déjà, dans l'ancien thalweg, de beaux vignobles ont été plantés, enrichissant la commune de Bauduen. Au delà du torrent de Vallat, les monts se rapprochent pour former les gorges inférieures du Verdon qui s'ouvrent un moment près de Quinson et se creuseront de nouveau, plus profondes, jusqu'à l'arrivée du grand cours d'eau dans la plaine de la Durance.

A l'entrée même de la gorge, on rencontre un cours d'eau d'une limpidité et d'une abondance merveilleuses, la rivière des Sorps, très courte, elle a moins d'un kilomètre de longueur, mais une des plus puissantes et des plus régulières du Midi. Elle naît dans un pli du mont, sous un figuier, comme Vaucluse, fait mouvoir un moulin et aussitôt se jette dans le Verdon, sans avoir, comme la Sorgue, répandu la fertilité et la vie. Il est vrai que le Verdon, saigné à Quinson pour le canal d'Aix, amène à celui-ci les eaux de la fontaine l'Évêque, dont le débit atteint 3,500 litres à la seconde.

Malgré la limpidité du Verdon, qui a toujours coulé en des régions désertes ou peu habitées, malgré les fontaines sans nombre de ses rives, issues des abîmes des *plans*, combien plus limpide encore est la fontaine l'Évêque! De tous temps elle a été convoitée par les villes du Midi; Marseille, un moment, la voulut; le propriétaire consentait à la vendre, à la condition qu'un filet fût conduit à Aix. La grande cité maritime s'y refusa et l'eau est restée inutilisée, coulant solitaire sous les débris de la villa d'un évêque de Riez qui valut ce nom à la source. Aujourd'hui, le département du Var veut s'en rendre acquéreur, pour amener les eaux dans ses plaines brûlées.

De la fontaine l'Évêque à Aups il y a bien une route directe, je ne l'ai point suivie, préférant traverser les hauts plateaux voisins du plan de Canjuès. Je suis donc revenu aux Salles et alors a commencé une des routes les plus moroses que je fis jamais. Au début c'est assez intéressant, non par les coteaux sur lesquels on s'élève, coteaux incultes, faits de terre rougeâtre encombrée de cailloux, mais la vue est curieuse sur les montagnes bordant le Verdon à l'est et, surtout, sur les parois ravinées de la berge formidable supportant la plaine de Riez. Cette falaise est d'une régularité absolue : on croirait la crête tirée au cordeau. Le reboisement commence à s'emparer de ces parois hideuses, sans en masquer encore la nudité. Par delà s'étend le plateau couvert de chênes truffiers, immense, inhabité, d'une indicible mélancolie.

Les Salles et, au pied d'une ligne de rochers, le bourg industrieux d'Aiguines, peuplé de tourneurs qui travaillent le hêtre et le buis des montagnes, contrastent, par leur aspect prospère, avec cette austère nature. Ils disparaissent à leur tour quand on a atteint le grand plateau ondulé, pauvrement boisé de broussailles et de chênes nains formant un *plan* parallèle au grand plan de Canjuès et dans lequel, désormais, la route s'engage. C'est d'une sauvagerie sinistre. De temps en temps la vie s'affirme par une ferme, une *bastide*, comme on dit ici, assise au milieu des chaumes roux et des amandiers alignés. Dans les broussailles le pommier sauvage abonde, c'est l'arbre le plus élevé de ce triste canton.

Un ravin à sec remplit le fond de ce plateau aux pentes douces appelé la Combe. La route le traverse près des bastides de Saint-André et de Majastre, où l'on trouve avec joie un peu de fraîcheur. Les cultures sont plus étendues, même il y a des prairies et des arbres. Majastre a des allures de gentilhommière. Plus loin, les Aumades sont vastes et bien construites. Ce sommet du val de la Combe doit posséder des sources assez abondantes, bientôt perdues dans les roches fissurées ou bues par les cultures.

De jeunes plantations de pins couvrent ici les pentes, elles sont très verdoyantes déjà et contribueront à augmenter la fraîcheur de cette solitude. La route monte à travers les bois et atteint enfin la ligne de faîte entre le Verdon et l'Argens. Le col par lequel on arrive sur la crête est à 834 mètres au-dessus de la mer, plus de 400 au-dessus du Verdon.

L'horizon découvert est prodigieusement étendu, jusqu'aux montagnes lointaines de Sainte-Victoire et de l'Olympe Aurélien. Aussi loin que la vue peut porter, on distingue de sombres forêts de pins, entre lesquelles se creusent de longues vallées. Peu de villes, peu de bourgs, peu de villages dans ce tableau immense. Cela laisse une impression troublante.

La route descend rapidement en vue de la petite ville d'Aups, groupée au pied d'un coteau planté d'oliviers, dominée par des remparts et des tours de fière mine encore. De ce côté les eaux sourdent en assez grande abondance, en des fontaines qui vont à un ravin profond; des carrières de gypse s'ouvrent dans les flancs de ce ravin. On échappe bientôt à cette zone rocheuse pour pénétrer dans les arbres : figuiers, amandiers, oliviers, très beaux, bien soignés, dont la verdure pâle contraste avec les nappes sombres des pins.

Ces plantations et quelques cyprès aux formes pyramidales font, jusqu'à Aups, une campagne qui ne manque pas d'opulence et de vie.

Voici la petite ville d'Aups. Elle est gaie et vivante à souhait, surtout pour qui vient du désert des plateaux. Elle a conservé ses portes, aboutissant à des rues étroites ; celles-ci se joignent en carrefours ombragés de grands platanes sous lesquels des fontaines monumentales laissent couler

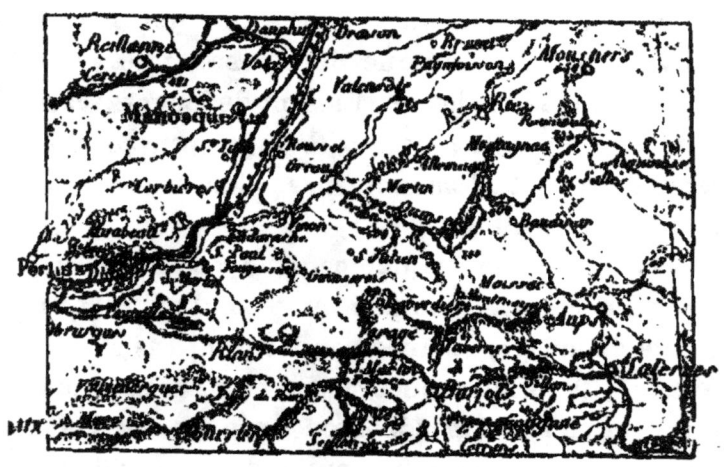

LES PLATEAUX DU VAR

Extrait de la carte du génie au $\frac{1}{64{,}000}$.

l'eau limpide et fraîche des nombreuses sources captées au pied du mont des Espiguières. Ce centre vivant a de superbes promenades dont les platanes et les trembles ne laissent pas filtrer un rayon de soleil. A cette heure brûlante, rien de reposant comme cette fraîcheur et ce murmure d'eaux. Une belle église est à l'entrée de la ville, au point où se détachent de nombreuses routes Aups ne semble pas avoir beaucoup d'industrie, la population vit surtout par l'agriculture ; la commune compte à peine 1,900 habitants et, surtout son territoire, il y a d'innombrables bastides.

Cette campagne d'Aups est une oasis entre les monts gypseux, les grands bois et une immense plaine inculte s'étendant au sud et à l'ouest pendant plus d'une lieue, désert planté de rares pins et genévriers, mais tout embaumé de thym et de lavande. Cette dernière plante est même l'unique exploitation de cette sorte de crau. Le droit d'exploiter la lavande est concédé à des entrepreneurs qui font récolter la fleur par des femmes. Celles-ci sont à l'œuvre au moment où nous traversons la plaine, le soleil est ardent et cependant elles vont sans cesse, coupant les sommités violettes, et les entassant en meules odorantes. De trois heures et demie du matin à huit heures du soir, elles ne quittent pas la place, sinon pour faire un maigre repas. Ce dur labeur leur vaudra 1 fr. 50 c. par journée.

Le plateau finit à la bastide de Mendcimide, où s'ouvrent de nombreux ravins, allant rejoindre la

Bresque à travers bois. On voit tout à coup apparaître, profonde, la vallée de cette rivière claire, limpide, abondante, grâce aux sources, aux *foux*, comme l'on dit dans le Var, alimentées par ces immenses plateaux couverts de bois et de plantes aromatiques. Le voisinage des cours d'eau et des foux donne au paysage une fraîcheur heureuse, qui fait vite oublier la torride température du grand plan de lavande.

La Bresque joue ici au torrent de haute montagne, elle vient de recevoir les eaux de la grande foux du château de Bresque, elles lui ont donné la pérennité; fière de cette abondance, elle entoure le bourg de Sillans et fait aussitôt une cascade qui doit être fort belle lorsqu'il y a de l'eau, car elle tombe d'une hauteur de 50 mètres; en cette saison l'eau est trop précieuse, les canaux d'irrigation s'en emparent.

Cette région de plateaux boisés est charmante dans les vallées, grâce à ces eaux claires; elle doit être exquise à parcourir en mars ou avril; en ce moment j'en rapporte une impression de chaleur saharienne. Certes, il fait bon au bord de ces ruisseaux et de ces petites rivières ombragées, mais les routes se tiennent au-dessus des vallons, par les champs de vignes, d'oliviers et de figuiers. Je suis allé à Salernes avec l'intention de visiter les innombrables fabriques de tomettes et les poteries de cette cité de la céramique et n'ai pas eu le courage de courir la campagne où elles sont bâties. Sa voisine, Faïence, malgré son nom, n'a et n'eut jamais de fabriques de poteries, en dépit des assertions des encyclopédies, mais Salernes fut de tout temps un centre pour le travail et la cuisson de la terre, sans avoir, comme Moustiers, Tavernes et Varages, des fabriques de céramique d'art.

Salernes est fort pittoresque; elle s'élève au confluent de la Bresque et de la Brague, sur un éperon couronné de belles ruines castrales, c'est un type de ville provençale, aux rues étroites et irrégulières. Tout autour, sur les bords des cours d'eau, dans les olivettes, sont les poteries et les tuileries qui donnent l'activité à cette ville de 3,000 âmes. Il y en a partout, quelques-unes considérables, mais, pour la plupart, modestes établissements où l'on fait surtout ces tomettes ou malons, de forme parfois carrée, plus souvent hexagonale, d'une belle couleur rouge sombre et dont on se sert dans tout le Midi pour carreler les habitations. Tout l'ample bassin, planté d'oliviers et de figuiers, étendu au-dessous du village amphithéâtral de Tourtour jusqu'à la Bresque, est semé de ces fabriques. Un grand nombre appartiennent à la commune de Villecroze. En tout 50 à 60 fabriques exploitent l'argile de Salernes pour la fabrication des carreaux, des urnes et jarres à huile et de la poterie commune. Les bois de chênes, fertiles déjà en truffes et dont les écorces sont réputées, fournissent aux fours la plus grande partie du combustible nécessaire.

Des moulins à huile, traitant les fruits des immenses olivettes étalées au pied des montagnes boisées, donnent encore une grande part d'activité à Salernes. La vallée de la Bresque dans ses parties hautes, autour d'Entrecasteaux notamment, est une véritable forêt d'oliviers. De cet Entrecasteaux était seigneur le grand marin de ce nom.

La région est très riche, d'ailleurs, au point de vue agricole, mais les villages sont peu nombreux. Dans ces contrées jadis exposées aux ravages des Sarrasins, il ne s'est guère créé de lieux de population. Les habitants se sont groupés sur quelques points déjà défendus par la nature et dont ils ont pu faire des centres de résistance. De là cette rareté des hameaux et l'aspect de villes fortes de tous les bourgs. Aussi chaque canton renferme-t-il peu de communes et les bourgades sont très peuplées. La petite ville de Cottignac, chef-lieu du canton dont Entrecasteaux fait partie, réunit plus de 2,500 habitants dans un méandre de sa rivière, au pied de hauts rochers calcaires. Le pays de Cottignac est une immense plantation d'oliviers, de mûriers et de vignes. Plusieurs sériciculteurs ont créé des établissements pour le grainage cellulaire des vers à soie[1]. Malgré son éloignement des voies ferrées, Cottignac — comme le bourg voisin de Carcès — est assez actif, il y a quelques fabriques de chapeaux de feutre. Mais on ne saurait considérer ces centres comme des groupes industriels.

Le chemin de fer du sud de la France, par sa plus longue ligne, celle de Nice à Meyrargues, traverse cette curieuse contrée, où chaque centre de population est comme en un parc isolé au milieu des petits monts et de plateaux boisés. Il parcourt d'étroites vallées encloses entre les collines boisées de pins. Lorsque, après Sillans, on a perdu de vue le village de Fox, juché de féodale façon sur un mamelon isolé, où naquit Barras dont un château porte encore le nom, on ne voit plus que l'étroite bande de vignes et de cultures où, dans les vastes bastides, on dépique les blés par les procédés bibliques et barbares des chevaux et des mules foulant les gerbes. Pour passer

---

[1]. Sur cette sélection des graines ou œufs des vers à soie, voir 11ᵉ série du *Voyage en France*, p. 171.

d'un vallon dans un autre, la locomotive gravit des rampes sinueuses, tracées au milieu des pins et des chênes verts.

Et l'on redescend rapidement. Voici la halte de Rognette qui dessert Cottignac, puis l'étroite zone de céréales traversée par le Favery. Des bastides se succèdent de loin en loin, de grands vignobles couvrent les premières pentes et se continuent, entremêlés d'oliviers jusqu'au mamelon sur lequel se dresse le petit village de Pontevès, dominé par un rocher portant des restes de remparts et de tours. Au milieu du hameau, l'église apparaît, toute drapée de lierre.

Cet humble ruisseau de Favery va rejoindre l'Eau salée au-dessous de Barjols, au milieu d'un des beaux sites de la Provence. La ville s'est assise sur un promontoire entre le Favery et la rivière des Écrevisses; des sources ruissellent des hauteurs, elles donnent à cette sorte d'entonnoir creusé dans un bassin d'oliviers, de prairies et de cultures un caractère des plus agrestes. Ceux qui cherchent partout des comparaisons ont appelé Barjols un Tivoli provençal. Les eaux, cependant, sont loin de rappeler les rumeurs de la cité italienne. Mais les hautes maisons blanches ou dorées par le soleil, surgissant de la verdure et formant comme une cascade pétrifiée au flanc de la colline, n'en donnent pas moins une grâce exquise à ce site de ville assise au milieu des torrents roulant de chute en chute. Et combien ces torrents sont travailleurs ! Ils font mouvoir les roues et les machines de nombreuses et importantes tanneries, pressent les olives, alimentent des fabriques de chapeaux et des filatures de cocons, donnent la force aux moulins à plâtre, sans pour cela perdre de leur gaîté et de leur fraîcheur. Pendant que les bas quartiers utilisent ainsi les chutes des deux cours d'eau, la ville haute, percée de rues étroites, mais égayée par de belles promenades de platanes, rafraîchie par des fontaines, peut voir se prolonger le vallon jusqu'à l'endroit où ses eaux fraîches vont grossir l'Eau salée, ce torrent de Varages qu'une source saline vient rendre saumâtre aux environs mêmes de Barjols.

La station de Barjols dessert en même temps Tavernes, autre chef-lieu de canton, mais peu peuplé, dont la faïencerie, jadis célèbre, contrefaçon de Moustiers, a disparu. Aujourd'hui Tavernes vit de ses vignobles et de ses oliviers et fait un grand commerce de truffes récoltées dans les chênaies dont le sol fissuré absorbe les eaux de pluie qui vont sortir en foux abondantes entre Barjols et Varages, où les irrigations s'en emparent aussitôt.

Ce village de Varages est, par l'aspect, un des plus curieux de la contrée ; il est perché sur un rocher de concrétions calcaires continué au delà même de la ville en une falaise semblable à des draperies savamment plissées. Une source abondante naît à l'extrémité de cette hauteur de sédiments et arrose le vallon dont les terres, encore exploitées pour la céramique, furent jadis utilisées pour des faïenceries rivalisant avec celles de Moustiers. Il y eut là six fabriques dont une célèbre, celle des Bertrand. Un Bertrand est encore à la tête d'un des établissements modernes, mais on se borne, dans ceux-ci, à la fabrication des faïences communes.

A Varages finit la région pittoresque de ces vallons du Var creusés entre les plateaux boisés. Jusqu'à Saint-Martin-de-Pallières il y a bien encore des ravins profonds, des rochers, quelques sources, mais, peu à peu, les coteaux s'éloignent, on traverse une plaine merveilleuse au printemps, encore verte même aujourd'hui grâce aux irrigations; les hauteurs grillées par le soleil sont uniformément grises. Rien, dans ce long parcours de 30 kilomètres, n'arrête le regard. On est trop au fond de cette vallée étroite et sévère des Roques pour avoir la vue des montagnes. On atteint avec un soupir de soulagement la vallée de la

Durance vers Peyrolles, si luxuriante grâce aux canaux d'arrosage.

Voici surgir la vaste ramure des platanes géants sous lesquels s'installent, à distance l'une de l'autre, comme se boudant, les gares des trois compagnies : P.-L.-M., Bouches-du-Rhône et Sud de la France.

XVII

AIX-EN-PROVENCE

De la Durance à la Touloubre. — Arrivée à Aix. — A travers la
ville. — Son rôle intellectuel — Le quartier universitaire.
— Les thermes de Sextius. — Le commerce des amandes. —
Les friandises : calissons et fruits confits. — Les huiles d'Aix.
— Au pressoir.

Aix, 20 décembre.

Le chemin de fer de Grenoble à Marseille quitte
la gare de Meyrargues par de fortes pentes. Longtemps on a sous les yeux la vallée de la Durance,
large, verte, opulente, terminée au pied de « l'âpre
Luberon » par la trouée blanche des petites villes
du Comtat. Mais un tunnel masque bientôt ce
paysage vaste et lumineux. On entre dans le ravin
étroit et gris du Grand-Vallat, région rocheuse,
brûlée, où la réverbération fatigue le regard. Puis,
brusquement, on débouche dans l'ample bassin
de la Touloubre, rempli d'oliviers et d'amandiers,
semé d'un nombre prodigieux de fermes ou bastides. Il n'y a pas ou presque pas de villages

dans cette région et moins encore de communes Celles-ci ont la plus grande partie de leur population dans les *écarts*. Aix, même, a plusieurs milliers d'habitants dans sa partie rurale, répartis sur un territoire de près de 19,000 hectares. La commune d'Aix, peuplée de 29,000 âmes, en possède seulement 23,000 à 24,000 dans sa partie urbaine, en y comprenant la garnison et les écoles. C'est là un caractère commun à toutes les villes de la contrée : Marseille possède près de 100,000 habitants répartis dans les bourgs et les villages d'une immense banlieue et qui, partout ailleurs, seraient des communes autonomes. Le chemin de fer, sur 26 kilomètres, entre Meyrargues et Aix, dessert cinq stations, dont une seule, Venelles, porte le nom d'un centre communal; il décrit une immense courbe dans cette région de bastides innombrables, pour trouer la chaîne d'Éguilles dans sa partie la plus étroite et déboucher dans la plaine verdoyante au fond de laquelle Aix se présente avec l'aspect majestueux d'une métropole.

On a été surpris par les usines, les ateliers, les constructions manufacturières, qui longent la voie et l'on entre en ville par de larges avenues, bordées de hautes maisons neuves, accédant à la place circulaire de la Rotonde, au milieu de laquelle est une belle fontaine jaillissante, de caractère monumental, ornée des statues de la Justice, de l'Agriculture et des Arts.

Sur la place de la Rotonde s'ouvre une admirable promenade plantée d'une double rangée de platanes, bordée de vieux hôtels, sévères et aristocratiques d'allure. Peu de cités possèdent une entrée aussi monumentale. Sur la large chaussée se dressent trois fontaines, dont une verse de l'eau chaude venue des sources thermales qui ont fait naître la ville romaine. Une autre est surmontée de la statue du roi René, le dernier souverain en qui s'incarna l'indépendance de la Provence.

Cette belle avenue, c'est le cours Mirabeau; deux groupes du statuaire Truphème sont placés à l'entrée : d'un côté les Sciences et les Lettres, de l'autre, l'Industrie et l'Art décoratif. Chacun des hôtels qui le borde a une histoire. Pendant plus de cent ans ce fut le centre administratif et mondain de la capitale provençale. Beaucoup de ces demeures ont gardé grand air, malgré les magasins et les cafés envahissant les rez-de-chaussée.

On ne peut reprocher au cours que sa tranquillité. Aucun tramway, aucun omnibus ne le dessert : ces moyens de locomotion sont inconnus. Au matin, sauf les petits cireurs, venant par nuée s'emparer des pieds des rares promeneurs, sauf les soldats-ordonnances et les bonnes allant à la fontaine chaude remplir les brocs et les seaux, on ne voit guère d'animation, les voitures sont rares. Aix, surtout pour qui vient de Marseille, donne l'impression d'une ville morte. Mais elle a ce qui manque à Marseille : de nombreux édifices du passé. Une partie des maisons particulières rappellent les « palais » des grandes villes italiennes Beaucoup seraient admirées, si elles avaient quelque perspective ; dans les rues étroites on les devine à peine.

Aix ne présente pas au visiteur de cathédrale ou d'hôtel de ville comparables à ceux des villes du nord de la France, mais églises et palais civils s'adaptent à merveille à ce cadre d'élégance un peu austère. La place de l'Hôtel-de-Ville, avec sa tour de l'horloge placée en ressaut et percée d'une porte, sa maison municipale aux lignes classiques, la façade sculptée de la halle aux grains, malheureusement aveuglée par des volets et souillée d'affiches, est une des plus pittoresques du Midi.

Non loin est la cathédrale. Le portail gothique, très fleuri, est fermé au public comme s'il était un simple placage. On entre encore par la vieille porte romane de l'église primitive. Près de cette métropole religieuse de la Provence moderne, le palais archiépiscopal, les facultés des lettres et de droit, qui viennent de rétablir sur leurs frontons le vieux mot d'Université, bordent un carrefour solitaire.

Au cœur de la cité, la haute colonnade du Palais de justice borde une place très vivante, ornée d'une belle fontaine. Le Palais abrite la Cour d'appel, héritière de l'antique Parlement de Provence. L'Université, l'Archevêché, la Cour, ont conservé à la cité somnolente sa prépondérance intellectuelle sur les départements de l'extrême Sud-Est. Marseille, fière de sa richesse, de son activité, de son port merveilleux, rêve cependant d'enlever à Aix la première de ces institutions. Les Marseillais voudraient avoir au milieu d'eux l'Université de Provence. A leur faculté des sciences, ils ont joint une école de médecine, ils ont fondé une faculté libre des lettres. Le résultat ne semble pas avoir répondu à l'espoir des créateurs : Marseille, me dit-on, a reçu à peine 75 inscriptions à sa faculté nouvelle, dont 10 enlevées à Aix; celle-ci en a gardé 350.

Cette tentative des Marseillais est déplorable. Il n'y a pas place pour deux Universités en Provence; Alger par ses grandes écoles, Montpellier par la création de sa faculté de droit, avaient détourné déjà une partie de la clientèle d'Aix. Lyon, dont les facultés ont une installation somptueuse, est un centre incomparable d'attraction. Si Aix venait à succomber, peut-être Montpellier et Lyon s'enrichiraient-elles de ses dépouilles plus que Marseille. Les parents craindront pour les jeunes gens les plaisirs et l'existence fiévreuse de la grande cité maritime. D'autre part, une faculté de droit s'explique mieux près de la Cour d'appel, enseignement continu pour les futurs licenciés et docteurs en droit.

Même pour Marseille, l'intérêt serait de laisser à Aix son caractère de ville universitaire, de le développer même. On pourrait créer en Provence une sorte d'Heidelberg. Aix avec ses tribunaux, ses musées, sa riche bibliothèque, ses écoles publiques et privées, ses institutions nombreuses, son lycée, son école d'arts et métiers, son école normale, son école de dessin, offre un ensemble vraiment remarquable d'établissements d'instruction. Il serait facile de développer encore ce milieu universitaire, dont une école de médecine ayant Marseille pour centre aux côtés de la faculté des sciences serait le complément naturel, Marseille offrant par ses hôpitaux et sa grande population des ressources qu'Aix ne saurait présenter.

La ville possède un véritable quartier latin sur

les boulevards du Nord et de l'Est et les avenues voisines. Les grandes écoles, les couvents, les collèges s'y succèdent sans interruption, à l'ombre des platanes touffus, depuis le monument extravagant de Joseph Sée jusqu'au lycée, d'un aspect si pittoresque par la variété de ses façades : l'une

vers une rue étroite, aboutissant au porche gothique de Saint-Jean-de-Malte, la deuxième sur une avenue plantée de chamerops, l'autre sur un jardin finissant en terrasse sur le boulevard du Roi-René, d'où l'on a une vue fort belle sur la campagne et la chaîne de Sainte-Victoire.

Dans ces calmes quartiers de ceinture, les maisons religieuses sont particulièrement nombreuses.

Sur l'une d'elles est une statue de Jeanne-d'Arc ; l'école est consacrée à la *vénérable* libératrice de la France. Tout auprès, sur un cours planté d'arbres, face à un beau jardin public, s'étendent les bâtiments vastes mais simples de l'école des arts et métiers, où 300 jeunes gens portant un uniforme militaire reçoivent une éducation technique. Toute cette partie universitaire de la ville, avec ses grands arbres, ses beaux jardins et ses horizons, donne bien l'impression d'une cité d'étude, comme on les rêvait jadis et comme il serait bon de les rétablir pour contre-balancer la centralisation excessive dont souffre notre pays.

Aix ne peut vivre, ou plutôt ne peut rester cité considérable, que par ses écoles et ses thermes trop dédaignés aujourd'hui. Malgré le voisinage d'un bassin houiller assez considérable, elle ne saurait songer à devenir cité de grande industrie, le climat ne s'y prête guère et le sol fournit uniquement à son activité les huiles et les amandes. Ce sont, il est vrai, des sources réelles de prospérité, mais bien réduites par l'emploi des huiles extraites des fruits et graines des pays tropicaux et par la fermeture des marchés étrangers, due à la politique économique en faveur depuis quelques années.

Les amandes, surtout, ont éprouvé les effets des barrières de douanes. Aix était et est encore le plus grand marché pour ce fruit. Les plantations des Hautes et des Basses-Alpes, de la Drôme, de Vaucluse, du Gard et du Var y envoient leurs produits. Le seul arrondissement d'Aix consacre 6,000 hectares à l'amandier, celui d'Arles en a 600, on en compte 100 dans celui de Marseille. En outre, l'Italie et l'Espagne expédient une grande partie de leur production à Aix, où les amandes sont triées. De là, elles se répandent en France, en Angleterre, surtout aux États-Unis et en Allemagne. Mais ce dernier pays frappe les amandes de droits excessifs : 65 centimes par kilogramme.

Une vingtaine de maisons font ce commerce dans la seule ville d'Aix, concentrant dans leurs magasins tous les produits de la région, depuis l'amande commune, jusqu'à la fine *princesse* des bords de l'étang de Berre, vers les Martigues, la meilleure des amandes. On évalue à près de dix millions le mouvement des affaires pour cette seule branche d'activité. Il diminuera peut-être par la concurrence de l'étranger et surtout par les progrès de l'irrigation qui restreignent chaque jour le domaine de l'amandier.

Une petite partie de ces amandes est employée

sur place pour la fabrication de ces friandises locales appelées calissons : pâte d'amandes disposée en forme d'ovale allongé et enrobée de sucre fondu ; mais Aix ne se borne pas aux calissons, ses amandes lui servent à faire des pralines et des dragées. Les maisons de confiserie d'Aix sont de véritables usines : trois d'entre elles occupent ensemble près de 200 ouvriers. Elles ne se contentent pas de la préparation de l'amande, elles fabriquent en quantité des biscotins renommés, confisent les fruits : abricots, melons, poires, pommes, ananas, cerises de l'Olympe (le mont Olympe du Var), etc. ; elles fourrent les fruits du pays et les dattes, glacent les marrons, élaborent les fondants et les bonbons à papillotes, préparent le nougat et le chocolat, transforment en pâte les abricots d'Aix et de Roquevaire. Dans ce Midi où l'on aime tant les chatteries, où la moindre bourgade à son bonbon spécial et célèbre, Aix jouit d'une illustration particulière.

Mais la principale industrie d'Aix n'est pas la confiserie, ce n'est pas non plus la chapellerie - bien réduite aujourd'hui, car elle employa 500 ouvriers et en compte à peine 300 maintenant, fabricant les chapeaux de feutre et de laine, — la grande branche d'activité d'Aix, c'est encore l'huile d'olive, malgré la concurrence des huiles de sésame, de coton et autres qui entrent pour une si grande part dans l'alimentation[1].

Les huiles d'olive d'Aix et de Nice sont les plus célèbres de toutes. Si quelques maisons ont dû suivre le courant et fournir à leur clientèle les huiles à bon marché et de saveur neutre réclamées par celle-ci, la plupart résistent et continuent à exploiter les admirables vergers d'oliviers de la vallée de l'Arc et des vallons voisins. Il y a là des *crus* comme pour les vins. Dans la commune même d'Aix, les olivettes de Montaignet passent pour produire les huiles les plus fines que l'on connaisse. Ventabren, près de l'aqueduc de Roquefavour, Rognac, sur les bords de l'étang de Berre, Vauvenargues au-dessus des gorges curieuses de l'Infernet, sont encore des terrains réputés. Les huiles sont d'autant meilleures que les terrains sont plus secs. La qualité baisse partout où les eaux d'irrigation sont amenées. Aussi l'olivier a-t-il à peu près disparu partout où l'eau du canal du Verdon a transformé le sol en prairies et en jardins.

Canal du Verdon, canal Zola, rivière d'Arc, font mouvoir partout des moulins à olives ; quand

---

[1]. Voir page 51, le chapitre sur Salon.

la force motrice fait défaut, on se contente d'un cheval, ou bien l'on a recours à la vapeur. Cette fabrication, très simple autrefois, s'est compliquée par les procédés qui permettent d'extraire jusqu'à la dernière goutte d'huile.

La récolte de l'olive se fait en décembre; non l'olive verte, conservée dans la saumure et servie sur nos tables, mais un fruit noir, très mou, s'écrasant sous la main. Sous cette forme, l'olive, à peine pressée, laisse écouler l'huile la plus fine, l'huile vierge. Pour obtenir celle-ci, les olives sont soumises à la pression d'une meule qui écrase 200 kilogr. à l'heure si un cheval conduit un manège, et 800 kilogr., si on emploie la vapeur; puis elles sont placées dans des sacs de laine ou de crin, appelés *scourtins*. Ces sacs sont disposés sous un pressoir, dont les premiers tours font couler l'huile vierge, celle-ci se rend dans des réservoirs, pleins d'eau, sur lesquels on la recueillera ensuite avec des cuillers.

Cette première opération terminée, on ouvre les scourtins pour en retirer les tourteaux; ceux-ci sont concassés, arrosés d'eau bouillante, enfermés de nouveau dans les sacs et soumis à un pressage plus énergique, l'huile et l'eau sortent ensemble. L'huile surnage, on la recueille et l'on a l'huile ordinaire dite « à manger ».

Les tourteaux sont encore une fois extraits des scourtins. On les concasse de nouveau et on les jette dans l'eau froide. De là, ils passent dans un moulin à double étage. Au-dessus, les tourteaux sont soumis à l'action d'une meule dans laquelle est dirigé un jet d'eau froide. Quand on a obtenu une pâte, on ouvre une trappe et la pâte tombe dans un second moulin armé d'un râteau, qui achève de détacher la pulpe des noyaux. Ceux-ci vont au fond. La pâte soumise à la pression donne encore deux qualités d'huile, la *lampante* propre à être brûlée et la « ressence » qui sert à la fabrication des savons et dont Marseille a employé pour les seules ressences de Provence 307,000 kilogr. en 1895. Depuis quelques années, le sulfure de carbone a donné le moyen d'enlever les dernières traces d'huile, par une opération finale. La Provence a fourni aux savonneries de Marseille 854,000 kilogr. de ces huiles obtenues par un procédé chimique.

Cette fabrication, à Aix et dans les environs, ne dure pas deux mois : 40 ou 50 jours au plus; elle emploie beaucoup de bras; il faut même faire appel au dehors pour avoir des ouvriers assez nombreux quand la récolte a été abondante, quand le *ver* et le *coton* (cryptogame d'aspect cotonneux) ne se mettent pas sur l'olive ou sur l'arbre.

Aix compte 30 à 40 moulins et un nombre à peu près égal de maisons importantes. Malgré les causes de concurrence, on évalue encore à près de 15 millions le montant du commerce des huiles à Aix, y compris les quantités tirées de Corse, d'Espagne, d'Italie, d'Algérie et de Tunisie.

Cette industrie des huiles, qui a fait naître à Aix de grands ateliers mécaniques, est donc fort considérable encore. Elle est calme malgré le grand nombre de bras employés et n'offre guère le caractère manufacturier d'un établissement récent, construit par l'État, pour la fabrication des allumettes; elle s'exerce dans les quartiers extérieurs, on ne la soupçonnerait guère en parcourant les rues de la vieille cité.

XVIII

LES CHAMPS DE POURRIÈRES

Gardanne, ses usines et ses mines — Une crèche de Noël : santons de Provence. — Du Pilon-du-Roi à Sainte-Victoire. — De Gardanne à Trets. — Les *Campi putridi*. — La bataille de Marius contre les Teutons et les Ambrons. — Vestiges du monument de Marius. — La campagne de Pourrières. — Saint-Maximin. — La Sainte-Baume.

Saint-Maximin, 27 décembre.

La tentation est grande de descendre d'Aix à Marseille, de revoir la nappe bleue de la Méditerranée, ses côtes harmonieusement découpées, baignées à la fois par l'azur de la mer et par l'azur du ciel, mais je réserve pour un autre voyage la zone de Provence au sud de l'Arc et de l'Argens[1]. Le chemin de fer, qui pouvait me conduire dans la grande cité maritime, m'a laissé ce matin à Gardanne, dans un paysage industriel inattendu, entouré de hautes montagnes rocheuses, dont les silhouettes lointaines contrastent fort avec le site immédiat.

---

1. 13ᵉ série du *Voyage en France*.

La ligne ferrée est fort accidentée entre Aix et Gardanne. A deux kilomètres de la ville, elle franchit l'Arc sur un beau viaduc courbe, au milieu d'une campagne très fraîche, grâce aux irrigations, contrastant avec les escarpements brûlés de la montagne de Sainte-Victoire. La voie s'élève et, longtemps, on peut découvrir la ville d'Aix dont les toits gris encadrent les tours d'église. Le lycée et les casernes attirent surtout les regards.

Le pays traversé est très accidenté, mais les *plans*, les petites vallées, les pentes douces sont bien cultivées en vignes et en céréales, surtout aux abords du château de Luynes, terre dont un des seigneurs, Charles d'Albert de Luynes, favori de Louis XIII, devint duc, mais en choisissant pour siège de son duché-pairie la ville tourangelle de Maillé, appelée aujourd'hui Luynes; ainsi la ville d'Ancre en Picardie devint Albert en l'honneur du même personnage. Les pentes sont bien boisées, les rochers sont couverts de pins, le fond du vallon a des prairies ombragées de peupliers, çà et là des chênaies forment de petites futaies; autour du château de Valabre, transformé en école d'agriculture, on pourrait se croire dans quelque val d'Armorique, sans la splendeur du ciel.

La montagne de Sainte-Victoire apparaît de nouveau. Des environs d'Aix elle se présentait comme une proue de navire, ici elle se montre de flanc et semble surplomber une autre montagne boisée, entourée à mi-hauteur par une ceinture de grandes roches. Un détour fait perdre de vue la chaîne altière, on rejoint la ligne de Brignoles et l'on arrive en gare de Gardanne, remplie de wagons chargés de lignite. Le bassin houiller des Bouches-du-Rhône commence ici. Un des puits est à une demi-lieue au sud, sur les collines, relié au chemin de fer par un embranchement établi sur une longue estacade ; une chaîne sans fin amène des wagonnets pleins dans un établissement où les charbons sont versés dans les wagons de la grande ligne.

Cette mine et d'autres puits s'ouvrent dans les arbres, au-dessous de la belle chaîne des montagnes de Marseille sur laquelle se dresse le grand rocher cylindrique appelé le Pilon-du-Roi. Le site est sévère et superbe.

Près de l'établissement où les mines chargent le lignite, une grande usine est construite. Des ouvriers aux mains et aux vêtements tachés de rouille ardente en sortent ; l'intérieur présente cette même couleur fauve, c'est une fabrique d'aluminium où l'on traite la bauxite dont les principaux gisements connus sont dans la région, aux environs de Saint-Maximin et de Besse (Var).

Des contreforts du Pilon-du-Roi descend un fort ruisseau, il fait de petites cascades à l'entrée de Gardanne. La bourgade se présente sous l'aspect d'un cours ombragé de platanes, digne d'une ville considérable, gagné sur l'emplacement des anciens remparts, au pied du coteau portant le bourg primitif. Les maisons, contre la colline, sont parfois des bicoques, mais en face ce sont de belles demeures à deux ou trois étages. Au centre il y a quatre rangées d'énormes platanes, très touffus, sous lesquels, malgré le soleil, on respire à l'aise.

La vieille cité escalade le coteau, sordide et puante, dédale d'étroites ruelles dans lesquelles on parvient encore par des portes. Les maisons se soutiennent mutuellement par des voûtes formant d'obscurs couloirs. Des débris de légumes, peaux d'aubergines, graines de tomates, côtes de melons pourrissent sur le pavé humide et gras. Cette partie de Gardanne est habitée par les ouvriers des mines.

Au sommet du coteau est érigée l'église; on lui a donné une banale façade revêtue en ciment, mais l'abside, à l'extérieur, est d'un caractère fruste extraordinaire, on la dirait taillée grossièrement dans le rocher. La nef est sombre et misérable.

Rien ne me retiendrait dans ce pauvre édifice, mais nous sommes à Noël et le curé de Gardanne a voulu sa crèche comme les voisins. Cette crèche remplit toute une chapelle, c'est bien la chose la plus étrange du monde pour le visiteur venu du Nord. Imaginez un rocher de papier gris portant un moulin à vent, des chalets suisses et des sapins également suisses, d'un manque de proportion réjouissant. Dans les rochers des personnages, aussi grands que les moulins, les chalets ou les sapins, se dirigent vers une grotte au fond de laquelle est l'Enfant Jésus. Il y a là un rémouleur avec son tablier de cuir, baissant la tête pour une oraison, un magistrat habillé comme ils le sont dans les opéras comiques, une laitière, une ouvrière de la ville portant un bonnet d'enfant et un panier, un pâtre portant une corbeille, un autre muni d'une lanterne et d'une fourche ; un âne va tout seul, sous un bât d'osier finement tressé, emprunté à quelque magasin de ville d'eau. Voici maintenant une fileuse avec sa quenouille, un meunier blanc de farine, un nègre dont le visage noir surgit d'un immense faux col blanc, des moutons, que sais-je encore ?

Devant la grotte semblable à un dolmen, se

tient un tambourinaire chaussé de guêtres ; à l'intérieur, sont la Vierge, vêtue d'une robe d'un bleu éclatant et d'un grand voile blanc, et saint Joseph, en justaucorps violet et ample ceinture à carreau. En tout 19 figurines dont les vêtements sont d'un fini extraordinaire, fichus, tabliers, bonnets semblent l'œuvre de fées. Toutes les femmes portent à l'Enfant divin des bonnets et des langes. Les hommes penchent le front, les agneaux bêlent. On a évidemment cherché la vie dans cette représentation anachronique de la naissance de Jésus.

Ces figurines sont l'œuvre d'artistes marseillais. On les appelle des *santons*. Elles sont en papier mâché modelé sur une armature de bois et de fil de fer. Depuis un siècle, les fabricants de *santi belli* ont doté nombre d'églises de Provence avec ces statuettes fort expressives que de pieuses dames ont ensuite habillées. Mais beaucoup de santons se passent d'ajustements mobiles, ce sont de véritables statuettes dont les vêtements sont modelés en papier mâché ou « carton romain ». Aujourd'hui le nombre des artistes est rare ; des anciens sculpteurs de santon il n'est guère resté, à Marseille, que M. François Bérard, à qui le plâtre italien fait concurrence.

L'église est sur la crête du coteau, mais non au point culminant. Un sentier conduit plus haut, près de trois tours qui furent des moulins à vent. Celle du milieu supporte une haute croix faite de barres de fer entre-croisées, d'un aspect hideux. De ce point on a une vue immense sur l'ample vallée comprise entre le Pilon-du-Roi et la Sainte-Victoire. On distingue nettement la croix placée à l'un des points culminants de cette dernière montagne, à près de 1,000 mètres d'altitude. Sous le Pilon-du-Roi, quatre nuages de fumée indiquent l'emplacement des mines de lignite du bassin septentrional de Fuveau.

Je serais resté longtemps à contempler cet ample paysage, mais il me fallait gagner Pourrières avant la nuit. Le chemin de fer m'a conduit à Trets. Cette ligne de Gardanne à Carnoules, pour laquelle on avait prévu un grand rôle militaire — car elle double la voie ferrée du littoral trop exposée aux coups de l'ennemi dans les parties en façade sur la mer, notamment à l'Estaque et à Bandol, — cette ligne est à voie unique, elle ne dessert aucune ville importante, aussi les trains, d'une vitesse modérée, laissent-ils au voyageur la facilité de voir le large passage étendu entre le mont de Cengle, la chaîne de Sainte-Victoire et les monts de Marseille semblables à des bastions et à des tours d'une hauteur prodigieuse.

On atteint la haute vallée de l'Arc par un large col bien cultivé, bordé de collines revêtues de pins et de vignes. D'ailleurs le pays est presque en entier mis en valeur ; les vignobles, jadis maîtres de tout le plateau, se reconstituent, semés de cabanons. Il y a de vastes espaces couverts de céréales, de prairies artificielles. Au fond de la vallée, pas un olivier, mais des peupliers et des saules. Cela ne ressemble guère au reste de la Provence, mais bien aux régions plantureuses du centre et de la Bourgogne. Cette opulence contraste avec les grands escarpements de l'Olympe aurélien, surgissant des pins et des oliviers.

La sériciculture a conservé quelque importance dans cette région ; le domaine du Défend, qui appartient à mon camarade de 1870, Georges Coutagne[1], ingénieur des poudres, est le théâtre d'intéressantes expériences de sélection des vers à soie, qui ont mérité l'attention et les encouragements. M. Coutagne est parvenu à produire une race de vers à soie donnant 30 p. 100 de plus

---

1. Voir *Une Année dans les Neiges* Journal d'un franc-tireur de l'armée de l'Est, par M. Ardouin-Dumazet. Paris, librairie Rouam.

que les vers ordinaires et il prévoit le moment où il obtiendra des cocons donnant le double de soie

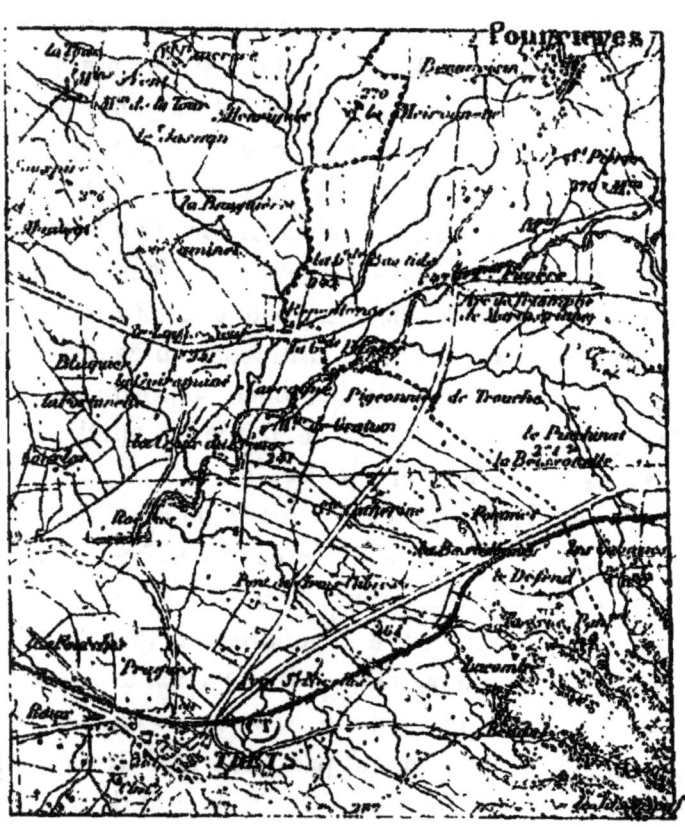

que ceux obtenus dans les magnaneries françaises. Les résultats déjà obtenus permettent de croire à ces prévisions.

D'après la tradition, cette vaste plaine, parcourue par l'Arc sinueuse, devait sa fertilité, bien exagérée d'ailleurs, aux 200,000 cadavres Teutons ou Romains ensevelis sur les bords du torrent, à la suite de la formidable bataille qui délivra la Gaule et Rome de l'invasion barbare et qui fut commencée entre Fontvielle et Tarascon, au pied des Alpilles, pour se prolonger par Aix et finir, après plusieurs jours, dans cette large vallée.

Le nom du village de Pourrières — *Campi putridi* — viendrait même de cette énorme quantité de cadavres en putréfaction dont, pendant longtemps, la plaine fut couverte. Pétrarque semble dire, au contraire, que la lutte eut lieu à Aix, aux *Eaux de Sextius*. Il montre les barbares se baignant dans les sources chaudes dont ce lieu est rempli, au moment où le combat fut engagé par quelques-uns d'entre eux. Peut-être faut-il comprendre que, pendant ces deux jours de lutte, les Romains avancèrent peu à peu jusqu'au point où la plaine est rétrécie entre le mont Aurélien et les hauteurs de la rive droite de l'Arc. Ces sommets alors couverts de bois durent arrêter les fuyards et permettre l'extermination des Teutons et des Ambrons.

La petite ville de Trets, dont les rues étroites se groupent encore dans une enceinte féodale, est au pied de l'Olympe, en vue de la plaine fameuse. Les eaux de l'Arc ont permis l'irrigation ; beaucoup de champs sont consacrés à la culture du melon, mais celle-ci émigre peu à peu du côté de Marseille. Les vignobles sont disposés en lignes régulières — les ouillères — entre lesquelles on cultive les céréales. On commence à cultiver la betterave à sucre, envoyée à Orange. D'après les historiens romains, on vit, sur les bords de l'Arc, l'année qui suivit le massacre des Teutons, les arbres couverts d'une quantité prodigieuse de fruits. Depuis lors toute la contrée est réputée, peut-être à tort, pour sa fertilité.

La route de Pourrières traverse le champ de carnage. Rien n'indique la lutte engagée il y a deux mille ans et terminée par l'extermination d'un des partis; mais à l'endroit où la route franchit l'Arc, ici torrent à sec, on remarque un massif confus de maçonnerie, pierres confondues avec le sol, encore reliées par un ciment d'une extrême dureté ; c'est la base du monument élevé par Marius sur le terrain de sa victoire. Longtemps ce trophée a résisté au temps et aux hommes, car on a le souvenir d'une tapisserie représentant une pyramide posée sur un socle et ornée de bas-reliefs. Tout a disparu aujourd'hui; une fontaine dans le bourg de Pourrières a été faite, me dit-on, avec les débris. Peut-être des recherches dans les constructions du pays ou dans le lit de l'Arc feront-elles trouver quelque vestige de ce précieux monument de l'histoire des Gaules.

Assis sur le bloc de maçonnerie dont les soldats de Marius ont disposé chaque pierre, j'avais sous les yeux toute la plaine où se heurtèrent les hordes du Nord et les Légions. Le spectacle est grandiose. Sous la chaîne régulière de Sainte-Victoire, semblable, vue d'ici, à un flot agité et pétrifié soudain, des contreforts couverts de bois dessinent un grand arc jusqu'à la rencontre des premières pentes du mont Aurélien.

En un pli de ces collines, un gros bourg entoure une église de ses toits gris, c'est Pourrières dont le nom conserve le souvenir de la féroce rencontre. Dans cette campagne couverte de vignes, semée de bouquets d'arbres et de bastides, aucun mouvement du sol n'indique les sépultures. Ici, cependant, eut lieu la dernière tragédie de cette succession de journées sanglantes, quand, après le massacre ou la prise des hommes, les légionnaires eurent à assiéger l'enceinte de chariots derrière laquelle les femmes armées se firent tuer, où il fallut ensuite détruire les chiens qui défendaient l'approche des cadavres.

Malgré moi je me prends à penser que, peut-être,

la bataille ne fut pas aussi sanglante, 150,000, 200,000 barbares tués en deux jours c'est peut-être beaucoup; même avec tous nos procédés perfectionnés, avec les masses énormes mises en mouvement nous n'arrivons pas à d'aussi terribles exterminations. Plutarque lui-même, après avoir raconté la bataille, avoue que l'on n'est pas sûr du nombre des morts; cependant, à l'en croire, les Marseillais firent enclore leurs vignes avec les ossements des Ambrons et des Teutons. Les Marseillais de ce temps-là aimaient déjà les *galéjades*.

Les vignes établies au pied des bois de pins n'ont aucune clôture d'ossements; elles n'ont même pas de clôture du tout. Elles forment sur le ton fauve des chaumes des taches géométriques. Par leur vigueur elles donnent une idée de ce que doit être l'admirable plaine au printemps.

Longtemps je suis resté sur les ruines du monument de Marius; l'heure avance et je n'aurais plus de train avant la nuit. Je suis parti à pied, malgré la chaleur ardente, abandonnant Pourrières pour Pourcieux. Ce dernier point est un mince hameau entouré de vignes et d'oliviers, presque au fond du vallon de l'Arc. La route le traverse, puis, côtoyant de haut le chemin de fer, s'élève sur le petit col séparant les bassins de l'Arc et de l'Argens et sous lequel le chemin de fer passe par un tunnel.

Du sommet de la côte la vue est superbe sur une ample plaine, verte de prairies et de vignes et jaune de chaumes. Au milieu du bassin s'étend une ville qui surprend par un immense édifice gothique. Nous ne sommes plus en Provence, ici! C'est Chartres, c'est Beauvais, c'est Sens! Nulle part ailleurs, dans le Midi, on ne voit église aussi vaste dominant d'aussi haut les toits d'une cité. La nuit tombait quand je suis entré dans la petite ville de forme régulière; ma première visite a été pour ce monument ogival, le plus grand et le plus beau de la Provence, où l'art gothique n'eut jamais son entier développement. Et sous les hautes voûtes des trois nefs restées inachevées, je me suis cru de nouveau dans une des cathédrales du Nord, où la foi des aïeux sut merveilleusement faire jaillir et fleurir la pierre.

L'admirable église fut construite pour abriter le tombeau de Marie-Madeleine, retrouvé ici, dit la légende, en vue de la Sainte-Baume, où la pécheresse était venue se réfugier. L'église n'a point été achevée; elle n'a pas reçu de façade, mais les pèlerins n'ont pas cessé de la visiter.

Saint-Maximin les voit arriver en grand nombre chaque année. Sa gare est toujours entourée de voitures qui conduisent les fidèles et les touristes à la Sainte-Baume, sanctuaire fameux dans tout le Midi.

XIX

DU CARAMY A L'ARGENS

De Saint-Maximin à Tourves. — Les lacs de Tourves. — Brignoles. — Plus de pruneaux. — Concours de romances — Le Caramy. — Camps. — La vallée de l'Issole. — Besse et son lac. — La plaine du Luc. — Vidauban. — La perte de l'Argens. — Les Arcs. — Les cascades de la Nartuby. — Draguignan et ses campagnes.

Draguignan. Août [1].

Les trains ne sont pas nombreux sur le chemin de fer de Brignoles et la chaleur est telle en cette saison que les autres moyens de locomotion sont impraticables. Le premier convoi passe à Saint-Maximin à 4 heures et demie ; il est commode pour aller à Brignoles, mais je ne verrais pas Tourves.

En partant à 3 heures cependant ? Va donc pour 3 heures. Le jour pointait à peine lorsque j'ai quitté Saint-Maximin pour m'engager sur la grande route. L'air était vif et réconfortant, l'aube

---

[1]. Cette excursion dans les Bouches-du-Rhône et le Var a été accomplie en deux fois, en août et en décembre, ceci dit pour expliquer les interversions de dates.

exquise. On traverse la plaine plantée d'oliviers
et de mûriers, puis on atteint un chemin défoncé,
piste négligée par le service vicinal du Var et les
ponts et chaussées. Ce méchant passage fut cependant une des routes les plus célèbres du monde
entier, la voie Aurélienne, dont les paysans ont
conservé le souvenir par le nom de *camin Aourelian*
donné à divers tronçons encore bien apparents.
La chaussée romaine se confond plus loin avec
la route, montant et descendant des collines rocheuses, boisées de chênes, entre lesquelles s'allongent de petits vallons verdoyants, cultivés en
vignes et en prairies artificielles. Bientôt apparaissent des ruines d'un effet magique; éclairées
par le soleil levant, elles se détachent avec une
inexprimable netteté sur le bleu du ciel. Au-dessous, dans les arbres, une chapelle, une statue de
la Vierge couronnant un rocher, une petite ville
bien mignonne paraissant endormie.

De près, le site est encore charmant, les ruines
perdent de leur aspect majestueux. Ce n'est point
un château féodal qui gît là-haut, mais une sorte
de temple antique à colonnade, précédé d'un obélisque, demeure d'un comte de Valbelle qui avait
bâti une habitation romaine de fantaisie. La Révolution a réduit la noble et pimpante demeure à
l'état où elle est aujourd'hui. Avec les grands ro-

chers, les prairies, les pentes boisées, Tourves est un des coins de Provence dont on garde le plus heureux souvenir. Il y a même trois lacs, dit-on; je n'en ai vu qu'un, nappe gracieuse, encadrée de roseaux, ou plutôt lac de roseaux avec trois creux d'une eau transparente. Il dort à la sortie du bourg, dans une jolie vallée, au pied de petites montagnes revêtues de pins.

J'ai pu voir le lac et revenir à travers Tourves jusqu'à la gare prendre le train pour Brignoles; à 5 heures et quart, je débarquais dans cette petite sous-préfecture, si riante de loin avec les cabanons et les villas semés dans la plaine.

Brignoles dort encore. Je puis la parcourir dans tous les sens sans rencontrer âme qui vive. L'intérêt de la ville est médiocre, sauf quelques vieilles maisons et les débris du palais des comtes de Provence, dénaturés par leur transformation en sous-préfecture, on ne trouve rien à signaler. Au point de vue économique, c'est bien pis, il n'y a guère d'industrie, les brignoles, qui furent la réputation de la petite ville, se font maintenant dans les Basses-Alpes[1].

Mais Brignoles a la place Caramy, bornée de grands cafés, de beaux platanes et d'une fontaine

---

1. Voir le chapitre XIII.

jaillissante toute moussue, d'où l'eau fraîche tombe avec un bruit charmant. L'hôtel de ville borde un des côtés ; en ce moment il est gardé militairement par le poste d'un régiment de passage.

N'ayant rien à faire, je lis les affiches. Elles me renseignent sur les coutumes de la ville, dont c'est la fête dimanche prochain. Parmi les réjouissances annoncées, il y a des concours de chansonnettes, de déclamations et de romances, le prix est de 10 fr. Il y aura encore un concours de boules ferrées et des joutes « sur Caramy ».

Caramy, c'est la rivière du lieu ; je vais à sa recherche : elle coule sous les arbres d'un mail superbe, mais elle est bien sale et puante ; je plains les jouteurs s'il tombent dans cette vase accumulée devant les tanneries ! Des ouvriers sont en train de faucarder les herbes pour permettre d'apercevoir le flot. Dans les poches d'eau et sur les petits rapides, les poissons jouent par myriades.

Je reviens en ville, cherchant, en désespoir de cause, quelque détail nouveau, mais sauf l'élégante courbure des cintres de porte, rien ne retient le regard dans ces rues banales. Les magasins s'ouvrent peu à peu. A 7 heures, j'ai tout vu, mon déjeuner est achevé et il n'y a pas de train avant les approches de 11 heures. Je n'y ai plus tenu, mes bagages ont été expédiés à Draguignan par le chemin de fer et, malgré le soleil déjà chaud, je me suis remis en route pour Besse.

On remonte un affluent du Caramy, entre des collines aux formes heureuses, plantées de vignes et d'oliviers, dominées par de petites montagnes rocheuses aux formes hardies, bien découpées, boisées de pins et de chênes. Ce défilé donne accès dans la petite vallée de Camps, cultivée en vignes et en céréales. Le village est industrieux, il a plusieurs fabriques de chapeaux de feutre ; la campagne est travaillée avec soin, plantée d'oliviers et de mûriers. Elle finit à un massif rocheux, dans lequel la chaleur est torride, mais ce passage est court. Voici la vallée de l'Issole, Forcalqueiret sous une colline fièrement couronnée par un château, au sein d'un immense vignoble, prolongement des plantations de Roquebrussanne. Désormais, c'est exquis. L'Issole coule limpide entre de grands roseaux, sous des arbres touffus, rit sur des graviers, s'apaise en des bassins bordés de laveuses ; à Sainte-Anastasie, elle coule sous une arche élégante et, de nouveau serrée par les collines, toujours riante, elle gagne le bassin de Besse si frais et vert.

Ah ! l'aimable petite ville, où la Provence s'est

faite si joyeuse ! Le soleil est brûlant, car il est plus de 10 heures, mais les arbres sont nombreux, l'Issole répand partout la fraîcheur et Besse s'étend au bord d'un lac, ou plutôt d'une grande vasque d'eau très profonde, pure et limpide. Les hauteurs boisées s'y reflètent, les édifices s'y mirent ; dans ce pays du soleil, c'est une surprise heureuse.

Le lac, alimenté par des sources invisibles, envoie ses eaux à l'Issole, courant là-bas dans la vallée fertile. Un moment j'ai songé à redescendre ce val pour aller rejoindre la vallée de l'Argens à Carcès, mais par cette chaleur torride l'entreprise est bien faite pour effrayer. D'ailleurs, j'ai fait bien des lieues depuis ce matin !

Et bourgeoisement j'ai pris le train pour Carnoules.

Les régions traversées depuis la Durance sont bien méridionales d'aspect vers Manosque, vers Valensole, dans la vallée du Caramy, et cependant l'arrivée à Carnoules me paraît un Midi plus méridional encore. L'air est plus transparent, plus vibrant ; dans les champs, aux flancs des coteaux, il y a des plantes et des arbres jusqu'ici inaperçus ou présentés en rares exemplaires. Maintenant c'est une profusion d'arbustes au port africain.

La gare même de Carnoules est délicieuse avec ses splendides lauriers-roses en pleine terre, ses rosiers géants tapissant les constructions banales de la station.

Si l'on remonte vers le nord par le chemin de fer de Nice, cette impression s'efface, de nouveau on se trouve au milieu des oliviers, des mûriers et des vignes, des oliviers surtout. La plaine et les vallons traversés à toute vitesse par le train sont une véritable forêt de ces arbres. Vers l'est, des coteaux, puis des collines et enfin des montagnes aux belles formes sont couvertes d'un admirable rideau de chênes-lièges, de châtaigniers et de pins. Tous les bourgs traversés par la voie font commerce de liège et de bouchons : Gonfaron, le Luc, le Cannet, vivent par l'exploitation de ces forêts sombres qui se détachent si nettement sur le bleu éclatant du ciel.

Après une course rapide dans l'immense plaine, le train stoppe à Vidauban. Je descends déjeuner dans ce gros bourg d'où je pourrai me faire conduire à la perte de l'Argens. Vidauban se compose d'une ville neuve, large voie bordée de belles maisons, d'auberges et de magasins, d'une vaste place ornée d'un hôtel de ville et d'un vieux village primitif, bâti au pied d'un coteau. La route de Lorgues sert de promenade, plantée d'énormes platanes bizarrement déjetés, dont les troncs se penchent sur la voie ou se tendent contre les maisons. Elle franchit l'Argens dans un site riant ; le petit fleuve forme un joli méandre d'eaux claires sous de grands arbres : frênes, peupliers, ormes et saules. Tantôt il est un torrent bruyant, tantôt un lac endormi. De ce point on a une vue étendue. Au-dessus de Vidauban se dresse un mamelon conique couvert d'oliviers et coiffé d'une chapelle, d'autres collines aux formes arrondies, boisées de pins, lui font cortège. Au bord de l'Argens, dans les champs et les prés, la végétation est d'une rare opulence ; dans les terres rouges et fortes, le mûrier atteint des proportions étonnantes. Nulle part on n'en trouverait de plus beaux ; il est la fortune de la contrée, toutes les fermes sont des magnaneries, beaucoup de maisons de commerce se livrent à la sélection des graines de vers à soie[1].

Le fleuve vient de franchir la partie la plus curieuse de sa vallée si pittoresque et lumineuse, la plus riante et la plus fraîche des vallées provençales, grâce à la limpidité du ciel, à l'abondance des eaux, aux formes heureuses des montagnes sur lesquelles les eaux des pluies se filtrent pour

---

1. Voir, sur cette industrie, la 11ᵉ série, chapitres XI et XII.

aller former les bassins mystérieux où s'alimentent les *foux* transparentes. Il s'est tordu en méandres, il est tombé en cascades d'un rocher de 10 mètres de hauteur dans une sorte d'abîme ; plus bas, l'Argens passe sous deux voûtes de rochers, ponts naturels revêtus de stalactites, restes d'un tunnel creusé par les eaux et dont le milieu s'est effondré. Les eaux, les roches superbement patinées, les broussailles suspendues sur le précipice, la spendeur du ciel font de cette *perte de l'Argens,* un fort beau site. Dans les parois de la fissure sont creusées des grottes ; l'une d'elles a été transformée en chapelle.

Ce petit fleuve, le plus beau et le plus intéressant, après le Rhône, de ceux qui aboutissent à notre littoral méditerranéen, est trop peu connu. Son cours, de 106 kilomètres, présente en petit tous les phénomènes des grands cours d'eau. Comme le Rhône, il a ses défilés, sa perte, ses plaines opulentes ; comme lui, il finit par des marais, dans un golfe qu'il a comblé, éloignant de la mer le port romain de Fréjus ; ainsi le Rhône, en colmatant les étangs, a supprimé le rôle maritime d'Arles.

La chaleur, excessive en cette saison, dans ces gorges profondes, ne m'a pas permis de remonter bien loin ; après ma visite au pont naturel, je me

suis fait conduire aux Arcs, gros bourg régulier
bâti au pied d'un château ruiné. Aux flancs du
coteau, la vieille cité féodale ; au-dessous, un vaste
quartier neuf. On apprécie surtout les grands
platanes ombreux, sous lesquels on échappe à
l'impression de fournaise d'une après-midi d'août.

La campagne est belle, au-dessus des Arcs ; les
collines sont boisées de pins ; dans la vallée les
vignes et les mûriers donnent une autre gamme
de vert ; en face, vers le sud, se dressent, sombres, les croupes boisées des Maures, au sommet
desquelles semble commander encore la citadelle
sarrasine de la Garde-Freinet[1].

Des Arcs part le chemin de fer de Draguignan,
ligne aux fortes rampes, où le train va lentement
entre les oliviers et les mûriers en présentant
longtemps une admirable vue sur la riche plaine
du Muy et la chaîne des Maures, puis il descend
dans la vallée de la Nartuby, couverte d'oliviers.
La Nartuby est la rivière de Draguignan ; en cette
saison sèche et brûlante, elle roule encore de l'eau,
chose rare en Provence. Comme l'Argens, elle
tombe en cascades ; de chute en chute, elle va
s'engloutir sous le village de la Mothe dans un
gouffre de cent pieds, me dit un compagnon de

---

1. La région des Maures sera décrite dans la 13ᵉ série.

route en me voyant consulter la carte. Et il me fait en style imagé la description du *Saut du Capelan* ou chute du Curé. Elle a dû frapper bien des visiteurs, car les officiers qui ont fait le levé de la carte d'état-major, lui ont donné le nom de cataracte, tout comme aux chutes du Zambèze et du Niagara.

La Nartuby n'offre pas seulement cette *cataracte*, elle a des chutes dédaignées par les topographes et, à l'entrée du bourg de Trans, des *cascades* fort pittoresques. Pendant la saison des pluies, la vallée doit être fort curieuse à visiter.

On traverse la rivière en un point où elle ne daigne pas offrir de spectacle aux voyageurs du chemin de fer et, peu après, on atteint Draguignan, très modeste ville dont on a fait le chef-lieu du Var pour ne pas laisser un préfet civil à côté du préfet maritime et militaire de Toulon. Saint-Lô vis-à-vis de Cherbourg, Quimper vis-à-vis de Brest ont de même obtenu la prépondérance civile. En réalité Toulon, avec ses 100,000 âmes, ses rues animées, sa rade, est le véritable centre du département ; aucun de nos grands ports de guerre n'a une influence aussi incontestée sur le reste du territoire administratif.

Malgré cet effacement, Draguignan n'en est pas moins une ville charmante, grâce à l'abondance des eaux et des ombrages. La Nartuby arrose ses jardins, des *foux* alimentent ses nombreuses fontaines. Les allées d'Azémar, entourant un beau jardin anglais, sont dignes d'une grande ville ; les boulevards, ombragés de marronniers et de

platanes, donnent une impression de richesse et de vie qui disparaît bientôt lorsqu'on pénètre dans les rues tortueuses et en pente de la cité primitive. Mais ces rues ont çà et là de vieux hôtels et elles aboutissent toujours aux avenues ombreuses et aux jardins fleuris. La ville s'accroît peu rapidement. Le séjour du préfet et des administrations, la cour d'assises, la présence d'un régiment d'infanterie n'ont pas suppléé au défaut d'industrie.

Draguignan aurait pu se développer en attirant les touristes, si l'éloignement de Paris et des grandes villes du Nord n'empêchait les visiteurs de venir dans cette admirable contrée des Alpes de Provence où l'on trouve, dans les sites les plus grandioses, bien des phénomènes de la nature que l'on va chercher à l'étranger. Les vallées de l'Argens et de la Nartuby, celle de l'Artuby, plus au nord, abondent en paysages de premier ordre. Les villes des environs, telle Lorgues, sont fort curieuses. On trouverait malaisément des excursions comparables à celles que l'on peut accomplir aux environs de Draguignan. Mais les promenades sont rendues pénibles par l'excessive température pendant la saison des vacances. Le soleil est terrible dans les plaines, suffocant dans les gorges. En dépit de mon ardeur, je ne me sens pas le courage de faire une exploration complète du pays. Je m'étais proposé d'aller à Grasse en faisant à pied une partie du trajet; j'y renonce, pour prendre le chemin de fer, en coupant le parcours par des arrêts dans les sites qui me séduiront.

XX

DE DRAGUIGNAN A GRASSE

Le chemin de fer du Sud. — Le troisième rail. — Les canons de bois de Figanières. — Callas. — Les premiers palmiers. — De Saillans à Fayence. — La culture de la menthe. — Callian et Montauroux. — La distillation de la menthe. — Le pont de la Siagne. — La culture des fleurs. — Arrivée à Grasse.

Grasse. Août.

En allant hier soir à la gare de Draguignan, une affiche et un écriteau m'ont frappé. L'affiche annonçait un concours de romances — comme à Brignoles, — l'écriteau placé à la porte d'un magasin était ainsi conçu : « *Je suis à la brasserie à côté.* » Heureux pays où l'on met la poésie en adjudication, où l'on va quérir les commerçants sur la terrasse des cafés, à l'ombre des platanes !

Draguignan a deux gares, l'une de l'autre voisines. Tandis que la station du P.-L.-M. finit en impasse, celle du Sud est gare de passage. La ligne venant de Meyrargues par Barjols et Salernes[1] a traversé les collines de roches fulgurantes d'Entre-

---
1. Voir chapitre XVI.

casteaux boisées de broussailles, puis les plaine-
fortement plissées et ondulées, revêtues d'oliviers,
au milieu desquelles s'étend la petite ville de
Lorgues si intéressante par ses édifices. De là,
escaladant les pentes boisées, courant parmi les
figuiers et les oliviers au flanc de petits vallons
remplis de bastidons, elle est parvenue sur la colline où Flayosc groupe régulièrement ses maisons
autour de l'église, rapidement elle est descendue
au flanc d'une haute colline d'où la vue sur Draguignan est superbe, faisant présager les paysages
d'un si grand caractère que l'on va traverser jusqu'au Var.

Au départ de la ville, le chemin de fer de Nice
frappe par sa disposition inattendue. Il n'y a
qu'une voie, mais elle a trois rails. Deux sont
luisants, indiquant une circulation active, le troisième est rongé de rouille, on voit qu'il n'est jamais utilisé. Cette bizarrerie tient au rôle stratégique de la ligne En cas de guerre, le chemin de
fer du littoral entre Toulon et Nice serait fort
exposé, comme il l'est d'ailleurs depuis la sortie
du tunnel de la Nerthe jusqu'à Toulon. Il suffi-
rait de quelques obus lancés par un croiseur pour
détruire la voie partout où elle longe le rivage
l'envoi de renforts ou d'approvisionnements à nos
troupes des Alpes-Maritimes deviendrait dès lors

difficile, même impossible. Déjà le chemin de fer d'Aix à Gardanne et à Carnoules, se rattachant à Rognac et à Avignon sur la grande ligne, permettait d'atteindre Toulon ; mais entre Carnoules et Nice rien de semblable. Le chemin de fer du sud de la France ou Central-Var, a été conçu à voie étroite, avec de fortes rampes et des courbes de faible rayon, les trains militaires ne pouvaient le suivre, il fallait décharger les wagons. On eut l'idée de disposer un rail pour le cas de guerre, les expériences faites ont prouvé que l'on pouvait faire circuler le matériel des grandes lignes malgré les pentes et les courbes. On a donc établi le troisième rail de Draguignan à Nice, souvent même il y en a quatre, mais on ramène partout le type à trois rails. Des quais de débarquement ont été construits et l'on peut espérer qu'un train partant d'Avignon pourra aller par Aix, Carnoules, les Arcs, Draguignan et Grasse jusqu'à Nice. Combien il aurait été plus simple de construire à voie normale une ligne du Rhône au Paillon ! Il eût été facile de doubler les voies, chose impossible maintenant. Les services à rendre par le chemin de fer à trois rails seront toujours des plus aléatoires.

Le wagon roule donc sur deux de ces rails. C'est une belle voiture très longue, à couloir central, avec balcon à l'avant et à l'arrière. De ce balcon la vue est complète sur le terrain parcouru. En quittant Draguignan on aperçoit un instant les Maures par-dessus les collines boisées de pins bordant l'Artuby et l'on commence l'ascension des pentes boisées de la montagne de Draguignan. Là-haut des pins, en bas des mûriers et des oliviers. Dans ce grand paysage, le chemin de fer se tord, dominé de haut par la route nationale. La première station, Figanières, est dans un beau site. Pour donner plus de fierté aux collines, un brave homme s'est construit un donjon peint en rouge : il l'a couronné de créneaux aigus et l'a armé de canons en bois.

La voie serpente maintenant par des gorges profondes, auxquelles les grands oliviers aux troncs moussus font un manteau bleu ; les collines régulières, les pitons aigus forment un décor toujours changeant, borné au loin par les lignes sombres de l'Esterel. Au sortir d'un tunnel, apparaît, perché sur une colline rocheuse, telle une citadelle, le bourg de Callas, et l'on découvre un vallon très encaissé et d'une fraîcheur inattendue. Sur l'autre versant, un village campé au sommet d'une colline isolée, sous un château en ruines, semble barrer le passage. Les montagnes sont hautes, des pins se dressent au sommet, des oliviers à la grande ramure couvrent les pentes, des prairies d'un vert doux tapissent le fond. Sur la colline, ceint de tours et de remparts ruinés est le bourg de Bargemon; au-dessous, dans le val, est bâti un château ombragé de platanes; dans le parc des palmiers se balancent, un grand aloès dresse

D'après la carte de l'État-major au $\frac{1}{800,000}$

sa hampe fleurie. Palmiers et aloès sont les premiers rencontrés dans cette excursion; ils annoncent les magnificences végétales de la côte et évoquent pour moi le souvenir d'heureuses années passées en Algérie[1]. Je ne les aperçois pas sans une émotion profonde.

---

1. L'auteur a publié sur ce séjour en Algérie un volume : *Études algériennes*. Paris, librairie Guillaumin.

Cette vallée de Bargemon est un des coins les plus chauds de la Provence. Les montagnes de Pierrion, de Blac-Meyanne, de Gourdon, dépassant 1,000 mètres d'altitude, l'abritent des vents du nord, leurs contreforts emprisonnent de leurs hautes arêtes le bassin bien arrosé. Le chemin de fer décrit dans le val une courbe extraordinaire, permettant de contempler sous tous ses aspects ce site si riant et frais. Il s'élève parmi les oliviers, dépasse le village de Claviers et permet d'apercevoir au loin les cimes de l'Esterel, sombres sur le ciel bleu.

Une vallée très profonde se creuse au-dessous de la voie, remplie de terrasses plantées d'oliviers et de bouquets de pins. Le paysage est d'une inexprimable splendeur. A chaque tour de roue sa beauté s'accroît ; la vue s'étend, les rochers prennent des formes plus majestueuses. C'est un continuel enchantement. Un tunnel vient un instant faire taire l'admiration, mais à la sortie la vue est plus magique encore sur les monts sombres illuminés par le couchant, les vallées profondes où les oliviers bleus semblent baignés dans des vapeurs transparentes. On descend avec une rapidité vertigineuse ; la course dans ces campagnes est une féerie. C'est bien le Midi, sa lumière, ses horizons, ses lignes pures, mais il y a partout de l'eau ; les oliviers, devenus de grands arbres, sont couverts de lichens comme les pommiers de Normandie ou les sapins des Vosges. Et ces arbres couvrent des collines à la silhouette classique, placées comme des éperons en avant de la chaîne. Sur l'un de ces éperons, couvrant les deux côtés, est le bourg de Saillans ; en face s'étend Fayence où je veux passer la nuit.

Le désir me prend de courir par cette belle campagne sous les oliviers. Je quitte le train à Saillans pour mieux suivre la grande route. La chaleur est forte encore, mais le soleil ne tombe plus d'aplomb ; déjà, au bord des fossés, on voit l'herbe se relever. Le chemin descend au flanc d'un vallon et remonte vers la ville, disposée en demi-cercle autour du rocher où s'éleva sans doute une forteresse. De près la ville est peu de chose, c'est un gros village, la moitié de ses 1,800 habitants résident dans les fermes et les hameaux. Quant aux poteries qui nous auraient valu le nom de *faïence*, on en chercherait vainement trace, aucune n'existe, il n'en exista jamais. Cela n'empêche pas nombre d'auteurs de signaler ce bourg comme la patrie de la vaisselle de terre !

Au point du jour j'étais debout, pour éviter la chaleur torride de la veille. Je veux monter à

Callian et Montauroux, puis prendre le premier train du matin pour Grasse. On suit d'abord la grande route, déserte à cette heure. Sous les oliviers la fraîcheur est exquise, mille parfums viennent des campagnes lointaines. Beaucoup de fermes sont semées dans les champs. Sur un mamelon, près d'un hameau nommé le Pavillon, sont une série de petits bâtiments carrés d'un blanc de neige, au sommet un château semble ruiné, mais lui aussi est tout blanc. Est-ce encore une fantaisie comme le donjon rouge de Figanières?

Le paysage devient plus varié, les cultures sont nombreuses, on fait des primeurs surtout, il y a beaucoup de récoltes de haricots tardifs. Au milieu des carrés de légumes sont des champs de menthe; on devine les approches de Grasse, la cité des parfumeurs. Beaucoup de ces carrés sont d'une teinte violet sombre, on les reconnaît à cette couleur dans l'ample plaine ondulée bordant le Riou Blanc et dominée par les deux bourgs d'allure militaire de Callian et de Montauroux.

Un chemin monte à Callian, village fort curieux, bâti au pied d'un château en ruine, dont l'aspect est trop régulier pour ce village si fièrement assis sur sa colline; contournant un large vallon, il aboutit à la plate-forme régulière, carré presque parfait sur lequel s'est construit le bourg de Montauroux, petit centre très vivant, où déjà l'on distille les fleurs; une maison de Vallauris y possède des alambics pour la production de l'essence de menthe. Les huiles et les vins donnent lieu à un commerce important. Des abords du bourg, la vue est superbe sur la large vallée du Biançon (ou Riou Blanc) jusqu'à l'endroit où ce torrent pénètre dans la gorge par laquelle il atteint la Siagne. Au fond du tableau, masquant la mer, se dressent les croupes sombres de l'Esterel.

Lentement je suis descendu jusqu'à la gare, le soleil déjà chaud faisait monter les parfums puissants de la menthe. A plusieurs endroits cette culture aromatique est presque continue.

Au loin le train accourt, j'y prends bientôt place et nous voilà partis dans un véritable maquis, en franchissant de profonds ravins descendant à la gorge sombre où se tord le Biançon. Près d'un château une halte dessert une commune de l'Esterel, Tanneron, qui ne renferme aucun village de ce nom sur un territoire de 6,000 hectares couvrant presque en entier un immense massif boisé de pins et de chênes-lièges. Et aussitôt on descend avec une rapidité extrême, voyant s'ouvrir devant soi une fissure profonde et, brusquement, le train est au-dessus d'un abime de

77 mètres. Au fond coule un torrent clair, c'est la Siagne; le pont par lequel on franchit le cañon a 300 mètres de longueur. C'est une apparition, mais elle laisse une vive impression. On monte au flanc d'un ravin, on traverse un tunnel et l'on pénètre dans le bassin de Grasse en parcourant une véritable forêt d'oliviers, de ces grands et beaux arbres si peu semblables aux oliviers d'Aix et du Gard.

Sur un rocher se dresse un village, au-dessous descendent des terrasses supportées par des murailles de pierres sèches jusqu'à une large plaine où, plus hauts que les oliviers, se dressent de grands cyprès noirs dont la pyramide est supportée par un tronc gris et droit.

Ici, à Peymeinade commence en grand la culture des fleurs pour Grasse. En cette saison la récolte est achevée, il n'y a guère que le jasmin à cueillir, mais nous sommes en plein travail; autour même de la station, des femmes en vêtements clairs ramassent les étoiles blanches, éclatantes dans la luisante verdure des petits arbustes. Les maisons, dans la campagne, sont des villas; elles se succèdent entre les grands oliviers à la ramure légère qui tapissent les flancs des ravins et abritent les touffes de violettes plantées régulièrement comme les choux dans nos jardins du

Nord. Dans les clairières, les champs de jasmin se suivent, toujours remplis d'ouvrières travaillant avec une hâte fébrile à remplir de grands paniers que l'on vide sur des voitures à caisses, vastes comme des tombereaux. Le train court dans cette campagne parfumée, passe au-dessous et en vue de la caserne des chasseurs alpins, troue un coteau par un tunnel et l'on aperçoit enfin, toute blanche, étagée en amphithéâtre sur une montagne couverte de verdure, la ville de Grasse tout là-haut, bien au-dessus de la station.

Et dès que l'on est arrêté, dès que l'on a mis le pied sur le quai de la gare, on est saisi par une odeur pénétrante, faite de menthe, de jasmin et de tubéreuse, s'élevant des usines qui traitent la récolte de la saison.

XXI

LES PARFUMS DE GRASSE

Les gares de Grasse. — Les carretons. — Une ville-labyrinthe. — Le quartier des étrangers. — Fragonard et Bollaud de la Bellaudière. — Visite aux champs de fleurs. — Jasmins, tubéreuses et résédas. — Une fabrique de parfumerie. — L'enfleurage. — La distillation. — Les huiles et les pommades. — La corniche de Grasse. — De Grasse au Var. — Bar. — Le viaduc du Loup. — Vence et son évêché. — Saint-Jeannet. — Le Var. — Arrivée à Nice.

Nice. Août.

Les gares de Grasse, car là encore il y en a deux, comme à Draguignan, sont au bas, tout au bas de la ville, celle du Sud ayant eu cependant la bonne pensée de s'élever à quelque 100 mètres au-dessus de l'autre. Dans la cour, pas un omnibus; pour ce train de banlieue, les hôtels se sont bornés à envoyer des *carretons*, c'est-à-dire des voitures à bras pour prendre les bagages des voyageurs. Quant à ceux-ci, on se borne à leur montrer une ruelle montante qui les conduira en ville. Cela s'appelle l'avenue des Capucins. Elle est parfois en corniche au flanc de la colline, sur laquelle s'étage la vieille cité. On m'a conseillé de la suivre, de tourner à droite, de tourner à gauche, puis à droite encore. Séduit par l'ample beauté du paysage, par la splendeur de ces horizons, des campagnes fleuries, de la mer éclatante, de l'Esterel aux roches fulgurantes, j'oublie les indications du conducteur de *carreton*. Voici une porte à l'entrée d'une étroite ruelle, je la franchis et, machinalement, je gravis cette voie dont la pente ne permettrait pas à la moindre charrette de grimper. Je sais le quartier des hôtels dans la partie haute, en montant j'arriverai toujours. Mais les rues s'enchevêtrent, se coupent, finissent en impasses, redescendent, se transforment en escaliers, en boyaux affreusement pavés. J'y mets de l'amour-propre, ne demande mon chemin à personne et vais de ruelle en ruelle, entre les hautes maisons longées par des trottoirs ridiculement étroits. Voici enfin un espace horizontal, des arbres, une fontaine, un marché. Suis-je donc arrivé? Hélas! non : de nouveaux couloirs obscurs, des culs-de-sac, des voûtes, des marches; on se croirait dans une ville enchantée. Et malgré le dépit éprouvé, malgré l'odeur fade, presque écœurante des fleurs dont on a extrait le parfum subtil et qui s'entassent sur quelques points, c'est vivant et fort pittoresque.

Je débouche sur une rue un peu plus large, ce qui ne lui donne pas de grandes dimensions, elle s'appelle la rue Droite, mais n'en est pas moins fort tortueuse ; en désespoir de cause, je remonte cette artère sombre, dans laquelle sont de beaux magasins ; voici un boyau plus droit, la rue du Cours, et des arbres au bout. C'est le *Cours*, sans lequel il n'est ville en Provence, mais un cours tel que n'en possède aucune autre cité, dominant immédiatement un jardin public, un large vallon rempli de palmiers, d'orangers, de mimosas, de lauriers-roses, descendant jusqu'à la mer, aux rivages fleuris de Cannes. Là-bas la grande Bleue, les îles, l'espace sans bornes !

Du Cours, un escalier conduit sur le boulevard du Ballon, bordé de grands arbres. Là sont les cafés et les hôtels, là stationnent les voitures Alors que toutes les autres villes du Midi ont quitté l'aire féodale où elles s'abritaient pour descendre dans la plaine, Grasse, au contraire, est montée au-dessus des constructions anciennes, elle a accroché les quartiers modernes au flanc du Roquevignon ; là elle étend ses avenues bordées de villas, ombragées de palmiers, embaumées par toute la flore de France et la flore des tropiques. Ces quartiers neufs ont pour centre la puissante source ou *foux* qui fit naître la ville, et si longtemps assura sa richesse. Malgré l'abondance des eaux, la foux de Grasse est insuffisante pour le développement de la culture des fleurs, on a dû aller chercher au loin, par un canal, les eaux du Loup.

Les deux villes, celle des boulevards et de la Corniche et la vieille cité aux rues inégales et tortueuses ne se confondent pas. La première appartient aux étrangers et à la population de maîtres d'hôtels, de garçons, de guides, vivant d'eux. La seconde est aux indigènes; elle ne s'est guère modifiée depuis le moyen âge. Là seulement, les habitants des environs viennent faire leurs emplettes. Même les plus luxueux magasins ne sont pas sur les rares placettes ombragées : du Marché, place aux Aires, place du Grand-Puy, mais sur les rues à pentes raides et étroites comme des corridors.

Un ami a bien voulu me faire les honneurs de Grasse, il me conduit voir les curiosités de la ville : la cathédrale, semblable à une citadelle féodale; l'hôtel de ville, ancien évêché, flanqué d'une tour, romaine dit-on; puis les tableaux de Fragonard, conservés dans une maison particulière. Le propriétaire est en deuil, dès lors il ne peut nous montrer les gaillardises de l'artiste dont Grasse s'enorgueillit. A défaut des tableaux, nous allons voir le buste du peintre, puis celui de Bellaud de la Bellaudière, un félibre d'avant le félibrige, il vécut de 1532 à 1588; les cigaliers et les félibres de Sceaux avec « *li gent de soun endré* » lui donnèrent ainsi la popularité posthume.

Et toujours le puissant parfum des distilleries d'essences venait à nous. Mon obligeant guide voulut bien me piloter encore dans la visite de cette industrie.

— Nous commencerons par les champs, me dit-il. Vous n'aurez pas le merveilleux spectacle de notre campagne pendant la floraison des violettes et des roses, mais on récolte encore le réséda, le jasmin et la tubéreuse, vous pourrez donc comprendre comment on produit la fleur nécessaire à notre industrie.

Nous avons suivi une adorable route parmi les orangers, jusqu'au fond du Grand-Vallon. Dans la ville même, entre les villas, sont des petits champs de jasmin. Non la plante grimpante, liane embaumée, au feuillage sombre et aux petites fleurs des pays du Nord, mais un arbuste ayant de 70 à 75 centimètres de hauteur seulement, dont les branches sont tendues sur des roseaux. Ce jasmin est greffé sur un sauvageon ramassé dans les forêts, où il abonde, ou importé de la

Rivière de Gênes. La plante, dans sa partie supérieure, ne vit qu'un été, on la recèpe à l'automne et la souche est recouverte de terre. La floraison est superbe, la fleur est grande comme une pièce de deux francs, d'un parfum exquis et puissant. Une femme peut en ramasser de 1 à 2 kilogr. par

jour. Chaque pied peut donner au plus 2 kilogr. pendant la saison, et il faut 100 kilogr. pour donner 12 grammes d'essence seulement.

En ce moment, la cueillette est active; elle doit se faire avant 11 heures du matin ou de 5 à 7 heures du soir; des femmes et des fillettes travaillent d'une façon fébrile, la tête couverte d'un ample chapeau. La plupart, une sur dix, sont des Piémontaises. Elles arrivent chaque année par milliers, en décembre, pour la récolte des olives, amenant tous leurs enfants en âge de travailler. Elles s'installent par 12 ou 15 à la fois dans une chambre, vivent avec l'économie la plus stricte et peuvent ainsi rapporter dans leurs montagnes de Gênes ou de Coni la plus grande partie de leur salaire, qui atteint de 1 fr. à 1 fr. 50 c.

Après la cueillette des olives, à partir de février, elles sont employées à la récolte des violettes, celle-ci se prolonge en mars. Après trois semaines pendant lesquelles aucune fleur n'est cueillie, de mai à mi-juin, on cueille la rose et la fleur d'oranger; à partir de juillet commencent le jasmin et la tubéreuse; en août vient le tour du réséda; en septembre, ce sera la cassie.

Je note ces détails et ce calendrier floral pendant que nous traversons les carrés de jasmins où les ouvrières butinent; nous croisons les grandes voitures remplies de fleurs. Voici maintenant, dans une clairière, entre les oliviers au port superbe, de petits carrés remplis d'une sorte de grand lys violacé; il en vient une odeur puissante. Des hommes armés de ciseaux coupent ces fleurs qui sont des tubéreuses et qui, chaque jour, s'épanouissent au nombre de deux sur chaque plante, de 11 heures du matin à 3 heures du soir. Plus loin, voici des nappes violettes, c'est la menthe en fleur destinée à produire l'essence. Plus bas, d'immenses champs de rosiers correctement alignés, mais sans fleurs maintenant, sinon quelques roses tardives, puis des touffes de réséda embaumant l'air, des plants de violettes croissent sous les oliviers.

Nous remontons maintenant vers la ville par un chemin aux larges marches qu'on appelle une *traverse*. Sous le soleil cuisant la course est dure; à l'une des voies croisées par la traverse, nous rencontrons une calèche vide, abritée par sa capote de toile en forme de parasol; le cocher nous hèle et, maintenant, mollement assis, nous allons sous les palmiers, les orangers, les micocouliers, vers la ville où l'on m'a ménagé la visite d'une usine de parfumerie.

O mes illusions! j'imaginais une industrie poétique, je comparais le travail des 60 distilleries grandes ou petites de la ville de Grasse à l'œuvre de fée des abeilles, et voici ce que l'on voit : on a pris de la graisse de rognon de bœuf ou de mouton, on l'a mélangée avec du pur saindoux, on a fondu le tout au bain-marie et la mixture ainsi obtenue est versée dans des châssis à fond de verre. Elle durcit, grâce à la précaution d'opérer en des sous-sols très frais. Alors chaque jour on dispose sur les châssis une couche de jasmin, le lendemain on enlève délicatement les fleurs dont *tout le parfum* a été saisi et incorporé par la graisse, on remue la mixture, on met une nouvelle couche de fleurs, on l'enlève 24 heures après, et ainsi de suite pendant trois mois. La graisse est ainsi saturée de toute l'essence contenue dans le jasmin, il n'y a plus qu'à la traiter par l'alcool pour lui reprendre le parfum qu'elle s'est sournoisement assimilé.

Ce travail, appelé l'enfleurage, se fait avec une rapidité extrême, par des jeunes filles. Les châssis remplis de fleurs et de graisse sont empilés à hauteur d'homme en d'immenses salles où ils forment comme des avenues; pour enlever les fleurs, on tient le châssis debout et, délicatement, une à une, on fait tomber les blanches corolles, qui vont aller au fumier.

Il en est de même pour la tubéreuse, le réséda et quelques autres fleurs. Par contre, la rose, la cassie, la violette, s'obtiennent en faisant macérer la fleur dans la graisse, au bain-marie. D'autres sont traitées par la distillation : ainsi la menthe, la lavande, le thym, le romarin, l'aspic, la fleur d'oranger, le néroli, qui donne une essence vendue comme essence de rose, le patchouli et le santal venu de lointains pays, l'iris que l'on tire d'Italie.

LES PARFUMS DE GRASSE. 289

Les essences ainsi obtenues sont en partie employées sur place pour la fabrication des huiles et des pommades, mais elles vont surtout au dehors, à Paris et à l'étranger, où elles sont utilisées dans les savonneries et les parfumeries. Malgré la concurrence des parfums tirés chimiquement du goudron de houille, les produits de Grasse n'en conservent pas moins la supériorité.

A cette industrie des fleurs, qui ne demande pas moins de 1,200,000 kilogr. de roses et près de 1,900,000 kilogr. de fleurs d'oranger, sont annexées plusieurs autres productions. Les amandes douces et amères donnent de l'huile pharmaceutique et de toilette, l'écorce d'orange est pressée pour donner l'huile essentielle. Il y a des fabriques de savons ; on a commencé à faire des conserves de tomates, enfin plus de 30 maisons font le commerce des huiles d'olives produites par les superbes futaies d'oliviers qui mettent un manteau bleu aux collines jusqu'aux rivages de la Méditerranée, situés à 325 mètres au-dessous de Grasse.

Notre visite à l'usine est achevée, je voudrais maintenant partir pour gagner Menton et les hautes vallées des Alpes Maritimes ; mon aimable compagnon veut encore me montrer la *corniche* de

Grasse, rivale de la fameuse corniche de Nice, et nous voici, abrités par le blanc parasol de la calèche, sur cette merveilleuse route tracée au flanc de la montagne, entre les parcs ombreux et les villas opulentes, au-dessus du grand vallon en forme de conque, tout fleuri, qui descend au pied de la ville. Au delà, des collines boisées de pins et d'oliviers, des villes, des villas, des palais émergeant de la verdure, la mer bleue, d'un calme infini, sur laquelle semblent posées les vertes îles de Sainte-Marguerite et de Saint-Honorat. Par un col, on aperçoit Antibes et la vallée du Var ; au loin, vers l'Italie, le phare de Villefranche. Panorama dont rien ne saurait rendre la majesté, la grâce et l'intensité de lumière.

Maintenant nous prenons la route de Lyon. Elle s'élève rapidement, bordée de terrasses de villas ; dans les fentes des murailles croissent des câpriers, si charmants avec leur fleur blanche ornée d'une légère aigrette. Le câprier n'est pas cultivé ici comme il l'est à Roquevaire et dans la vallée du Gapeau[1], mais chaque maison de campagne a son pied de câprier dont on confit les boutons pour les besoins du ménage.

A mesure que l'on monte, le panorama s'élargit

---

[1]. Cette culture sera décrite dans la partie de la 13ᵉ série consacrée au littoral de la Méditerranée.

encore, on atteint le plateau près de vastes carrières de marbre, le paysage immédiat devient sévère, mais la vue sur la ville de Grasse étalée blanche, rose ou rousse sur les flancs de la montagne, ses vallons remplis d'une multitude de villas, de maisons, de hameaux épars dans les oliviers, les champs de fleurs et les prairies, est d'une splendeur incomparable. L'horizon de mer est immense, il s'étend depuis les sommets des Alpes Maritimes et la corniche italienne jusqu'à l'extrémité de l'Esterel. Ainsi baigné de lumière, le prestigieux tableau est un de ceux qui laissent une impression inoubliable.

Je n'ai pas quitté sans regret cette cité heureuse, mais le temps me presse, dans cinq ou six jours je dois avoir achevé ma course dans les Alpes-Maritimes et regagné Barcelonnette pour assister aux manœuvres alpines. Je ne pourrai arriver à Nice qu'à la nuit et, demain, je dois commencer l'excursion de la frontière.

Les habitants de Grasse vont à Nice par la voie ferrée du littoral, rejointe à Cannes, mais les touristes préfèrent le chemin de fer du Sud qui traverse les plateaux pour descendre dans la vallée du Var. Nous avons choisi cette route et j'en rapporte un souvenir ébloui.

En quittant Grasse, la petite ligne, au triple ou quadruple ruban de rails, monte dans une adorable futaie d'oliviers au feuillage léger, où la lumière filtre si douce ; l'olivette est peuplée de maisons de campagne aux toits rouges, à la façade d'un blanc éblouissant. Ces maisons sont innombrables, sans cesse on les voit surgir des arbres jusqu'à Maganosc où elles se groupent en hameau, puis elles se font rares. La ligne, après un tunnel, suit un ravin profond, rempli d'une végétation exubérante : il y a beaucoup d'orangers, mêlés dans les vergers avec les oliviers, les noyers, les cormiers, les figuiers et les noisetiers. Autour des maisons s'élancent des palmiers. L'autre versant de la gorge, par contre, est d'aspect aride, mais les vignobles s'en emparent peu à peu. Dans ce paysage à la fois opulent et grandiose, le Bar étage ses maisons grises.

On tourne comme pour pénétrer dans une gorge âpre et rocheuse, semblable à la combe du Queyras[1], mais on la franchit sur deux viaducs courbes d'une grâce extrême, jetés sur le torrent de Gourdon et sur le Loup. Le dernier a dix arches de 56 mètres de hauteur. Entre les deux torrents, semblable à une citadelle antique, le

---

1. Voir la 10ᵉ série du *Voyage en France*.

village de Gourdon est perché très haut, bizarrement ; on se demande comment on peut y accéder.

Le second viaduc traversé, on passe dans un court tunnel et l'on voit, de face, le site curieux

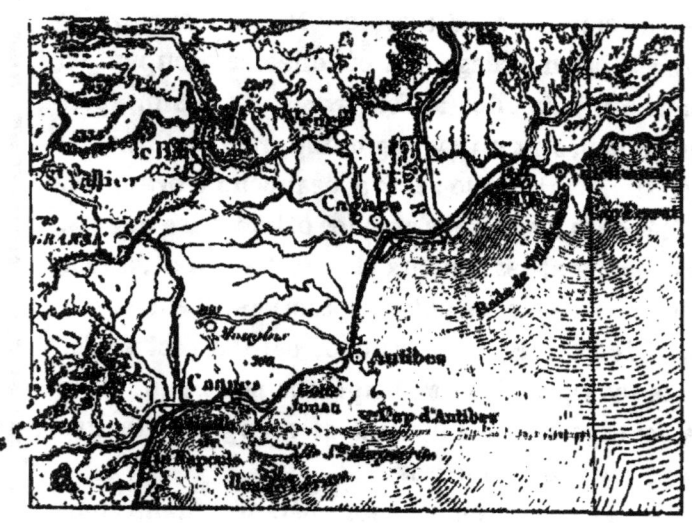

D'après la carte de l'État-major au $\frac{1}{800,000}$.

du Bar; le village est enfoui dans la verdure. Au-dessous, dans la vallée, une papeterie s'élève au milieu des prairies sous les pentes couvertes d'oliviers bleuâtres, d'orangers sombres, de vignes et, comme pour achever l'incohérence délicieuse de ce paysage, de pommiers chargés de fruits. Les orangers n'ont guère d'oranges, ils sont cultivés surtout pour leur fleur, destinée aux distillateurs de Grasse ; sous les oliviers sont des plantations continues de violettes.

La vallée se rétrécit, profonde, entre des roches hardies où les taillis remplacent la splendeur végétale du vallon du Bar ; on surplombe la gorge grandiose et sinistre au fond de laquelle court le Loup. Par delà les collines de la rive droite, apparaît un large pan de mer bleu, puis un horizon maritime sans fin devant lequel s'étendent les belles campagnes de Cagnes. A Tourette, les oliviers, abris des violettes, recommencent, formant des groupes au milieu d'un sol étrange, fait d'un rocher noir et gris disposé parfois comme de monstrueux boyaux ; ailleurs, le rocher se redresse en aiguilles. Dominant ce singulier site, le village de Tourette se campe sur des falaises tapissées de figuiers de Barbarie ; ce coin est puissamment coloré, les blancs et les jaunes s'opposent avec une vigueur accrue par la verdure des oliviers et des champs de violette croissant à leur ombre.

Sur des ponts de pierre on franchit des ravins entre les bois, les oliviers et les champs de rosiers, au sein d'admirables paysages jusqu'au pied du rocher ou *baou* des Blancs, taillé en forme

de bastion, qui commande si superbement la ville
de Vence et dont la base est couverte de plantations régulières d'orangers.

J'aurais voulu m'arrêter ici pour visiter cette
vieille petite ville si curieuse vue de la gare, avec
ses antiques remparts couronnant le ravin, mais
devenus en quelque sorte des façades de maisons,
car ils sont percés aujourd'hui de portes et de
fenêtres. Vence, chef-lieu de canton, enrichi
aujourd'hui par la culture des fleurs et des primeurs, fut, jusqu'à la Révolution, le siège du
plus pauvre évêché de France. Son revenu était
de 7,000 livres seulement. Peut-être ne faut-il
pas regretter ce passage si rapide, j'emporterai
de Vence une impression que les rues étroites et
sombres m'auraient enlevée.

Le train se remet en route sous les beaux escarpements du baou des Blancs et du baou des
Noirs; il passe sous les immenses rochers à pic
dits baou de Saint-Jeannet et baou de la Garde,
après avoir franchi un curieux ravin sur un viaduc
courbe. Voici là-haut Saint-Jeannet sur sa terrasse
dominant d'autres terrasses couvertes d'orangers.
Les rocs, les maisons au flanc du ravin, le torrent
de la Cagne, ses cascatelles, une tannerie aux
constructions originales, le viaduc du chemin de

fer dominant de 35 mètres le fond du ravin, composent un de ces grands paysages comme les aimait le Poussin, et dans lesquels nous croyions toujours voir de l'arrangement dans les tableaux du vieux maître.

Maintenant s'ouvre, large, la vallée du Var; son torrent gris courant dans les graviers contenus par des digues. Descendant au flanc des baous superbes, entre les orangers et les oliviers jusqu'au bord même du torrent, on traverse le Var sur un pont de 360 mètres supportant à la fois le chemin de fer et la route, et l'on rejoint à Colomars le chemin de fer de Nice à Puget-Théniers. On le suit jusqu'à Nice, sans cesse entre des tranchées ou sous des tunnels; un moment, on a un aperçu sur la grande ville de plaisirs, un nouveau tunnel la cache et l'on arrive enfin, au milieu des jardins, à l'élégante gare que la Compagnie du Sud a construite au nord de Nice[1].

---

[1]. Nice et le littoral: Villefranche, Monaco et Menton font l'objet d'une partie de la 13ᵉ série, le volume actuel étant consacré à la région montagneuse.

XXII

DE MENTON AUX MILLE-FOURCHES

Dans les citronniers de Menton. — La vallée du Carei. — Castillon. — Arrivée à Sospel. — Sospel et le fort du Barbonnet. — La frontière. — Les gorges de la Bevera. — Moulinet. — La haute Bevera. — L'Authion. — Aux Mille-Fourches. — Majestueux belvédère. — La Baisse de Camp-d'Argent. — La Baisse de Turini. — Les casernes de Peira-Cava.

La Baisse de Turini. Août.

Le train qui m'a conduit à Menton ne correspondant pas avec la voiture de Sospel, j'ai dû fréter un équipage pour gagner cette petite ville ; la course sera longue le lendemain et je veux être dispos pour aller à l'Authion et dans la Vésubie. Pure précaution, la route montueuse, aux innombrables lacets, serait plus rapidement faite à pied, grâce aux raccourcis. Le prix est modeste : en août, les cochers de la *riviera* sont comme le héron de la fable : ils se contentent d'un limaçon ; en hiver on m'eût dédaigneusement regardé à cause de l'affluence des *mylords anglais* et des *boyards russes*.

Nous voici donc, mon jeune compagnon André Delombre et moi, dans un landau bien suspendu, attelé de deux chevaux ardents. C'est un plaisir de s'en aller ainsi par la belle vallée du Carei, dont le torrent, saigné par les irrigations, est à sec. Dans la traversée de Menton, le Carei a des berges revêtues de blocs de béton couverts d'annonces, les quais sont plantés de lauriers-roses et de faux poivriers. Plus loin, la rive gauche est bordée d'arbres verts, sur la rive droite est la route courant sous un dais de platanes énormes et touffus. Les pentes sont roides, mais la base est tapissée de citronniers ; plus haut de grands oliviers, plus haut encore des pins. Dans le fond du vallon sont des petits plans de prairies où les vergers d'orangers et de citronniers alternent. Nous arrêtons de temps en temps pour causer avec les cultivateurs qui arrosent ces beaux arbres. Ils m'apprennent que l'oranger, ici, sert uniquement à produire la fleur, on emploie de préférence l'oranger sauvage à fruit amer ou bigarreau. Ces arbres hauts et minces, serrés comme en un taillis, ne pourraient en effet mûrir leurs fruits. Ils sont plantés de préférence dans les parties basses et planes ; les citronniers, au contraire, sont disposés en terrasses.

Cette vallée du Carei, le faubourg de Garavan

et, surtout, le vallon latéral de Gorbio sont la région du citronnier, nulle part on ne le cultive en telle abondance, tous les paysans se livrent à la production du citron. A la maturité, ils les portent sur le marché de Menton, où des commerçants spéciaux les plient dans du papier de soie, les emballent précieusement et les expédient dans le monde entier. Menton est le marché principal, mais le citronnier est cultivé sur toute la côte, depuis Nice jusqu'à la frontière italienne proche de Menton. Cette dernière ville fait un commerce de plusieurs millions de francs de citrons par an, un hectare produit pour 9,000 à 10,000 fr. chaque année. Les autres produits du sol, fleurs d'orangers et violettes, sont vendus aux parfumeries de Grasse.

Au-dessus des orangers et des citronniers, les oliviers au feuillage léger et pâle font ressortir la verdure sombre et les fruits d'or. Sur quelques pentes on rencontre des vignes. Dans ces vergers s'abritent les maisons rurales, violemment peintes à fresque, entourées de jardins où les arbres du nord, noyers, pêchers, pommiers, se mêlent à la végétation africaine. Au-dessus de la verdure, se dressent de hautes roches aiguës. Ce paysage me rappelle la campagne de Tlemcen : mêmes pampres dans les oliviers, mêmes pommiers en des prairies exiguës. Pour compléter la ressemblance, l'église du hameau de Castellar, surgit de la verdure, semblable à une mosquée. Plus haut on rencontre encore une église, au cœur du hameau de Monti, si riant avec ses belles écoles et ses maisons enfouies sous les oliviers. La gorge est devenue sauvage, mais elle est restée africaine : les broussailles sont de myrte et de romarin, des aloès enclosent des champs. Le Carei roule ici des eaux très limpides.

Les maisons éparses au flanc de la gorge, très blanches, sont précédées de tonnelles couvertes de vignes ; les oliviers et les citronniers les abritent du soleil. Bientôt les citronniers disparaissent, la gorge se resserre, le torrent tombe de bassin en bassin par de jolies cascatelles. Les montagnes sont devenues des pics superbes, reliés par des escarpements et des arêtes d'une couleur dorée. Ces pointes : le roc d'Ormea (1,113 mètres), la Pena (984 mètres), se dressent sur une crête dont le pic culminant, le Granmondo (1,377 mètres), est à l'extrême frontière.

La route se tord en interminables lacets ; chaque fois que ceux-ci ramènent vers le sud, on aperçoit à l'extrémité du vallon un vaste horizon de mer, on découvre la ville de Menton presque entière allongée au bord du golfe merveilleux. Les oliviers sont rares maintenant, les pentes sont occupées par des vignes et des bois de pins au sol tapissé de gazon.

La nuit va venir, les pics de la Sella et du Rozet sont colorés par les derniers feux du couchant; ces hautes roches flamboyantes surgissant de la vallée sombre semblent une apothéose. En face, sur une roche aride, voici Castillon, village en ruines entourant un château démantelé. Ruines toutes modernes, elles ont été produites par un tremblement de terre en 1877. Quelques maisons sont restées debout, beaucoup sont taillées dans le roc. Les habitants ont reconstruit plus bas leurs demeures, à l'issue du tunnel par lequel la route troue le col de Castillon.

On fait reposer un instant les chevaux; la nuit arrive, la lune éclatante baigne de ses rayons les hautes crêtes et donne à Castillon un aspect fantastique. Nous repartons, cette fois pour descendre; à fond de train nous roulons vers une vallée creusée à d'insondables profondeurs. De hautes montagnes noires forment écran sur le ciel; des feux s'allument au sommet de l'une d'elles, couronnée par le fort du Barbonnet: ce sont les bivouacs d'un bataillon alpin.

Là-bas voici les lueurs de Sospel; nous l'atteignons enfin, nous longeons la Bevera bruyante pour gagner l'hôtel où nous pouvons trouver un gîte. Sur la table de la salle à manger des bouteilles nombreuses annoncent un repas à peine fini, un des convives s'est endormi, accoudé entre un fromage et une assiette de figues, devant des verres vides, il ronfle comme un orgue. On ne peut le réveiller ; André Delombre est scandalisé d'avoir à souper au milieu d'un tel concert.

Avant de monter dans nos chambres, nous allons visiter la ville au clair de la lune, c'est d'un effet fantastique. La Bevera bruyante court au pied de maisons en surplomb, passe sous un vieux pont surmonté, au milieu, d'une tour percée d'une porte ; les monts se découpent, très noirs, sur le ciel étoilé ; la lune éclaire brutalement certaines pentes et nous les montre couvertes de prairies et de sapins.

A quatre heures du matin nous étions debout, le jour naissant éclaire des monts aux belles formes : pitons, croupes, dômes dont la base est revêtue d'un manteau d'oliviers et de belles prairies semées de villas blanches. Rapidement nous parcourons la ville, si amusante avec ses rues étroites bordées de hautes maisons ventrues, à arcades. L'église est peinturlurée comme il convient dans ce pays où l'art est resté italien, elle a conservé de l'édifice primitif un beau clocher roman, pur et sobre de lignes.

En route maintenant, sac au dos, l'alpenstock à la main; il nous faut franchir bien des cols pour aller rejoindre la vallée de l'Ubaye à Barcelonnette. La fraîcheur est exquise, mais déjà le soleil illumine la cime des monts, il lance ses flèches d'or sur la croupe rocheuse que recouvrent les talus et les remparts du fort du Barbonnet, destiné à défendre la route du col de Tende et la vallée de la Bevera. La frontière est bizarrement tracée ici : la Bevera, née en France, va rejoindre en Italie la Roya née en Italie, mais qui a traversé les villes françaises de Saorge et de Breil. Le torrent quitte notre territoire à 5 kilomètres à peine de Sospel.

Nous allons à l'Authion; tant que le chemin sera carrossable, pendant 12 kilomètres, nous monterons à pied; à partir du Moulinet, nous prendrons des mulets et un guide.

La route est charmante, elle remonte la Bevera au sein d'une campagne très verte et fertile. Ce serait une Normandie, dans laquelle les oliviers fraterniseraient avec les pommiers. Mais les monts se rapprochent, la vallée devient gorge, la Bevera s'en échappe par une belle cascade suivie de rapides. Plus haut, une autre cascade est produite par le canal de fuite d'un moulin; elle bondit au milieu de la verdure. La gorge devient un défilé formidable au fond duquel le torrent mugit; la route est entaillée dans le roc, elle se déroule en lacets incessants que nous coupons par des raccourcis pierreux. A l'extrémité de la gorge apparaît une sorte de col; sur une roche est dressée une chapelle reliée à la route par un viaduc. Sur les pentes les moins roides, dominant le cañon de la Bevera, il y a beaucoup de cultures, champs exigus plantés en vignes, en pruniers, semés de blé. Chacune de ces propriétés minuscules possède une cahute de pierre sèche et de branchage recouverte en chaume.

Voici la chapelle; elle a nom Notre-Dame-de-la-Manoura. Du pont qui la relie à la route, on a une vue merveilleuse sur le ravin de la Bevera et les montagnes. La côte est finie, nous avons monté de 500 mètres depuis Sospel; encore 3 kilomètres et nous atteignons le Moulinet.

Ah! le joli coin des monts! Non le bourg, il est quelconque, semblable par ses voies étroites à la plupart des villages de Provence, mais par la végétation superbe, les eaux courantes, la fraîcheur de l'atmosphère. Moulinet est devenu une station estivale où Niçois et Mentonnais viennent passer les mois de la canicule. De bons hôtels s'y sont créés; l'un d'eux est au milieu des châtaigniers

centenaires. La municipalité a fait placer à tous les coins de rue des plaques portant un nom. De cette façon, les 801 habitants et les touristes ne sauraient se perdre. C'est fête aujourd'hui, aussi avons-nous peine à trouver des mulets; on consent enfin à nous en fournir deux.

Pendant l'arrimage de nos sacs, nous visitons le bourg, il est en fête, un banquet va avoir lieu, le député de la circonscription fera un discours ; en attendant, une musique parcourt les rues et joue devant la maison des notables ; des commissaires distribuent des cocardes, l'un d'eux nous en épingle une au chapeau. En tête de la musique flotte un drapeau, flanqué de deux porteurs de hallebarde, l'une de ces armes est ancienne et d'un galbe curieux, l'autre est en carton.

Voici nos mulets, nous montons en selle et quittons le village après nous être débarrassés d'un Italien, tenancier d'une loterie où l'on joue des poulets étiques : il nous assurait que nous devions gagner.

Le chemin remonte la Bevera bondissante, dans une gorge superbe. Jamais torrent ne fit tant et de plus belles chutes. La gorge est déserte, pas une maison d'habitation, mais des granges pour entasser le foin. Près de l'une d'elles fonctionne un alambic qui distille de la lavande, des mulets descendent, chargés de cette fleur dont le parfum flotte longtemps[1]. Le chemin côtoie le torrent, le franchit sur un pont aux granges de la Bigliette et le suit jusqu'aux granges de Trabuc d'où l'on va gagner la forêt. On est en vue d'une longue arête gazonnée, au sommet de laquelle le tracé blanc d'une route se dessine. C'est la fameuse crête de l'Authion qui, du massif des Mille-Fourches, se raccorde par une chaîne régulière aux montagnes qui dominent le confluent de la Vésubie et du Var, formant ainsi une ligne de défense puissante; en 1793 et 1794, ce fut le rempart d'où les Piémontais nous tinrent longtemps en échec, jusqu'au moment où Bonaparte réussit à les tourner.

Le chemin conduisant à l'Authion est abrupt, mais la forêt est superbe. Ce sont des sapins aux troncs droits et lisses, sous lesquels l'ombre est profonde. Le ravin de la Bevera est creusé au sein de la majestueuse sylve, on devine à peine le torrent par le bruit de ses chutes et la blancheur de son écume. En débouchant du bois, on longe de petits étangs à l'eau cristalline, créés en vue

---

1. Sur l'industrie de l'essence de lavande ou *huile d'aspic*, voir les chapitres XV et XX de la 11ᵉ série.

de la récolte de la glace. Quand ils sont gelés on casse la glace et on l'emmagasine dans des fosses recouvertes de terre et de branches de sapins. Pendant l'été cette glace est vendue à Moulinet, à Sospel et à Menton.

On traverse maintenant des champs de blé, le sentier est horriblement montueux et pierreux, les mulets ont peine à le gravir. Dans les cultures est un petit hameau de chalets sordides, appelé les Cabanes-Vieilles ; des chiens aboient avec fureur ; à ce bruit nous voyons là-haut, sur la route, près de baraques basses, accourir des soldats, ce sont les chasseurs alpins chargés de garder les baraquements de l'Authion. Par un sentier presque à pic, nous accédons enfin au baraquement. Nous sommes sur l'Authion, au-dessous de la butte régulière de Mille-Fourches dressant, à 2,048 mètres, la redoute entourée de grilles de fer acérées, dont le général de Miribel disait que c'était « une cage à poules ».

Ce mamelon est au centre d'une sorte de cirque de pâturages, semé de rares bouquets de bois et dont une des crêtes, haute de 2,080 mètres, porte plus particulièrement le nom d'Authion. Un chemin stratégique fait le tour du cirque, présentant sur toutes ses faces le haut mamelon de Mille-Fourches. De ce chemin la vue est merveilleuse sur les monts de la frontière et une étendue immense de mer italienne. Les monts en Italie, Alpes ou Apennins, se détachent comme sur un plan en relief, très âpres et très découpés.

L'Authion, vu du point culminant, est une série de mamelons gazonnés, portés sur la haute plate-forme des Alpes maritimes, observatoire superbe qui n'a pas de rival vers la mer. Mais à l'est, du côté de la France, et au nord, en Italie, se dressent d'immenses rochers dominés au loin par des montagnes blanches de neige et de glace.

Au sud, dans la direction de Nice, la vue s'étend jusqu'à l'Esterel. On découvre toutes les Alpes maritimes, les forts du camp retranché de Nice, la mer, la presqu'île de Saint-Hospice posée sur le flot, la rade de Villefranche dans laquelle je distingue nettement l'escadre, les îles de Lérins, Antibes. Il ne saurait être plus vaste et plus merveilleux panorama.

— Que faites-vous là? me dit durement une voix, pendant que je suis en proie à une admiration silencieuse.

C'est un gendarme! Parmi ces redoutes et ces batteries, dont je me garde bien de parler ici, il y a une petite caserne où des gendarmes veillent sans cesse, empêchant les touristes de circuler. Heureusement j'ai pris mes précautions, ce *Voyage en France* m'a valu assez de sympathies et d'amitiés pour que les autorités militaires m'aient donné un sauf-conduit très chaud et très net; bien plus, mon passage a été annoncé. Et le brave gendarme est plein d'égards; il est une heure de l'après-midi, nous n'avons pas déjeuné, il nous indique le restaurant de la Baisse de Turini et nous en explique le chemin.

La route se tient longtemps à plus de 2,000 mètres, sur des rochers pleins de rhododendrons. La neige doit être abondante en hiver, car on a bordé le chemin de poteaux supportant des disques peints en rouge pour renseigner les soldats égarés. Bientôt on descend entre les sapins, à quelques mètres seulement au-dessous de la crête qui abrite contre les rafales du nord. A droite des pentes abruptes, des pentes abruptes à gauche. Çà et là de petites terrasses élargissent cette étroite arête, ce furent des camps fameux pendant les guerres de la Révolution : la Cime de Tucis, la Baisse de Camp-d'Argent. On descend plus rapidement jusqu'à un superbe bois de sapins. Sous ces arbres est un petit camp en ce moment inoccupé, mais l'auberge de planches où les officiers prennent pension est ouverte. Sous les sapins majestueux coule une fontaine. En un clin d'œil un excellent déjeuner est apprêté et servi ; qui l'aurait attendu sur ces flancs de l'Authion, à 1,617 mètres d'altitude !

L'activité est grande ici, il est vrai. Les bois sont remplis de champignons, on vient de Moulinet, de Sospel, de Breil, de Saorge, de la Bollène pour les cueillir. On les apporte à Turini où des marchands les pèsent et les paient. Puis on en charge des charrettes qui s'en vont à Nice en suivant l'admirable route construite par les soldats sur cette arête régulière, s'étendant jusqu'à Luceram.

La route stratégique relie directement Nice à l'Authion par l'Escarène et la vallée du Paillon. Sur l'un des points culminants, dominant la *Baisse* ou col de Peira Cava (511 mètres), on a construit, à 1,588 mètres d'altitude, une vaste caserne pour un bataillon. Les Romains avaient non loin de là un camp dont nos soldats ont reconnu les restes.

Je n'ai pu aller à Peira-Cava, ce serait un trop grand détour pour gagner Saint-Martin-Vésubie, où je voudrais arriver ce soir.

XXIII

LA VÉSUBIE

La forêt de Turini. — Descente dans les gorges. — La Bollène. — La vallée de la Vésubie. — Belvédère. — Roquebillière. — Saint-Martin-Vésubie. — Le tracé de la frontière. — Un bataillon alpin. — Lantosque. — La cluse de Saint-Jean-de-la-Rivière. — Arrivée au Var.

Station du Var. Août.

Ah! l'exquis repas sous les sapins de Turini, au bruit murmurant de la claire fontaine! Mais il a fallu abandonner ce coin ombreux et frais et descendre par le sentier mal tracé, successions de fondrières perfides et de couloirs rocheux. C'est une dégringolade presque verticale sous les sapins d'une admirable venue, hauts, droits, formant sur ces pentes une voûte obscure sous laquelle suintent des sources sans nombre; elles se réunissent en filets et deviennent des torrents dont les chutes incessantes animent la gorge solitaire. On quitte brusquement la forêt pour une partie du val où la végétation est rare et pauvre, broussailles de chênes poussant dans le roc. Le chemin est un sentier étroit, à peine tracé, il faut se laisser glisser sur la roche lisse, au bord de l'abîme parfois terrifiant. Souvent la pente rude cesse pour montrer un obstacle à escalader. La chaleur est terrible dans ce vallon où les rayons du soleil réverbérés par le rocher nu produisent une impression de fournaise. Suant à grosses gouttes, nous allons rapidement ; une bande de chercheurs de champignons, hommes, garçons et fillettes, sert d'entraîneurs ; ils sont en haillons, leurs pieds nus se posent sans souffrance apparente sur les pierres brûlantes. Pour ne pas les abandonner nous voici courant dans le val profond et torride, sur les parois de l'abîme au fond duquel brille un torrent dont les cartes ne donnent pas le nom. En me retournant je revois les grandes forêts de Turini sombres et ombreuses. Il ferait bon, là-haut !

Encore une côte, le chemin est mieux tracé, il aboutit à une masure de pierres sèches, poste de douaniers dans lequel, mélancoliques, les agents surveillent cette descente de l'Italie. Le paysage s'élargit. Voici de la verdure, des prairies, des jardins, des arbres et, au milieu, un village régulier, dont les toits de tuiles grises sont étroitement serrés autour de l'église. C'est la Bollène où nous devons prendre la voiture de Saint-Martin.

Nous nous précipitons à l'auberge. Malgré le

phylloxéra, la Bollène possède encore quelques vignes, on nous sert du vin du cru et de l'eau fraîche, la bouteille y passa.

— Maintenant, cabaretier, où prend-on la voiture?

— En bas du bourg, sur la grande route!

Il faut descendre encore, descendre longtemps, la route a des lacets interminables, mais un sentier de traverse atteint la vallée de la Vésubie à travers de belles châtaigneraies dont les arbres touffus donnent une ombre délicieuse. Enfin voici le grand chemin, il franchit le ruisseau de la Planchette descendu de l'Authion par une longue gorge. Il y a là des pentes pleines de verdure, ombragées de grands arbres invitant au repos. Harassés nous nous jetons sur le sol, il est cinq heures du soir et nous sommes en marche depuis quatre heures du matin.

Le grand break d'excursion qui, l'été, fait le service entre la station du chemin de fer, la Vésubie et Saint-Martin arrive. On y trouve deux places pour nous, et en route! dans une vallée très alpestre, où les pins, les vignes et les bois font oublier les ardeurs de fournaise tout à l'heure ressenties.

La Vésubie, dont le nom s'est étendu à son

bassin — on dit : Je vais dans la Vésubie, comme : Je vais dans l'Oisans ou dans le Dévoluy — est un très beau torrent, très fougueux et très abondant. Les villages sont rares sur ses rives, mais de grand caractère. L'un d'eux, Belvédère, couronne une colline verdoyante ; au pied est Roquebillière, façon de petite ville très curieuse avec ses hautes façades, ses toits en auvent abritant des vérandas et recouverts de ces tuiles aux teintes fulgurantes particulières à ce pays. Le bourg est très animé ce soir : un groupe alpin tout entier est là, celui du 6e bataillon ; artilleurs et chasseurs en tenue de campagne, le béret sur l'oreille, les jambes emprisonnées dans les bandes de molleton ont une allure dégagée qui fait plaisir à voir.

La voiture s'arrête quelques minutes, puis repart à travers une campagne bien cultivée semée de bâtisses de pierre rouge à un étage ; au-dessus est un grenier ajouré. Ce sont des granges où les habitants serrent leur récolte et font sécher le maïs. Cette céréale est très abondante ici, on la sème en ligne jusque sur les terrasses obtenues sur les pentes, entre les vignes et les oliviers. De beaux massifs de châtaigniers couvrent les flancs des monts, au-dessous de hautes et sévères arêtes rocheuses. Sur la rive droite, entaillé dans ces rochers, court le sillon blanc d'un canal d'irrigation.

Un moment la vallée devient gorge, les rochers se rapprochent, une faible passerelle faite d'une poutre est jetée sur le flot rapide et clair, un troupeau de chèvres la franchit, les élégantes bêtes vont une à une, d'un pied assuré, sur le vertigineux passage. La vallée s'élargit de nouveau, beaucoup de fermes et de granges de chaque côté de la route ou éparpillées au flanc des montagnes. Sur une arête aiguë projetée sur la rivière, le village de Venanson se dresse, entouré à distance par une haute chaîne circulaire, noire de sapins, dont le Tournairet puissant et sévère occupe le centre.

La nuit tombe, on devine de beaux arbres, des prés, des parcs, des villas autour d'une petite ville que la route contourne pour monter sur une place ombragée, remplie de promeneurs élégants. C'est Saint-Martin-Vésubie, jadis Saint-Martin-Lantosque, le grand centre estival où Niçois et Marseillais viennent en nombre de plus en plus grand passer les mois chauds.

Les hôtels sont remplis ; selon l'insupportable usage des hôteliers désireux d'utiliser leurs chambres à deux lits, il n'y a jamais qu'une chambre — et à deux lits. Enfin, à la pension anglo-américaine, on consent à nous donner à chacun notre appartement. Ce repos est bien mérité après dix-huit heures d'ascension à pied ou à mulets, de descente et de voiture !

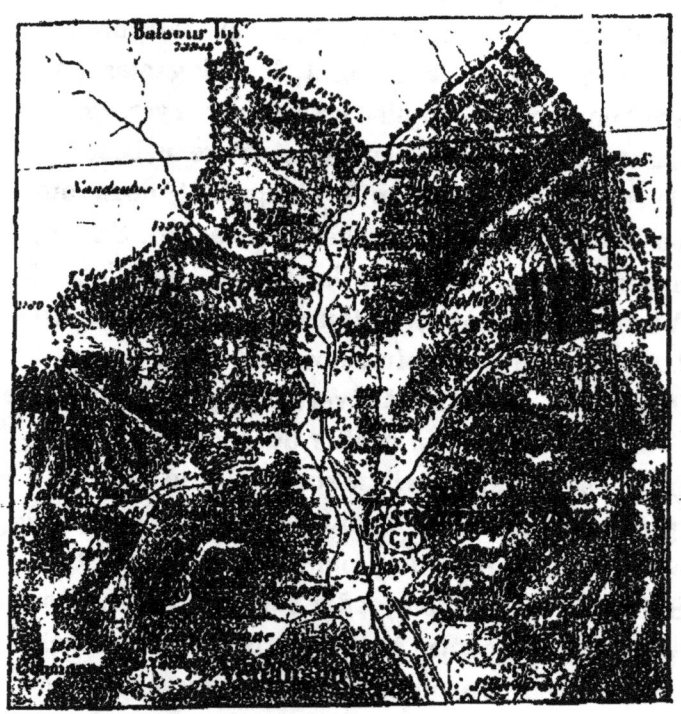

De bonne heure j'étais debout pour parcourir Saint-Martin. C'est une très vieille bourgade aux rues étroites et déclives, bordées de hautes maisons à auvent, pavées en roches aiguës, une place assez large où stationnent les diligences se prolonge en promenade plantée de platanes ; les hôtels, les pensions, les villas précédés de jardins fleuris se suivent. Le paysage tient à la fois de la Suisse et de l'Italie, de la première par les balcons de bois, les auvents et le pittoresque entassement des hautes constructions qui longent le torrent de la Madone des Fenêtres ; de l'Italie par le ciel pur, les grands châtaigniers, les couleurs riantes des maisons modernes, peintes à la fresque. Les villas sont nombreuses, toutes sont construites sous les châtaigniers à la vaste ramure. A l'une des sorties de la ville, devant une jolie chapelle, un groupe de religieuses en robes mauves, coiffées de laine blanche, forme un heureux motif d'aquarelle.

Saint-Martin est presque à la frontière, à la jonction de deux grands torrents venus d'Italie, celui de la Madone des Fenêtres et celui du vallon de Baréon qui forment la Vésubie. Les deux cours d'eau et leurs affluents ont déjà parcouru une grande étendue de montagnes véritablement françaises puisque leurs eaux vont au Var, mais la frontière ici encore est tracée en dépit de toute raison. Lors de la délimitation, les délégués français ont laissé à l'Italie les vastes régions qui s'étendent au-dessus du mont Clapier et du Mercantour. Ces hautes montagnes, dont on aperçoit par le fond des vals les cimes blanches de neige, ferment l'horizon tout autour de Saint-Martin, à qui elles envoient les eaux de leurs innombrables petits lacs.

Maîtres des hautes cimes et des passages conduisant au Pô, les Italiens peuvent facilement descendre sur le territoire français, aussi la surveillance est-elle active sur cette frontière. J'avais vu hier le 6° bataillon alpin à Roquebillière gardant l'entrée de la France par le vallon de la Gardolasque, voici un autre bataillon descendant de la montagne, au couchant de Saint-Martin. Il suit le chemin muletier venant de Valdeblore par Saint-Dalmas et le col de Saint-Martin ouvert à 1,508 mètres. Les chasseurs et les mulets passent un à un sur l'étroit sentier allongé au flanc de la montagne. On dirait un gigantesque serpent déroulant ses anneaux. Rapidement la tête de colonne atteint le fond de la vallée où je suis allé à sa rencontre, les fourriers et les adjudants sont déjà arrivés dans la ville où ils préparent les logements. Le bataillon se groupe, derrière lui descend encore l'artillerie, mais le signal de la marche en colonne a été donné, les clairons ont embouché leurs instruments, une fanfare retentit et l'on voit arriver les chasseurs, si pittoresques dans le hérissement des crosses d'alpenstocks.

Le général Zurlinden, commandant en chef du 15e corps, en ce moment en villégiature à Saint-Martin, attend le bataillon ; derrière lui tous les hôtes de la ville se pressent, beaucoup montés sur les ânes et les mulets d'excursion. Les chasseurs, aux sons d'une marche entraînante et dans un ordre merveilleux, viennent se masser sous les platanes.

J'avais un instant songé à gagner la vallée de la Tinée par le chemin que suivaient les chasseurs afin de visiter le riant Valdeblore ; je préfère parcourir la vallée de la Vésubie jusqu'au Var. La route est longue, mais j'ai obtenu deux places sur l'impériale de la diligence ; nous pourrons descendre commodément jusqu'à la gare la plus proche.

A la pleine lumière du matin la vallée est bien belle ; lorsqu'on a perdu de vue la façade de maisons brunes qui bordent le torrent de la Madone des Fenêtres, on est dans les châtaigniers et les vignes, un bruit d'eau incessant monte du torrent dont la rapidité est extrême. Le maïs est la principale culture, malgré l'altitude de près de 1,000 mètres ; les tiges de cette plante ont parfois près de deux mètres de hauteur, les fanes des pommes de terre sont fort hautes, les haricots grimpent sur des hampes très élevées. Cette végétation surprend d'autant plus que le site est fort alpestre et qu'à une grande altitude sur les pentes de la montagne de Très-Crous, le froment est à peine jaunissant.

Le canal d'irrigation court au flanc des rochers, troue les éperons, rampe sur de noirs éboulis et apporte la fertilité dans le verdoyant bassin où Roquebillière et Belvédère mettent tant de pittoresque par leurs tours blanches semblables à des minarets. Là sont les premiers oliviers.

Roquebillière est rempli d'alpins, ils ont installé leurs cuisines sur la place. A la sortie du bourg nous rencontrons une batterie montée du 19º d'artillerie venant aux manœuvres. Nous sommes en plein dans la période d'activité militaire pour la vallée.

Le caractère méridional du pays s'accuse, les oliviers se détachent, pâles, sur le fond sombre des châtaigniers ; les arbres fruitiers : pêchers, pommiers, cerisiers tapissent la montagne de la Bollène. Les habitations elles-mêmes perdent le caractère alpestre, on retrouve les bourgs féodaux de la Provence. Ainsi Lantosque apparaît, très fier sur son rocher, dans un méandre de la Vésubie, semblant barrer la route par la rangée de ses hautes maisons dominées par la tour carrée de l'église, mince et svelte. Cet édifice, avec son abside circulaire en pierre rousse, contre laquelle grimpe le lierre, et la belle croix de fer forgé du clocher est d'une réelle élégance.

Au-dessous du bourg, la Vésubie, très abondante, roule des eaux bleues de roc en roc et pénètre dans une *clue* profonde, surplombée par la route et franchie par un vieil aqueduc drapé de lierre. Échappé de l'abîme, le torrent arrose un plan étroit de prairies. Dans les fermes, on bat le blé par un procédé bien primitif : on frappe les javelles sur des dalles inclinées au bas desquelles le grain s'amoncelle.

De nouveau la vallée se fait gorge, boisée de taillis de chênes ; sans cesse la route est suspendue au-dessus de la Vésubie. Pas une habitation, les villages sont perchés sur les montagnes. Utelle est très haut, à la limite des cultures, sous de belles cimes boisées. Les forêts sont assez vastes pour alimenter une grande scierie mue par la Vésubie où l'on débite des arbres énormes. Les sommets de Castel Geneste et de Rocca Serra, revêtus de vignes et de châtaigniers, se dressent ici comme des sentinelles.

La vallée se resserre et devient *cluc, cluse* ou *chiuse*, comme on dit ici en patois niçois. Cette chiuse de Saint-Jean-de-la-Rivière est un des défilés les plus étroits des Alpes. A gauche, des roches aux strates très inclinées sur lesquelles on aperçoit, vertigineuse, l'ancienne route nationale passant à Levens. Ces roches sont comme un formidable glacis; en face d'elles d'autres rochers se hérissent, il y a juste place pour la Vésubie qui écume et hurle. La route nouvelle est entaillée dans le roc; pour en défendre le passage on a excavé la montagne dans la partie la plus resserrée; des meurtrières, des embrasures de canons, des grilles défendent ou ferment un pont biais. Presque aussitôt après, le val s'entr'ouvre un peu. Le site est toujours grandiose, mais les roches sont boisées; des noisetiers, des chênes, quelques oliviers apparaissent, les oliviers deviennent bientôt des bois, ils sont superbes de port et de grâce. Leurs groupes sont admirables autour de Saint-Jean-de-la-Rivière, hameau qui domine la prise d'eau du canal de Nice. Ces arbres croissent partout où le rocher leur fait place.

La route a donné lieu à d'énormes travaux, elle franchit la Vésubie sur un pont hardi d'une seule arche, dont les culées sont ajourées par des arcs; une seconde *chiuse* se présente, plus terrible encore; ne pouvant longer la Vésubie, les ingénieurs ont troué un éperon par un tunnel de 300 mètres, éclairé par des lampes et dont la coupe ogivale rappelle certains cloîtres du moyen âge. Le canal de Nice est également obligé de passer en tunnel sous de formidables parois. Il est peu de défilés plus grandioses que ceux-là. En plusieurs points des fontaines tombent des falaises; leurs eaux, chargées de calcaire, forment des draperies de concrétion d'un charmant effet dans ces gorges aux flancs déchiquetés, où les aiguilles de roches, les pyramides boisées de mélèzes et de chênes augmentent encore la majesté du paysage.

Deux ponts, l'un moderne, l'autre n'ayant plus que la carcasse de son arc, franchissent la Vésubie au Cros, à l'entrée d'un nouveau site plus âpre. Pas la moindre verdure, pas un arbre, la gorge est comme brûlée; des rochers en encorbellement pendent vers le torrent; un tunnel les traverse, il y a dans la montagne des fissures énormes séparées par des murailles décharnées. Peu à peu des broussailles et des pins se montrent et un détour fait apparaître la vallée du Var. Le fleuve torrentiel coule dans un lit très large, bordé de belles montagnes boisées de pins et d'oliviers. Sur les croupes sont de nombreux villages: Levens, la Roquette, Gilette, Bonson. Ce dernier, placé au-dessus du confluent, rappelle Corté, en Corse, par sa situation sur un rocher à pic dominant le lit du Var. La Roquette, par la façade régulière de ses maisons et la tour carrée de son église, semble quelque forteresse sarrasine. Un grand pont suspendu, à trois travées, franchit le fleuve et ses larges bancs de gravier ; tout autour, des monts boisés se hérissent en pyramide. Ce point de jonction des deux grandes vallées est un des paysages les plus caractéristiques des Alpes-Maritimes.

XXIV

LA TINÉE

Confluent du Var et de la Tinée. — La Moscla. — La chiuse de Bauma Negra. — Le fort du Picciarvet. — Bairols. — La vie dans un village des Alpes-Maritimes. — Les fromages de Valdeblore. — Dans les schistes rouges. — Voyage nocturne à la frontière italienne. — La vallée de Mollières. — Isola. — Saint-Étienne-de-Tinée. — Une pépinière de prêtres. — Les charniers de la Haute-Tinée.

Saint-Sauveur-de-Tinée. Août.

Après un déjeuner atrocement méridional à l'auberge de la Vésubie, repas fait au bruit énervant d'un piano mécanique sur lequel un artilleur alpin n'a cessé de moudre des airs poncifs, nous avons pris le chemin de fer pour la station de la Tinée d'où partent les voitures destinées à la vallée de ce nom. La gare est établie dans la seule partie de la gorge du Var où l'on ait pu trouver place pour les constructions d'un bien modeste arrêt. La route y accède par des tunnels masquant à chaque instant le fleuve torrentueux. La gorge est aride, les rocs sont d'une nudité affreuse, mais sur les versants on aperçoit quelques oliviers. Sur un des monts est le hameau de Revestou, relié à la route par un horrible chemin aux multiples lacets, montant sur une paroi presque à pic, où cependant chaque année un groupe alpin défile avec son artillerie. En bas, il a fallu creuser la route à coups de pics dans les rochers, hauts et droits, du défilé où le Var trouve à peine un passage.

Voici le confluent avec la Tinée. Le site est d'une belle horreur. La route de Puget-Théniers et celle de Saint-Étienne-de-Tinée y divergent, chacune trouant un rocher pour pénétrer dans sa *chiuse*. Un rocher projeté en éperon sépare le Var de la Tinée; au sommet, mais ne pouvant être vu du fond, le fort de Picciarvel commande le passage. Cette sorte d'abîme où se confondent les deux torrents s'appelle la *Mescla* ou le *Mélange*.

La Tinée, que nous remontons, arrive entre des rocs noirâtres, à pic. Le passage de la route a été obtenu au prix de trouées et de corniches. Profond et caverneux, l'abîme porte le nom de *chiuse de Bauma Negra* — défilé de la grotte noire. La route y franchit la Tinée sur un pont facile à défendre avec une poignée d'hommes. On ne s'est pas fié à la force naturelle de ces thermopyles.

De solides grilles de fer peuvent barrer le pont, celui-ci est bordé de hauts parapets crénelés, des casernes ont été creusées dans le roc, leurs fenêtres sont blindées de rails. Par ces chicanes et le fort de Picciarvet on peut longtemps garder cette porte de la France, contre un ennemi venant des vallées du Gesso et de la Stura.

Après les ouvrages de Bauma Negra, les monts s'écartent un peu, mais ils restent sévères et tristes, rares sont les points cultivés. De ci, de là quelques vignes, mais il faut arriver près du pont de la Lune, sous le fort du Picciarvet dont on aperçoit enfin les remparts, pour retrouver la vie : des mûriers, quelques champs, une auberge, une scierie dont les produits sont envoyés à Cannes par voiture.

Court est l'épanouissement de la vallée, les parois se resserrent au pont de la Lune, en vue du village de Tournefort, perché avec son église au sommet d'un pic aride, mais où l'on voit encore quelques oliviers. En face, sur la rive gauche, à 400 mètres au-dessus de la Tinée, est le village de la Tour. Un bureau de poste portant ce nom est solitairement installé sur la route.

Après un arrêt pour laisser un maigre sac de dépêches, nous roulons de nouveau entre ces monts ravinés et ces cimes âpres, où de rares cultures de maïs, quelques vignes, des taillis de chênes font ressortir l'aspect dévasté des montagnes. Pourtant cette partie de la Tinée semble très verte auprès de Bauma Negra. On voit des maisons et des hameaux, écarts de communes dont le chef-lieu est juché au sommet de cimes inaccessibles en apparence. L'un d'eux, Bairols, est bâti sur une lame de calcaire et de schiste, déchiquetée et dentelée, dressée droite entre deux vallées qui sont des précipices et au flanc desquelles on a cependant pu faire croître des oliviers. La crête a quelques mètres de largeur, les maisons l'occupent, laissant entre elles une ruelle étroite ; de chaque côté, l'abîme. Là haut, me dit un compagnon de route, on a à peine de l'eau pour les besoins journaliers, on ignore le vin ; pour nourriture, des *fayots*, de la polenta graissée avec du lard ; les jours de gala, mouton rôti, mouton fricassé à l'huile. Comme industrie : élevage des enfants assistés — ils y mouraient comme des mouches. Bairols est l'effroi des chasseurs alpins qu'on y envoie cantonner.

Vue d'en bas, la crête de Bairols semble une fortification cyclopéenne, les assises calcaires sont comme les cordons d'une maçonnerie.

Sous l'âpre village est un petit hameau, Pont-de-Clans, où la route traverse le torrent de Clans.

Il y a de la verdure, des prés, des sources ; un petit hôtel proprement tenu s'est construit, deux ou trois maisons abritent des Niçois à la recherche de la fraîcheur. D'autres habitants du littoral séjournent plus haut, dans le village de Clans.

Le pont de Clans précède de nouvelles gorges, dont les parois sont semblables à des tours. Un instant on retrouve des oliviers et des prairies, mais l'aspect général est toujours sévère. Et cependant si l'on s'élevait pendant une heure ou deux on retrouverait les pâturages, les grands bois, les ruisseaux clairs, les sites heureux et frais comme Valdeblore où l'on fait en quantité un fromage réputé à l'égal de ceux de Roure et d'Utelle. Ces hautes régions sont en partie italiennes; les cols de partage entre le Var et le Pô sont bien loin sur le territoire italien, ils sont peu fréquentés d'ailleurs, sinon par les marchands de volailles qui, pendant l'été, viennent de Stura, Demonte et Vinadio alimenter les centres où résident les touristes.

Le paysage se transforme brusquement. Aux calcaires roux, aux schistes noirs, aux éboulis de couleur neutre font tout à coup place des rochers fantastiques d'un rouge ardent. Immenses falaises, aiguilles, éperons, blocs éboulés sont de la même teinte sanglante. Quelques pentes couvertes d'oliviers et de vignes semblent relever encore la brutalité de ces roches rouges.

Une haute montagne conique, appelée Fraccia de Roure, est entièrement formée de ce schiste rouge apparaissant entre des bandes de prairies. Il en surgit une masse blanche de grès sur lequel le village de Roure s'est bâti. Une autre montagne, revêtue de vignes et fermant l'entrée du Val de Brama Fama (Valdeblore), est de la même formation, elle porte le village de Rimplas. Sur certaines pentes les roches rouges alternent avec des couches blanches et jaunes dans le plus pittoresque désordre. On dirait qu'un titan barbouilleur a essuyé ses pinceaux et que les parties trop fluides ont coulé.

Un tunnel est creusé dans les schistes rouges, près d'une croix indiquant l'endroit où deux chasseurs alpins placés à la queue d'une colonne furent tués par une pierre tombée des parois.

Soudain, nouvelle transformation, une bourgade apparaît au fond de la gorge, très grise avec quelques maisons blanches, les montagnes autour sont vertes, des châtaigniers énormes font des bosquets sur les pentes, c'est Saint-Sauveur-de-Tinée, chef-lieu d'un des deux cantons de la vallée.

Mon projet était de louer une voiture pour

aller coucher à Isola d'où nous aurions, au point du jour, gagné Saint-Étienne. Mais c'est jour de foire à Isola, un seul propriétaire est resté et pourrait nous conduire. Profitant de la situation il nous fait un prix exagéré. Nous rompons les pourparlers en apprenant que le courrier de Saint-Étienne passera à une heure du matin. Nous le prendrons. En attendant, visitons Saint-Sauveur ; sauf son église romane, ce village de 650 habitants n'a rien de curieux, mais l'hôtel Wiard a un propriétaire aimable : c'est un ancien gendarme, né à Douai, je le devine à son accent bien qu'il ait quitté le Nord depuis trente ans, et il est heureux de trouver un voyageur connaissant la Flandre. Il met notre couvert avec celui du médecin militaire qui dirige l'ambulance établie en vue des manœuvres et celui d'un jeune géologue, M. Bertrand, envoyé de Paris pour dresser la carte géologique des Alpes-Maritimes. M. Bertrand monte avec nous à Saint-Étienne, il va résider dans la montagne jusqu'à l'hiver.

Le conducteur du courrier doit nous réveiller à minuit et demi, à 9 heures nous sommes au lit. Mais l'hôtel a pour hôte le général Derrécagaix et son officier d'ordonnance ; pour éviter de frapper à leurs portes, M. Wiard met des marques distinctives à nos chambres. André De-

lombre est signalé par un balai, M. Bertrand par une chaise cassée, on honore ma porte d'un drapeau.

A 1 heure seulement on nous réveille, il était près de 2 heures quand, au clair de la lune, la voiture, un break sans rideau, se met en route. La lumière lunaire, très vive, mais très blanche, éclaire d'une façon fantastique la gorge profonde où la route, après s'être frayé passage par un tunnel, domine continuellement de très haut la Tinée mugissante. La gorge est bordée de beaux châtaigniers sous lesquels l'ombre est profonde.

A moitié somnolents, nous allons sur la route sans parapets; le cocher dort, les chevaux, habitués à cette course, montent d'un pas lent, mais le jour naît et la fraîcheur devient pénétrante. On franchit la Tinée pour remonter désormais la rive droite, car nous approchons de l'endroit où le torrent forme la frontière. L'Italie commence au débouché du gros torrent de Molières dont, à l'aurore, nous distinguons la vallée profonde, agreste et sauvage, boisée de châtaigniers, verte de prairies. Ce pays au nom si français était dévolu à la France; par contre, Isola restait italien, lors de la délimitation de 1860; les gens d'Isola protestèrent, à leur demande on les annexa aux Alpes-

Maritimes, mais le val de Molières fut rétrocédé à l'Italie.

Maintenant nous suivons la frontière, la route est taillée dans le rocher sur la rive droite de la Tinée. Pendant près de 6 kilomètres, sans aucune maison, sans la moindre trace de l'homme, apparaît l'Italie sous l'aspect d'une montagne à la base escarpée mais supportant des champs et des prés. Ceux-ci, malgré leur situation en territoire italien, appartiennent à nos nationaux. Isola, Saint-Sauveur, Valdeblore et, sur l'autre versant, Saint-Martin-Vésubie et Belvédère ont même des territoires communaux en Italie, nos agents forestiers ont le droit de circuler en tenue sur ces terres des communes. Les Français propriétaires en Italie doivent aller acquitter les impôts entre les mains des agents du fisc royal, à Vinadio, ville principale de la vallée de la Stura. D'Isola à Vinadio il y a 25 kilomètres environ, mais pas de route et l'on doit traverser des monts de plus de 3,000 mètres, où les cols ne sont jamais à moins de 2,300 mètres et atteignent jusqu'à 2,700. Le tracé de cette frontière est une pure insanité.

On rentre complètement en France au pont Saint-Honorat par lequel on traverse la Tinée ; le pays se fait plus vert, il devient même charmant. Partout des châtaigniers énormes, dont la grande ramure couvre des prairies d'un vert doux, fleuries de myosotis, de campanules et autres fleurs éclatantes. Un puissant torrent, le Ciastiglione, — en français Chastillon — qui a bondi en Italie pendant 12 kilomètres, descendant de monts de 3,000 mètres, arrive à Isola, entre les châtaigniers par des chutes superbes. C'est la montagne idéale, verte et fraîche comme je n'en ai pas vu depuis le Faucigny et le Chablais[1]. On l'apprécie d'autant mieux que l'on vient de traverser des contrées plus arides et brûlées.

Le village répond au site. Sur un rocher noir surgissant des prairies au-dessus du Chastillon se dresse un pigeonnier mince et blanc. A l'entrée du bourg, le clocher roman à flèche pyramidale d'une église détruite a beaucoup d'élégance. Les rues, mal pavées, portent des noms, il y a quelques jolies villas pour les résidents d'été. Ce serait tout simplement admirable si la rive droite de la Tinée répondait aux aspects de la rive gauche. Mais les monts sont ravinés, il y a d'horribles cônes de déjection.

Après Isola le pays se fait plus alpestre, on aperçoit les mélèzes, les cascades sont nombreuses, les gorges sauvages. Vers la frontière

---

1. Voir 10ᵉ série du *Voyage en France*.

se dressent de hautes cimes dont une, Collalunga, est à 2,758 mètres. A partir d'ici, jusqu'à la limite des Basses-Alpes, jusqu'à la Suisse même, la ligne de partage des eaux redevient logiquement la séparation entre la France et l'Italie.

Sous un contrefort de la Collalunga, la vallée s'élargit à partir du pont de Bourghé; elle se couvre souvent de prairies semées de chalets semblables à ceux de Savoie, les cascades abondent, il y a beaucoup de noyers. Pour compléter la ressemblance avec les villages alpestres de la Savoie et du Dauphiné, les maisons sont couvertes en bardeaux, des chalets s'étagent dans les prés jusqu'au-dessus des bois de mélèzes. Si l'on remontait les vallons dont les eaux arrivent bondissantes à la Tinée, on découvrirait de beaux lacs parfois assez étendus, comme ceux de Rabuons et de Tinibras.

La route, après le pont de Bourghé, cesse d'être entretenue, c'est une piste que l'on transforme en ce moment pour atteindre Saint-Étienne, dont on aperçoit les toits au fond d'un ample bassin. Voici le bourg, presque une ville, 1,200 habitants y sont agglomérés et la commune en compte 1,800. C'est un véritable décor d'opéra comique : l'église est de pur style jésuite, les maisons sont peintes, leurs galeries et leurs arcades leur donnent une allure pimpante. L'une d'elles est toute bariolée en trompe-l'œil, une fausse tourelle d'angle est dessinée à l'ocre, un grenier à arcades la couronne. Sauf la place, toutes les voies sont étroites, deux voitures ne pourraient s'y croiser. Un ancien couvent a été transformé en caserne d'été pour les chasseurs alpins.

Saint-Étienne présente une particularité curieuse : il alimente de prêtres le diocèse. Plus de 80 curés et le vicaire général sont originaires de la commune. Les enfants reçoivent des bourses qui leur permettent d'aller au séminaire. Chaque matin, à quatre heures, tous les hommes de la paroisse vont à la messe. En ce moment, nombre de ces prêtres et de séminaristes sont en vacances ici. Ce sont des paysans en soutane, ils ont gardé l'allure de leurs compatriotes dont ils mènent d'ailleurs l'existence. On m'en a signalé dont l'amour du paysan pour la terre s'est encore accru ; ils se privent de tout, mangent de la polenta, boivent de l'eau pour augmenter leur troupeau de brebis ou acquérir un coin de prairies. Leurs paroisses comprennent souvent tant de hameaux qu'ils ne peuvent aller partout dire la messe le dimanche ; ils la disent le samedi dans les parties reculées. Ils ne parlent guère que le

patois et apportent dans la conversation française
des diminutifs italiens. L'un d'eux me disait à
propos d'une cascade que je trouvais charmante :
« Elle est trop petitonne. »

Je n'ai pu rester longtemps à Saint-Étienne,
nous avons eu un moment l'intention de gagner
Barcelonnette par Saint-Delmas-le-Selvage, les
cols de la Moutière et de Restefond qui nous auraient permis d'atteindre l'Ubaye en une journée. On nous a parlé d'une curiosité macabre :
les charniers remplaçant les cimetières, caveaux
dans lesquels on jette les cadavres. Nous ne les
verrons pas. Il nous reste à visiter les hautes
vallées du Var et du Verdon. Nous irons prendre
le train de Puget-Théniers à la Mescla.

Pendant que l'on prépare la voiture destinée à
nous conduire à Saint-Sauveur où un autre équipage sera attelé, nous allons faire une dernière
promenade autour de Saint-Étienne. Après tant de
gorges et d'éboulis, les environs du bourg paraissent exquis : des prés, des noyers, des peupliers,
des saules, des chalets et des eaux murmurantes
forment un décor reposant. Il y a bien encore une
affreuse pente de schiste, mais il y a aussi des
sapins et des mélèzes, les perspectives sont profondes. On voit des troupeaux, on entend des

murmures de cloches et de clochettes, d'un timbre particulier. Il doit y avoir là une industrie locale comme à Chamonix.

.... Nous allons acheter des clochettes chez le quincaillier: pour en faire l'éloge, il nous dit qu'il les achète à Carpentras !

XXV

LES GORGES DU VAR

La Mescla. — Une gare désertée. — De Maloussene à Massoins. — Existence d'un bataillon alpin. — Villars-du-Var. — Les gorges de Cians. — Puget-Théniers. — Le diocèse de Glandèves. — Une citadelle d'opéra-comique : Entrevaux. — Les gorges du Var. — Dans les schistes rouges. — Guillaumes.

Guillaumes. Août.

Le *mélange*, la *mescla* des eaux du Var et de la Tinée se fait au fond d'une gorge sinistre, où routes et chemins de fer n'accèdent que par des tunnels ; ces voies de communication ont dû violer la montagne et la montagne se venge. La Compagnie du Sud a construit une station au confluent même ; elle l'a appelée la Mescla. Un jour un des contreforts de la cime du Serse a laissé glisser une masse de rochers ; elle est venue heurter les bâtiments de la gare pendant la nuit. Les portes et les fenêtres furent défoncées ; des blocs énormes firent irruption dans la chambre du chef de gare ; depuis lors aucun employé n'a voulu résider à la Mesola. Les voyageurs trouvent le petit édifice abandonné, ils descendent sur le quai et peuvent s'abriter dans un sous-sol. Quand le train arrive, on monte sans les formalités d'usage.

Les employés de la Compagnie ont gagné à ce commencement de catastrophe d'éviter le séjour sinistre de cette réunion de gorges. Les parois des monts, sévères et nues, font au Var comme un couloir sans ouverture apparente. Le fleuve arrive furieux et bruyant entre les cailloux, se gonfle de la Tinée et disparaît dans un contour brusque du cañon. Pas une maison, pas une culture, mais quelques broussailles accrochées aux flancs des montagnes.

Un grondement lointain, un coup de sifflet, le train débouche d'un tunnel long de près d'un kilomètre, s'arrête pour nous embarquer et reprend sa course dans les gorges. Celles-ci s'écartent peu à peu ; aux abords de Malaussène, les escarpements font place à des versants plantés d'oliviers, de mûriers, de pêchers et de vignes. Un canal dérivé du Var apporte la fertilité autour du village.

Un officier alpin de mes amis, en ce moment aux manœuvres, m'a invité à passer quelques heures avec lui à Massoins, où il est cantonné. Comme tous les centres d'habitation dans ces contrées, Massoins n'est pas dans la vallée, un village ne saurait exister sur ces berges rocheuses et arides. De la gare un chemin muletier en assez bon état monte par les roches torrides et, de lacet en lacet, atteint des cultures. Des figuiers, des oliviers abritent la vigne; plus loin les eaux d'une source permettent d'obtenir de la luzerne; dans les prairies croissent des pommiers. Tout autour se dressent des montagnes âpres, nues, brûlées, emmagasinant la chaleur tout le jour et la restituant la nuit. Cette ceinture de pics et d'escarpements désolés, qui vit sous la Révolution d'éclatants faits d'armes de nos volontaires, fait mieux ressortir la fraîcheur de ce village de Massoins, si haut perché. C'est un lieu de délices en comparaison de tant d'autres hameaux sordides, juchés au sommet de rochers en apparence inaccessibles, où la propreté et le confort sont inconnus. Et pourtant Massoins a pu fournir juste sept lits pour les officiers du 23e bataillon. Lieutenants et sous-lieutenants sont sur la paille ou sur des brancards d'ambulance.

On ne trouverait même aucune ressource en vivres, si l'on n'avait le mercanti; partout où peut passer un alpin avec un mulet, le mercanti arrivera avec ses provisions de bouche. Les artilleurs n'auront pas encore débâté leurs animaux et monté leurs petits canons pour constituer le parc et déjà le mercanti, gros, gras, fleuri, aura fait un étalage alléchant : saucisson et fromage, pain blanc, raisins, pêches et melons ; tomates, aubergines, haricots verts, piments, concombres, tout ce qui peut rapidement frire, rissoler ou accompagner le mouton de l'intendance, tout ce qui peut faire une de ces salades à la fois fraîches et épicées qui plaisent tant aux soldats, se trouve là. Le boutiquier fait des affaires d'or.

Non loin, un autre industriel s'installe. Quelques piquets et des clous fichés dans les murailles d'une maison lui permettent de dresser une tente faite de grosse toile ou de vieux sacs ; il a hissé à ces hauteurs, sur des mulets, des tables et des bancs ; entre quatre pierres il fera bouillir l'eau destinée à une gigantesque cafetière ; sur un banc s'aligne l'armée innombrable des apéritifs inventés par les liquoristes du Midi, trônant autour de la reine Absinthe et entourés par les fallacieuses liqueurs de fantaisie, ainsi que les baptisent les étiquettes, pour éviter de voir saisir des chartreuses et des sirops où le glucose joue le rôle de sucre. Dans ce café une partie spéciale est réservée aux officiers.

L'établissement est naturellement le centre de la vie au cantonnement. Fourriers et sergents-majors y viennent aux ordres ; on y va chercher les officiers pour les communications. Le tableau est presque partout le même, du moins pour la partie aride des Alpes-Maritimes, car il y a aussi la partie fraîche, ombragée, boisée, où le soleil, l'eau et l'altitude réunis ont fait merveille.

Nous sommes fiers, et avec raison, de nos troupes alpines, mais nos pères ont fait beaucoup dans cette région, sans avoir nos routes et nos chemins. Masséna et les autres généraux ses émules ont mené leurs volontaires et leurs grenadiers sur des points qu'il semble folie de vouloir gravir. Ces abîmes sans fond, ces escarpements vertigineux, ces arêtes effrayantes ont été enlevés, tournés, escaladés par des troupes qui n'avaient jamais vu la montagne. Il faut venir ici pour bien comprendre le caractère et la trempe de ces armées de la Révolution que rien n'a jamais égalées.

La fanfare joue sur l'étroite terrasse servant de place à Massoins, où les mulets de bât sont attachés à la corde ; de petits détachements sont réunis et partent pour aller prendre les avant-postes sur les pentes des Quatre-Cantons, montagne dressée à près de 1,900 mètres où, suppose-t-on, un bataillon jouant le rôle d'ennemi va chercher demain à s'installer.

La nuit vient rapidement, plongeant dans l'ombre le bourg aux rues étroites et montantes. Quand nous le traversons pour gagner Villars où nous devons passer la nuit, tout est endormi, sauf les sentinelles veillant autour du parc d'artillerie. Il n'y a pas de lune, mais les étoiles ont un tel éclat que la campagne en est éclairée d'une lumière pâle donnant aux objets un aspect fantastique. La route serpente au pied de parois décharnées, en des défilés creusés dans une roche livide et va contourner un formidable ravin à l'extrémité duquel nous voyons surgir le bourg de Villars au sommet d'une terrasse formant promontoire.

Au matin, en ouvrant les volets de ma chambre, ou plutôt de la salle à manger où l'on nous a installé des lits parmi les reliefs du souper d'un général et de son état-major, je découvre un plateau de culture très vert, des prairies, des canaux, des vignes en treille, puis, au-dessous, la vallée du Var toute grise, en face Malaussène dans ses oliviers.

La descente à la gare se fait par une route et un *raccourci*, sous les figuiers et les oliviers. La station est au bord même du petit fleuve dont passent rapidement les eaux, soulevant un bruit de galets roulés par le courant.

Le train a stoppé; il repart, longeant le Var encaissé entre d'immenses plaques calcaires ; souvent ces couches ont glissé jusqu'au thalweg de cailloux. Il y a quelques bois, mais l'ensemble du pays est horriblement dévasté. Sur la rive droite, des vallons profonds s'entr'ouvrent.

Au Touët-de-Beuil la vallée devient enfin pittoresque. Le Touët est un village extraordinaire, collé contre un rocher. Les maisons sont de hauts murs gris ceinturés de galeries de bois bruni par le temps, surmontés de greniers de même teinte. Ces maisons bordent d'étroites ruelles ; vues de la vallée, elles semblent des alvéoles d'abeilles serrées les unes contre les autres. L'effet est imprévu, étrange, saisissant. Des habitations neuves, toutes blanches, font ressortir davantage les teintes brunes des vieilles constructions. Du rocher sourdent des fontaines ; un torrent arrive dans le village, court par les rues, se précipite en cascades. Au-dessus, la montagne est aride ; au-dessous, grâce au torrent, il y a de la verdure. Les parties sans eau sont revêtues d'arbres : figuiers, mûriers et oliviers.

A moins de deux kilomètres, à l'entrée du vallon de Cians, une halte est installée. On voit, de là, s'ouvrir des gorges sinistres, bordées de hautes roches contournées. Cette gorge est célèbre dans le Midi, par ses roches rouges, comparables à celles de Saint-Sauveur-sur-Tinée et de Guillaumes. Elles aboutissent à Beuil, station estivale très à la mode.

Le temps ne m'a pas permis de parcourir cette région ; j'ai dû continuer ma route sur Puget-Théniers, d'où part la voiture de Guillaumes. André Delombre et moi sommes aujourd'hui les seuls voyageurs, aussi le conducteur nous permet-il d'aller visiter le chef-lieu d'un des trois arrondissements des Alpes-Maritimes. Oh! l'insignifiante bourgade, dans un site sans couleur et sans vie! Un quartier neuf, bâti au bord du torrent de la Roudoule, où sont les cafés et les magasins, possède toute l'animation de la cité. Une porte donne accès dans la ville ancienne, adossée à un rocher montrant des restes de forteresse au sommet. Le paysage immédiat est d'un gris sale; sous le pont la Roudoule roule un maigre filet d'eau colorée par son passage par les schistes rouges. Telle est cette sous-préfecture de 1,200 habitants.

Rejoignons la diligence, elle nous fait remonter le Var entre de grises hauteurs sous lesquelles une zone régulière de verdure indique des irrigations. On trouve encore des oliviers, mais rares et d'une teinte presque noire.

Ce pauvre pays est en voie de transformation. Le thalweg du Var, prodigieusement large, a été rétréci; la route parcourt la rive droite sur une digue défendue par d'énormes blocs de béton; entre elle et la base de la montagne de Gourdan, on a isolé une plaine large de cinq cents mètres en moyenne et longue de cinq kilomètres. Pendant les crues, quand le Var est chargé de matières terreuses, on conduit les eaux par des vannes dans une série de plans de retenue. La conquête est assez avancée, il y a déjà beaucoup de champs cultivés, le reste est transformé en roselières. En ce moment, des ouvriers sont dans la vase jusqu'à mi-jambe pour couper les roseaux, d'autres forment des bottes qui seront vendues aux rempailleurs de chaises. Cette récolte donne un peu de vie au morne paysage.

Au fond apparaît une ville, commandée par de grandes constructions au sommet d'un rocher. C'est Entrevaux. En avant, dans la plaine colmatée, sont des cultures assez belles, des trèfles et des vignes croissent dans le sable vaseux. Il y a là des habitations assez nombreuses mais espacées et des ruines informes. C'est le hameau de Glandèves, peuplé d'une quinzaine d'habitants et qui jusqu'à la Révolution fut le chef-lieu d'un diocèse. La ville primitive, *Glandeva*, ayant été détruite par le Var et par les Sarrazins, les habitants allèrent créer Entrevaux, où l'évêque et le chapitre résidèrent, mais le nom de diocèse de Glandèves persista. L'évêché rapportait encore 10,000 livres à son titulaire, autant que Grasse, plus que Vence.

Glandèves était à la frontière provençale, comme Puget-Théniers était à la frontière de Nice. A la Révolution, toute trace officielle de son existence disparut, l'évêché fut supprimé et Entrevaux devint chef-lieu d'un canton des Basses-Alpes, tout en restant, comme ville forte, la clef de la Provence en face du roi de Sardaigne.

Pauvre forteresse et clef bien fragile ! Mais si curieuse et amusante. Sa campagne était aride, elle l'a peuplée de cabanons, plantée de vignes et de figuiers. Les cabanons et de petites villas viennent jusqu'au Var, bordé de saules pleureurs; les fenêtres, sur les terrasses des tonnelles, sont couvertes de haricots rouges et de potirons grimpants. La ville, toute menue, est enfermée dans une enceinte crénelée flanquée de bastions, percée de meurtrières, reliée à la rive droite par un pont fortifié. Le mur couronne une falaise rongée par le Var, un ravin est franchi par les arceaux d'un aqueduc. De la ville, un chemin raide monte au flanc du rocher jusqu'au château; sur ce chemin s'échelonnent une vingtaine de portes crénelées d'un effet singulier.

Pour passer sur le pont, il faut franchir une porte à mâchicoulis; à l'autre extrémité est une seconde porte à pont-levis, flanquée de tours entre lesquelles se dresse un pavillon également couronné de mâchicoulis. On entre alors dans la rue principale, très courte, dallée en pierre de taille Les autres voies sont pavées de galets; raides et sinueuses, elles descendent au Var.

Ainsi assise sur le roc, à demi entourée par le Var, ceinte de ses remparts, flanquée de tourelles en poivrières, dans un bassin de beaux oliviers, au-dessous de l'étonnante arête de rochers sur lequel le fort est juché, Entrevaux est un des plus amusants joujoux militaires que l'on puisse voir. L'officier qui commande la minuscule garnison doit parfois se croire un haut baron du moyen âge.

Entrevaux réunit à peine 800 habitants dans son enceinte. Le reste de ses 1,400 âmes est réparti dans une banlieue à laquelle les fermes et les petites villas donnent un certain charme. La rive gauche du Var, en amont, est plantée d'oliviers; la rive droite a beaucoup d'amandiers parmi ses vignes ravagées par le phylloxéra. Autour des maisons, les arbres fruitiers sont nombreux. Ce bassin de cultures assez étendu s'appelle le Plan ; il finit brusquement par une gorge resserrée entre deux rochers, reliés par l'arche unique d'un pont qui ne manque pas de caractère. Le Var, ici, a coupé une étroite arête jaune, semblable à une immense latte.

Le paysage est grandiose, après la coupure. Le Colomp, très large, venant des riantes vallées d'Annot, semble la rivière maîtresse, le Var l'atteint en débouchant d'une fissure semblable à celle de Pont-Noir. Le Colomp s'étale entre un versant boisé et une chaîne de roches rougeâtres d'un grand effet. Au fond, de grises montagnes ferment la vallée.

La route de Guillaumes traverse un tunnel, puis franchit le Var sur un pont moderne à côté d'un vieux pont délabré. Et l'on remonte la gorge, étrange décor de montagnes pelées. Sur un piton apparaissent les maisons rouges de Castellet ; au-dessous, le village neuf se groupe autour d'une église blanche. Les amandiers sont nombreux, les oliviers sont rares. On en aperçoit encore quelques-uns autour de Daluis, en vue des premiers rochers rouges des gorges de Guillaumes, mais les noyers et les saules dominent.

Daluis, où l'on rentre de nouveau dans les Alpes-Maritimes, est la table d'hôte pour les voyageurs de la diligence ; les gens sont empressés, mais l'auberge est bien sale, nous en sortons avec un soupir de soulagement.

A peine en route, on aperçoit les premiers schistes rouges, prolongement de la constitution géologique que nous avons rencontrée à Saint-Sauveur-sur-Tinée et aux gorges de Cians. D'abord ils se mêlent aux calcaires très blancs, se heurtent à des vignobles assez verts et bientôt deviennent dominants. Le Var se creuse dans cette roche ardente un lit d'une effrayante profondeur. La route, au lieu de suivre le fond du cañon, s'élève vers la lèvre de l'abîme ; hardiment tracée, bordée de parapets, elle permet de contempler ce paysage extraordinaire de falaises et d'aiguilles d'un carmin sombre.

Aucun site ne m'a encore frappé de la sorte. La route contourne un énorme ravin d'un rouge puissant, avec des entablements et des à pics formidables ; un viaduc blanc taché de rose enjambe la tête de ce val fantastique. Il y a des dislocations, des stratifications, des mélanges indescriptibles de couches rocheuses. La route est ensuite taillée entre de hautes parois et l'on débouche au bord d'un effroyable abîme hérissé d'aiguilles, de pilastres, de colonnes, sur lesquels des lichens pâles, des herbes d'un vert tendre, mettent des teintes douces. Au delà surgit une cime calcaire hérissée de clochetons dominant cet étrange chaos de plissements et d'encorbellements, ces couloirs d'éboulis, semblables à des torrents de sang. Dans les parois s'ouvrent des tunnels, l'un d'eux est éclairé par trois lampes. Ils se succèdent sans cesse. A l'entrée du troisième, on surplombe à pic la gorge effrayante, ses pyramides, ses marches gigantesques. Au fond, on aperçoit le torrent d'un vert profond emprisonné dans ses parois sanglantes. Les détours de la route sont nombreux et brusques, le Touring-Club l'a jalonnée pour éviter les accidents.

Il y a neuf tunnels, séparés par des ponts jetés sur des abîmes vertigineux, dominant les roches rouges dont la teinte est encore relevée par les touffes d'une variété de thyms à fleurs blanches et par des plaques épaisses de verdure accusant tous les détails de ces masses isolées, curieusement chantournées, sculptées ou érodées.

Un dernier tournant et les schistes rouges disparaissent pour faire place à des calcaires taillés en obélisques. Les monts s'écartent, voici de la vigne et des noyers. Désormais la teinte rouge des schistes ne se montre plus qu'à l'état de rognons ou de poches. Ce système géologique convulsé a attiré les chercheurs; on a fouillé et trouvé du cuivre, mais l'exploitation régulière ne s'est pas faite. La région réserve peut-être des richesses, sur plusieurs points on trouve des métaux, du plomb argentifère et du soufre surtout. Près de Puget-Théniers, à la Croix, une mine occupa 400 ouvriers.

Voici un petit bourg, Guillaumes, encore entouré de débris de remparts. Dans cette enceinte sont 400 habitants, le reste de la population est épars dans les hameaux bordant le Var et la Trébi. Une église avec tour carrée surmontée d'une flèche de pierre, les fières ruines d'un château et de remparts sur un rocher, donnent encore à cette maigre cité une allure pittoresque. Mais les maisons sont grises, tristes, couvertes en bardeaux de mélèzes. Le roi de Sardaigne, dont Guillaumes fut la forteresse, n'aurait pas osé se gausser d'Entrevaux. Celle-ci paraît autrement importante!

XXVI

DU VAR A L'UBAYE

Les vignobles de Guillaumes. — Le commerce des sorbes. — Dans les schistes. — Essais de reboisement. — Le pays d'Entraunes. — Saint-Martin-d'Entraunes. — Ascension du col de Champ. — Descente vers Colmars. — Le fort de Savoie et le fort de France. — Allos. — Le col de Vergelaye. — Descente à Barcelonnette.

Barcelonnette. Août.

Peu de paysages sont plus nus que les environs de Guillaumes. Les schistes, par leur horreur, rappellent les plus tristes régions de la Maurienne et de la vallée de la Durance. Ces bords du Var ont peu de pâturages, les cultures y sont rares, la vigne seule est de quelque revenu, malgré le phylloxéra. Tout le monde ici a quelque parcelle de vignoble entourant un cabanon. On évalue encore à 3,000 hectolitres la production du vin ; il est vendu jusqu'à Nice et Marseille. L'olivier ne se montre plus à partir de Daluis, mais le noyer abonde et son huile remplace celle de l'arbre méditerranéen. Malheureusement la spéculation est venue, des industriels de Marseille achètent ces arbres et les abattent; bientôt ils seront rares ; déjà les plus beaux noyers sont coupés ; la culture arbustive sera réduite aux sorbiers, très abondants dans les Basses-Alpes et les Alpes-Maritimes. La sorbe est séchée et vendue à des voyageurs de commerce qui la paient de 1 fr. 75 c. à 2 fr. le kilogramme. Ce fruit sert, me dit-on, à fabriquer du chocolat ! Les années où les cacaos sont à prix modérés, la sorbe reste dans le pays ; les acheteurs ne venant pas, on doit donner aux porcs ce succédané inattendu de la fève mexicaine. Le sorbier est particulièrement abondant autour de Castellane.

Je recueille ces détails de la bouche du voiturin qui nous conduit à Saint-Martin-d'Entraunes par la route assez primitive de la haute vallée du Var. Ce chemin a cependant été amélioré en vue de son rôle futur de route nationale entre Nice et Barcelonnette par le col de la Cayolle. Il sort de Guillaumes en trouant par plusieurs tunnels d'énormes masses de poudingue calcaire. Ces roches désagrégées sont de forme curieuse, elles se dressent en aiguilles, simulent des ruines et des arceaux. Au-dessous, dans son lit trop large, le Var est un maigre torrent.

Peu à peu le paysage devient franchement laid. Nulle part, même dans le Gapençais, on ne trouverait schistes plus horribles et plus ravinés. Le sommet de Chamoussillon, dressé à 2,159 mètres d'altitude, à plus de 1,200 mètres au-dessus du Var, masse énorme et décharnée, rongée à vif, semble écraser un pauvre village, Villeneuve-

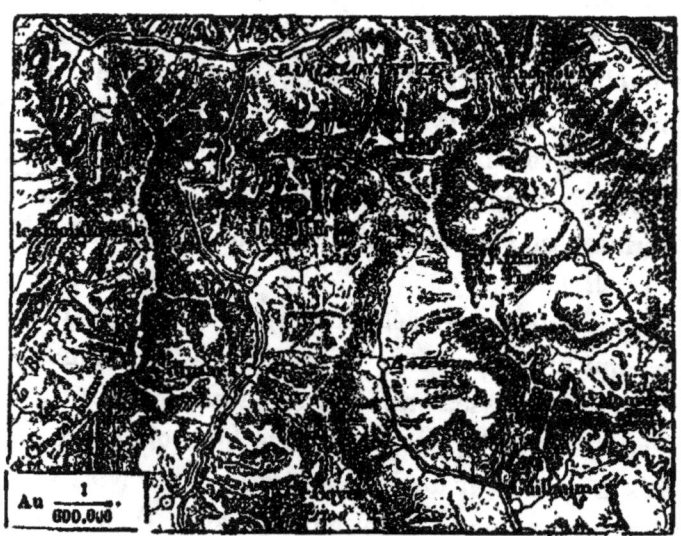

d'Entraunes, aux grises maisons de pierre sèche couvertes en bardeaux. Villeneuve se transforme, une haute flèche d'église, quelques maisons bien crépies recouvertes en tuiles forment un quartier neuf; au-dessus un autre village, Châteauneuf-d'Entraunes, est juché à l'extrémité d'un contrefort du Chamoussillon.

La rive droite du Var est moins déshéritée ; certes il y a encore de bien laids ravins terminés par des cônes de déjection, mais entre eux on trouve des bois de pins et des prairies verdoyantes qui contrastent avec cette horrible montagne de Chamoussillon devenue plus laide au delà de Villeneuve-d'Entraunes. Les masses de schiste noir sont effroyables maintenant, on dirait que pics et ravins ont été sculptés ou creusés dans la houille. Le service des forêts a entrepris de reconquérir l'affreuse combe, les ravins sont fermés par des barrages derrière lesquels des atterrissements se produisent, formant une plate-forme pour la plantation des saules et des pins. Le travail est entrepris avec assez d'activité, les gens du pays d'Entraunes, jadis hostiles au reboisement qui restreint la zone des pâturages, sont devenus favorables, le travail répandant chaque année 15,000 ou 20,000 fr. de salaires dans la vallée.

J'ai dit le *pays d'Entraunes*. Cette partie haute du bassin du Var fut en effet une sorte de petite province dans la province niçoise du royaume de Sardaigne, tous les villages portent le nom du bourg d'Entraunes, jadis chef-lieu de la terre, mais actuellement moins considérable que Saint-Martin. Ce dernier village, où nous devons passer la nuit, est d'aimable aspect, il se dresse sur un rocher au-dessus du Var ; ses pignons aigus de bois bruns et ses blanches façades lui donnent l'aspect d'un village suisse. Un vallon rempli de prairies, traversé par une belle avenue de peupliers, des pentes boisées de vigoureux noyers et de frênes, plus haut un vaste hémicycle rempli de pâturages et de bois de mélèzes, font un cadre charmant à Saint-Martin, d'autant plus riant que la vallée du Var s'ouvre plus âpre et nue vers le nord. Le torrent descend dans un lit de gravier, entre de hautes croupes calcaires aux puissantes assises.

A l'hôtel Roux on nous fait un accueil empressé ; de jolies chambres toutes neuves, dont nous sommes, dit-on, les premiers occupants, donnent sur la petite place ombragée d'arbres, où les laveuses entourent un bassin clair ; là-haut, à plus de 2,700 mètres, se dressent les hautes cimes sur lesquelles dort le lac d'Allos et que nous franchirons demain. La route serait plus courte par la source du Var et le col de la Cayolle, mais nous ne verrions ni Colmars ni Allos.

Nous sommes levés au point du jour. Un muletier doit nous servir de guide, ses bêtes porteront nos bagages. La bonne madame Roux a fait faire notre lessive, elle a réparé nos vêtements un peu éprouvés par tant de marches, d'ascensions et de descentes; notre déjeuner est prêt. En route ! Le guide, à sa grande surprise, nous voit dédaigner les selles de ses mulets et entreprendre à pied la montée du col de Champ. Il est cinq heures; rapidement nous nous élevons par le chemin muletier, en dédaignant la route stratégique récemment ouverte mais allongeant prodigieusement le parcours par ses lacets. Le chemin grimpe à travers des rochers boisés de buis jusqu'aux premiers mélèzes. La vue est superbe sur le village de Saint-Martin si gentiment groupé, le Var torrentueux, Entraunes et les hautes montagnes qui séparent le Var de la Tinée, rayonnant autour du mont Mounier, cime culminante de ce premier chaînon des Alpes-Maritimes, portant un observatoire météorologique au flanc de son pic de 2,818 mètres.

Le sentier atteint la crête qui domine immédiatement Saint-Martin, à une hauteur de 1,500 mètres en moyenne. On est alors sur un plateau ondulé, couvert d'immenses pâturages et de beaux groupes de mélèzes, de ci de là revêtu de cultures d'avoines; celles-ci sont vertes encore et nous sommes au 27 août.

Le col s'échancre devant nous, bien haut encore. Pour l'atteindre, il faut longtemps suivre la route enfin rejointe et à laquelle travaillent les soldats du génie, à défaut des corvées d'infanterie supprimées pendant les manœuvres. De pauvres chalets servent de cantonnements aux sapeurs, ils limitent la zone verdoyante; désormais on est sous des roches grises, sans verdure. La route monte au col par des lacets, l'ancien chemin que nous suivons est une piste pierreuse conduisant à la coupure appelée col de Champ. La route s'élève encore bien au-dessus pour éviter la traversée des schistes, mais le sentier se tient au plus bas, à 2,191 mètres d'altitude, il traverse des prairies sillonnées de ruisseaux couverts de glace malgré la saison. Et alors, commence la descente par de hideux éboulis de schiste, par des ravins où le sentier est sans cesse effacé. Lorsqu'on débouche d'un de ces abîmes noirs, on aperçoit de hautes montagnes, pics ou parois calcaires s'élevant de 2,700 à 3,000 mètres; dans ces monts nus, de teintes ardentes, est le lac d'Allos.

Enfin, voici de nouveau des pâturages, des cabanes servant à serrer le foin, une maison forestière entourée de belles pépinières où grandissent les divers plants de résineux destinés à reboiser les « Tours-du-Lac », c'est-à-dire les immenses parois décharnées entourant le lac d'Allos. Le sentier croise un instant la route et la quitte définitivement dans une belle forêt de mélèzes. De là on domine une vallée large, profonde, remplie de nombreux villages, c'est celle du Verdon. Le premier de ces groupes d'habitations est une façon de petite ville, Colmars, ceinte de remparts. Nous y descendons par des pentes raides, bordées de champs cultivés. Bientôt nous l'atteignons, au pied du fort de Savoie, et pénétrons dans la « ville » peuplée de moins de 800 habitants, dont 475 seulement dans l'enceinte. Cette « forteresse » est défendue par deux forts : au nord, le fort de Savoie a des tours rondes et de larges meurtrières ; au sud-est est le fort de France, carré, flanqué d'échauguettes. L'enceinte crénelée possède encore des tours. L'entrée vers la porte de France est entre deux tours carrées avec machicoulis et reposant sur des hourdis de bois. C'est menu, menu ! on dirait un de ces forts que l'on donne aux enfants. A l'intérieur une seule rue, propre, calme, bordée de hautes maisons et sur laquelle s'ouvrent d'étroites ruelles. En somme, un petit village somnolent, où le seul bruit est celui des fontaines, dont l'eau est exquise.

Une voiture a été commandée pour nous à Barcelonnette, il n'y en avait pas de libre, mais une dépêche expédiée à Annot a fait envoyer de ce bourg estival une des voitures d'excursions de Nice, employées pendant l'été dans les centres où séjournent les habitants du littoral. Deux chevaux superbes y sont attelés, ils nous conduiront à Allos pour le déjeuner.

Nous disons adieu à Colmars, dont la petite garnison, en ce moment réduite à quelques artilleurs, reviendra bientôt et prenons la route de

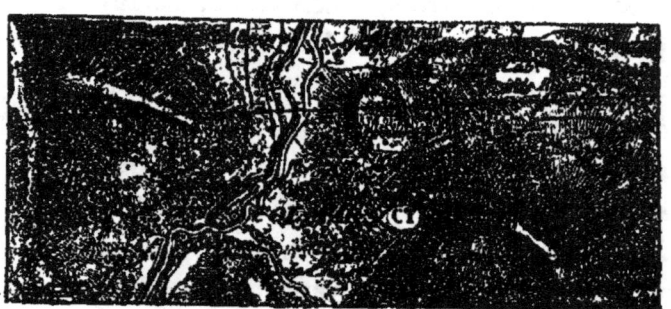

l'Ubaye. On longe le fort de Savoie, nom rappelant l'époque où l'Ubaye était savoisienne, et l'on remonte le Verdon. Le paysage est assez riant. Du côté du col de Champ, la forêt de mélèzes pare la montagne sur toutes les croupes. La rive droite est plus aride, mais au-dessous de Colmars, entre Villars et Beauvezer, il y a de beaux bois de pins.

Le Verdon roule des eaux grises au fond d'une gorge sans caractère, sauf en un point où de grands rochers surplombent la route. Les habitants des hameaux ont su tirer parti des eaux et, grâce à elles, transformer les pentes inférieures. Ainsi, autour des fermes de Chaumie, il y a une aimable ceinture de prairies, de cultures, de pins, de frênes, de mélèzes, de sorbiers et de peupliers. Mais il faut arriver à Allos pour retrouver un bassin un peu étendu.

Allos est l'unique commune du canton dont elle est le chef-lieu. La commune a 932 habitants, le bourg en a moins de 400, le reste est réparti en des hameaux échelonnés au-dessus du Verdon. Le village (1,425 mètres d'altitude) apparaît gris au-dessous de monts grisâtres dont l'altitude dépasse 2,400 mètres. Au pied du coteau portant les maisons est un beau christ de bois ; plus loin, on rencontre une vieille église romane, fort belle, dont le porche est soutenu par des colonnettes à chapiteaux sculptés. Cette église sert au culte l'été seulement, l'hiver la neige en empêche souvent l'accès.

Les rues d'Allos sont montueuses et sans caractère ; maisons, église, tour de l'horloge sont couverts en bardeaux, la tuile et l'ardoise étant à peine connues dans cette partie reculée des Alpes de Provence.

Après déjeuner nous sommes repartis ; l'excellent maire d'Allos, M. Reynaud, nous accompagne jusqu'au col après nous avoir fait les honneurs de son village. Il voulait nous conduire au lac et nous faire assister à la pêche, mais il n'y a pas un mulet de disponible, tous sont dans la montagne d'où ils reviendront le soir seulement avec leur charge de fourrage ; nous avons dû à regret renoncer à cette course. Le lac mérite d'être vu, c'est le plus vaste des Alpes au sud des lacs de Laffrey[1].

D'Allos au col de Vergelaye ou col d'Allos, la montée est incessante. On côtoie de haut le Verdon, entre des forêts de mélèzes coupées de clairières converties en prairies ou en champs de céréales. Des hêtres et des érables, dont les menues branches ont été coupées pour servir de fourrage bordent la route. De l'autre côté du torrent, au flanc d'une immense chaîne très régulière — dont les pics les Trois-Évêchés, dressés à 2,823 et 2,927 mètres voient naître la Bléone, rivière de Digne, le Verdon et un affluent de l'Ubaye — il y a des pâturages très étendus. Le foin est toute la fortune de ce pays. On l'obtient en bas au moyen de prairies irriguées, donnant deux coupes ; la

---

1. Voir 8° série du *Voyage en France*, page 125, et la carte pages 104-105.

seconde est mêlée en vert à la paille pour lui communiquer son parfum et la rendre agréable. Dans les prairies naturelles des hautes pentes et des plateaux, on se borne à une seule coupe. Jadis l'exploitation des fourrages des grandes altitudes était difficile, la descente avait lieu à dos de mulets, il fallait plusieurs semaines pour enlever le foin d'une prairie. Maintenant, des câbles de fer, tendus des pâturages à la route, permettent de conduire en quelques secondes les bottes de foin suspendues à des anneaux glissant sur la corde métallique. Dans toute la région de Barcelonnette, ces câbles deviennent d'un usage régulier.

A mesure que la route s'élève, les érables destinés à la nourriture du bétail sont plus nombreux ; les prés, plus verts, arrivent jusqu'à la lèvre d'abîmes profonds que le Verdon a creusés. Le pays est très pastoral ; sur la rive droite, les teintes diverses des prairies et des essences variées d'arbres et d'arbustes donnent une grande beauté aux combes creusées sur les flancs des Trois-Évêchés

Les hameaux sont très petits, la Beaumelle, la Baume, les Guys précèdent la Foux, groupe plus considérable bâti à 1,659 mètres d'altitude. On cultive beaucoup d'avoine dans cette partie de la vallée, les moissons sont vertes encore, mais déjà on coupe les épis, ils achèveront de mûrir dans les greniers. Cette avoine, dont la maturité se fait ainsi à l'abri, a pour le commerce une valeur plus grande que celle d'Allos, mûrie cependant sur pied.

La Foux est un hameau de bois, dont les chalets sont entourés de galeries couvertes par de grands auvents. Les fenêtres sont fleuries ; depuis longtemps je n'avais rencontré ce goût pour les fleurs. Autour des maisons, de vastes granges sont remplies de foin. Dans le village, j'aperçois avec surprise l'élégant costume des Arlésiennes ; la Foux n'est cependant pas une colonie venue du Rhône ! M. Reynaud m'explique le mystère : ces Arlésiennes sont les femmes des gardiens de moutons transhumans[1], de la Camargue et de la Crau, qui resteront ici jusqu'aux premières neiges.

La route continue à s'élever droit au nord-ouest, comme si elle voulait atteindre la majestueuse pyramide de Siolane, une des plus belles cimes des Alpes provençales, dressée à 2,910 mètres. Au bord de la route, dans les champs, on voit poindre les tigelles vertes des moissons prochaines. A ces altitudes, il faut semer le blé en juillet pour moissonner l'année suivante.

---

1. Sur les moutons transhumans, voir la 8ᵉ série du *Voyage en France*, pages 310 et suivantes.

Le Verdon est maintenant bien au-dessous de la route; le torrent se forme ici; né au pied d'une arête de Siolane, il s'accroît par des ruisseaux et des cascades. Il s'est creusé une fissure étroite et profonde, franchie par un pont que l'on dit romain, mais dont la construction ne semble pas remonter aussi loin. Brusquement, par de grands lacets, la route se dirige à l'est, vers le col de Valgelaye, affaissement plutôt qu'échancrure de la crête. Nous prenons les raccourcis, à travers des pâturages pierreux parcourus en ce moment par un troupeau de transhumans de 1,200 à 1,500 têtes. En une demi-heure d'ascension raide, ayant sans cesse au-dessus de nous les lacets et les ponceaux de la route, nous atteignons le col, à 2,250 mètres. Le refuge est ouvert, on nous y prépare un café brûlant. De la terrasse, la vue est superbe sur d'innombrables cimes, vertes de forêts, rouges d'escarpements, blanches de neige et de glace. Le Brec de Chambeyron, le Parpaillon, les sommets lointains du Pelvoux et des monts du Briançonnais, forment un inoubliable panorama.

La voiture est arrivée bien après nous; un dernier serrement de main à M. Raynaud et en route. Les deux chevaux descendent à toute vitesse, par les pâturages de Valgelaye et de Chauchelaye, la merveilleuse forêt de mélèzes des Agneliers. La route est d'une hardiesse inouïe ; elle borde sans cesse la vallée profonde du Bachelard, et contourne ses affluents. Vallées et vallons sont des précipices sublimes mais effrayants. On est comme suspendu à des centaines de mètres au-dessus de cette gorge au flanc boisé. En quittant les Agneliers on peut apercevoir la vallée de Fours presque entière, par laquelle nous aurions pu arriver quelques jours plus tôt en partant de Saint-Étienne-de-Tinée.

Puis l'on reprend la direction du nord, toujours au-dessus de l'abîme où gronde le Bachelard ; on domine le riant village d'Uvernet et, après une demi-heure de course dans la vallée de l'Ubaye, voici Barcelonnette, terme de cette longue et merveilleuse excursion à travers les Alpes de Provence[1].

---

[1]. Sur Barcelonnette et la vallée de l'Ubaye, voir la 10ᵉ série du *Voyage en France*.

Carte des ALPES

pour servir aux

8ᵉ, 9ᵉ, 10ᵉ et 12ᵉ SÉRIES

(et partie de la 11ᵉ)

DU VOYAGE EN FRANCE

par M. ARDOUIN-DUMAZET

d'après la Carte de l'État-Major
au 1/864,000ᵉ
complétée et mise à jour

TABLE DES MATIÈRES

I. — Au pays de Tartarin.

Pages.

L'île de la Barthelasse. — Villeneuve-lès-Avignon. — Abords de la Durance. — Les jardins de Barbentane. — La Montagnette. — Arrivée à Tarascon. — Le battage des blés. — Par les rues.   1

II. — La foire de Beaucaire.

Embarras de Beaucaire! — Les livres et la foire. — La flotille d'autrefois. — La digue du Rhône. — La foire d'aujourd'hui. — La foire d'autrefois. — Mercuriale de 1896. — Beaucaire. — A travers la ville. — Les ruines du château. — Le port de Beaucaire. — Les canaux du Midi   16

III. — Uzès et le pont du Gard.

De Beaucaire à Remoulins. — Montfrin et ses champs de fleurs. — La vallée du Gardon. — Apparition d'Uzès. — Sur le cours en plein midi. — La ville féodale. — Le vallon de l'Alzon. — La fontaine d'Eure. — Le pont du Gard. — Remoulins. — Les fosses de Fournès. — Aramon   30

IV. — Les huiles de Salon.

Orgon. — Les Plaines. — Le pertuis de Lamanon. — Les canaux de Craponne et des Alpilles. — Salon. — Le commerce des huiles. — Les olives et les graines oléagineuses. — Le goût de fruit. — Un Pactole oléagineux. — A travers Salon. — Le château. — Les fabriques d'estagnons. — Adam de Craponne et Nostradamus. — Les caisseries. — Procédés commerciaux. — Mouvements de la gare. — La transformation de la Crau salonnaise   46

V. — Noël chez Mistral.

En vue des Alpilles. — Autour d'Orgon. — Noves. — Château-renard, ses ruines et son marché. — La culture du chardon à carde et de la chicorée. — La contrée de Maillanne. — La maison de Mistral. — Le félibrige. — Les félibres et la France. — Le mistral. — A vêpres. — Le costume d'Arles   60

VI. — Le félibrige et Saint-Remy-de-Provence.

Rôle littéraire des Alpilles. — Le félibrige et les syndicats agricoles. — Les sept apôtres. — Paysage de Saint-Remy. — Les champs de fleurs. — Le commerce des graines. — Excentricités végétales : le cornichon-serpent. — A travers Saint-Remy. — Les vieux hôtels. — La rue du Géant et le passage d'Annibal. — Les antiques : l'arc de triomphe et le mausolée. — La fête de la charrette.   77

VII. — Des Alpilles en Arles.

Le mistral dans les Alpilles. — Lever du soleil. — Les rochers des Baux. — Fantastique paysage. — Une ville morte. — La Crau, vue des Baux. — Les Alpilles d'après *Tartarin*. — Les carrières de Fontvieille. — L'abbaye de Montmajour. — En Arles : la ville, les arènes, le théâtre, Saint-Trophime.   91

VIII. — D'Arles en Crau.

Encore en Arles. — La Lice. — Les Aliscamps. — La décadence d'Arles. — Moyens de la prévenir. — Campagne arlésienne. — Le mistral et le chemin de fer. — Entrée en Crau. — Aspect de la plaine. — Les troupeaux et les bergeries. — Les oasis : l'étang d'Entressen. — La gare de Miramas. — A travers la Crau. — Les canaux d'irrigation. — Eyguières   107

IX. — Au pied du Lubéron.

Les gorges du Régalon. — Mérindol. — Lauris. — Cadenet et le tambour d'Arcole. — Pertuis et ses pommes de terre. — La Durance au pertuis de Mirabeau. — Les abords de Manosque. .   120

X. — Les pénitents des Mées.

Entrée nocturne à Manosque. — Un type de ville provençale. — Les rues de Manosque. — Les mines de lignite. — Volx. — Les gorges du Largue. — La houillère de Bois-d'Asson. — Chemin de fer de Forcalquier. — Saint-Maime, Dauphin et Mané. — Forcalquier. — La citadelle et Notre-Dame-de-Provence. — Les pénitents des Mées 131

XI. — La vallée du Buech.

La Durance, cette chèvre... — Sisteron et la Baume. — La crau de la Silve. — Conquête par l'irrigation. — Les derniers oliviers. — Laragne et ses vergers. — Les bords du Buech. — Serres et le château de Lesdiguières. — Veynes. — Les glacières de Montmaur. — Arrivée à Gap 144

XII. — De Gap à Digne.

Tallard, ses vignobles et ses ruines. — Dans les Basses-Alpes. — Vignobles nouveaux. — Digne. — Aspect de la ville. — Son commerce. — Industrie des astéries fossiles. — Situation économique des Basses-Alpes. — Montagnes ruinées. — Tentatives de restauration 156

XIII. — Les brignoles de Barrême.

La culture du prunier. — Autour du Cousson. — Mézel — La vallée de l'Asso. — Le vieux colmateur. — La clus de Chabrières. — Commerce de géologie. — Les vergers de pruniers. — Barrême. — Les sécheries de prunes. — Senez, son évêché et sa cathédrale. — L'abandon des campagnes. — Saint-André-de-Méoulles. — Le Verdon 172

XIV. — Les amandiers de Valensole.

De Manosque à la Durance. — Campagnes irriguées. — Le ravin de Vallongue. — Le plateau de Valensole. — Sous les amandiers. — Le commerce des amandes. — Valensole. — Par les chênes truffiers. — Riez, ses vieux hôtels et ses édifices antiques. — Le château de Campagne et ses vignes. — Roumoules 186

XV. — Les faïences de Moustiers.

Apparition de Moustiers. — Les oliviers. — Moustiers et sa chaîne. — Dans la gorge. — La chapelle Notre-Dame de Beauvoir. — A la recherche des faïences. — Restes de l'outillage. — Le dernier faïencier. — Court historique de la faïencerie de Moustiers. — A travers Moustiers. — Les ravins et les cascades 199

XVI. — Le plateau du Var.

Les bords du Verdon. — Les plans de Canjuès. — Fontaine l'Évêque. — Les plateaux aux abîmes. — Du haut du col de Majastro. — Aups. — Une plaine de lavande. — La Bresque et ses cascades. — Sillans. — Salernes et ses tomettes. — D'Entrecasteaux à Cotignac. — Barjols. — Tavernes. — Les faïenceries de Varages. — En route pour Meyrargues. 210

XVII. — Aix-en-Provence.

De la Durance à la Touloubre. — Arrivée à Aix. — A travers la ville. — Son rôle intellectuel. — Le quartier universitaire. — Les thermes de Sextius. — Le commerce des amandes. — Les friandises : calissons et fruits confits. — Les huiles d'Aix. — Au pressoir 227

XVIII. — Les champs de Pourrières.

Gardanne, ses usines et ses mines. — Une crèche de Noël : santons de Provence. — Du Pilon-du-Roi à Sainte-Victoire. — De Gardanne à Trets. — Les Camps putrides. — La bataille de Marius contre les Teutons et les Ambrons. — Vestiges du monument de Marius. — La campagne de Pourrières. — Saint-Maximin. — La Sainte-Baume. 211

XIX. — Du Caramy à l'Argens.

De Saint-Maximin à Tourves. — Les lacs de Tourves. — Brignoles. — Plus de pruneaux. — Concours de romances. — Le Caramy. — Camps. — La vallée de l'Issole. — Besse et son luc. — La plaine du Luc. — Vidauban. — La perte de l'Argens. — Les Arcs. — Les cascades de la Nartuby. — Draguignan et ses campagnes . 256

XX. — DE DRAGUIGNAN A GRASSE.

Pages.

Le chemin de fer du Sud. — Le troisième rail. — Les canons de bois de Piganières. — Callas. — Bargemon et ses palmiers. — De Saillans à Fayence. — La culture de la menthe. — Callian et Montauroux. — La distillation de la menthe. — Le pont de la Siagne. — La culture des fleurs. — Arrivée à Grasse 269

XXI. — LES PARFUMS DE GRASSE.

Les gares de Grasse. — Les carretons. — Une ville-labyrinthe. — Le quartier des étrangers. — Fragonard et Belland de la Bellaudière. — Visite aux champs de fleurs. — Jasmins, tubéreuses et résédas. — Une fabrique de parfumerie. — L'enfleurage. — La distillation. — Les huiles et les pommades. — La corniche de Grasse. — De Grasse au Var. — Le Bar. — Le viaduc du Loup. — Vence et son évêché. — Saint-Jeannet. — Le Var. — Arrivée à Nice 280

XXII. — DE MENTON AUX MILLE-FOURCHES.

Dans les citronniers de Menton. — La vallée du Carei. — Castillon. — Arrivée à Sospel. — Sospel et le fort du Barbonnet. — La frontière. — Les gorges de la Bevera. — Moulinet. — La haute Bevera. — L'Authion. — Aux Mille-Fourches. — Majestueux belvédère. — La Baisse de Camp-d'Argent. — La Baisse de Turini. — Les casernes de Peira-Cava 307

XXIII. — LA VÉSUBIE.

La forêt de Turini. — Descente dans les gorges. — La Bollène. — La vallée de la Vésubie. — Belvédère. — Roquebillière. — Saint-Martin-Vésubie. — Le tracé de la frontière. — Un bataillon alpin. — Lantosque. — La cluse de Saint-Jean-de-la-Rivière. — Arrivée au Var. 312

XXIV. — La Tinée.

Pages.

Confluent du Var et de la Tinée. — La Mescla. — La cluse de Bauma-Negra. — Le fort de Pierlarvet. — Bairols. — La vie dans un village des Alpes-Maritimes. — Les fromages de Valdeblore. — Dans les schistes rouges. — Voyage nocturne. — A la frontière italienne. — La vallée de Mollières. — Isola. — Saint-Étienne-de-Tinée. — Une pépinière de prêtres. — Les charniers de la haute Tinée 326

XXV. — Les gorges du Var.

La Mescla. — Une gare désertée. — De Malaussène à Massoins. — Existence d'un bataillon alpin. — Villars-du-Var. — Les gorges de Cians. — Puget-Théniers. — Le diocèse de Glandèves. — Une citadelle d'opéra-comique : Entrevaux. — Les gorges du Var. — Dans les schistes rouges. — Guillaumes 340

XXVI. — Du Var a l'Ubaye.

Les vignobles de Guillaumes. — Le commerce des sorbes. — Dans les schistes. — Essais de reboisement. — Le pays d'Entraunes. — Saint-Martin-d'Entraunes. — Ascension du col de Champ. — Descente vers Colmars. — Le fort de Savoie et le fort de France. — Allos. — Le col de Vergalaye. — Descente à Barcelonnette . . . .

Nancy, impr. Berger-Levrault et Cie.

COMPAGNIE DES CHEMINS DE FER
P.-L.-M.

BILLETS D'ALLER ET RETOUR COLLECTIFS

DÉLIVRÉS PAR TOUTES LES GARES P.-L.-M.

POUR LES

VILLES D'EAUX

DESSERVIES PAR LE RÉSEAU P.-L.-M.

Valables 33 jours avec faculté de prolongation d'une ou plusieurs périodes de quinze jours, moyennant un prix de supplément pour chaque période de prolongation.

Il est délivré, du 15 mai au 15 septembre, dans toutes les gares du réseau P.-L.-M., sous condition d'effectuer un parcours minimum de 300 kilomètres aller et retour, aux familles d'au moins quatre personnes payant place entière et voyageant ensemble, des billets d'aller et retour collectifs de 1re, 2e et 3e classe pour les stations suivantes :

Aix, **Aix-les-Bains**, Beaume-les-Dames, **Besançon**, Bollène-la-Croisière, **Bourbon-Lancy**, Carpentras, Cette, **Chambéry**, Charbonnières, Clermont-Ferrand (**Royat**), Cluses, Coudes, Digne, Enzat-les-Bains, **Évian-les-Bains**, Genève, Grenoble (**Uriage**), Goncelin, Groisy-le-Plot-et-Cuille, La Bastide-Saint-Laurent-les-Bains, Lépin-Lac d'Aiguebelette, Le Vigan, Lons-le-Saunier, Manosque, Montélimar, Montpellier, Montrond, Moulins, **Moutiers-Salins**, Pougues, Remilly, Riom (**Châtel-Guyon**), Roanne, Sail-sous-Couzan, Saint-Georges-de-Commiers, Saint-Julien-de-Cassagnas, Saint-Martin d'Estréaux, Salins, Santenay, Sauce, Thonon-les-Bains, **Vals-les-Bains**-la-Bégude, Vandenesse, **Saint-Honoré-les-Bains**, Vichy, Villefort.

Le prix s'obtient en ajoutant au prix de six billets simples ordinaires, le prix d'un de ces billets pour chaque membre de la famille en plus de trois.

Les demandes de ces billets doivent être faites quatre jours au moins avant celui du départ, à la gare où le voyage doit être commencé.

BAINS DE MER
DE LA MÉDITERRANÉE

BILLETS D'ALLER ET RETOUR, valables pendant 33 jours

BILLETS INDIVIDUELS ET BILLETS COLLECTIFS DE FAMILLE

Il est délivré, du 1er juin au 14 septembre de chaque année, des billets d'aller et retour de bains de mer, de 1re, 2e et 3e classe, à prix réduits, pour les stations balnéaires suivantes :

Aigues-Mortes, Antibes, Bandol, Beaulieu, Cannes, Golfe-Juan-Vallauris, Hyères, La Ciotat, La Seyne-Tamaris-sur-Mer, Menton, Monaco, Monte-Carlo, Montpellier, Nice, Ollioules-Sanary, Saint-Raphaël, Toulon et Villefranche sur Mer.

Ces billets sont émis dans toutes les gares du réseau P.-L.-M. et doivent comporter un parcours minimum de 300 kilomètres, aller et retour.

Prix. — Le prix des billets est calculé d'après la distance totale, aller et retour, résultant de l'itinéraire choisi et d'après un barème fixe qui comporte des réductions importantes pour les billets individuels ; ces réductions peuvent s'élever jusqu'à 50 p. 100 pour les billets de famille.

VOYAGES CIRCULAIRES A ITINÉRAIRE FACULTATIF

CARNETS INDIVIDUELS ET CARNETS COLLECTIFS

Il est délivré, pendant toute l'année, des carnets de voyages circulaires avec itinéraire facultatif sur les sept grands réseaux français, permettant aux voyageurs d'effectuer, à prix réduits, en 1re, 2e et 3e classe, sur le seul réseau P.-L.-M., de nombreuses combinaisons de voyages circulaires avec itinéraire tracé à leur gré.

Ces carnets sont individuels ou collectifs.

Validité. — La durée de validité des carnets est de :

30 jours jusqu'à 1,500 kilomètres; 45 jours de 1,501 à 3,000 kilomètres; 60 jours pour plus de 3,000 kilomètres.

Cette durée de validité peut être, à deux reprises, prolongée de moitié, moyennant un supplément de 10 p. 100 du prix total du carnet pour chaque prolongation.

Demande de carnets. — Les demandes de carnets peuvent être adressées aux Chefs de toutes les gares des réseaux participants; elles doivent leur parvenir cinq jours au moins avant la date du départ; pour certaines grandes gares, ce délai de demande est réduit à trois jours.

MISE EN VENTE DES 13ᵉ & 14ᵉ séries

BERGER-LEVRAULT & Cⁱᵉ, LIBRAIRES-ÉDITEURS

Paris, 5, rue des Beaux-Arts. — 18, rue des Glacis, Nancy

OUVRAGE COURONNÉ PAR L'ACADÉMIE FRANÇAISE
*Et honoré du prix du Président de la République
à la Société des Gens de lettres.*

A obtenu, en 1897, le prix Félix Fournier, décerné par la Société de Géographie de Paris
à l'œuvre géographique la plus considérable de l'année.

ARDOUIN-DUMAZET

Voyage en France

Série d'élégants volumes in-12, avec de nombreuses cartes.
Prix de chaque volume :
Broché, 3 fr. 50 c. — Cartonné en toile souple, tête rouge : 4 fr.

Le **Voyage en France** est poursuivi par l'auteur avec une persévérance et une activité telles, que deux nouveaux volumes paraissent avant la fin de l'année 1897, les 13ᵉ et 14ᵉ, par lesquels M. Ardouin-Dumazet achève l'étude du Sud-Est de la France. L'une de ces deux séries termine la description de toute la zone de monts et de plaines qui se rattachent au massif des Alpes, l'autre est entièrement consacrée à la grande île de Corse.

La 12ᵉ série avait déjà conduit le lecteur dans les Alpes provençales. Après avoir visité Tarascon, pays de l'illustre Tartarin, et la foire de Beaucaire, en faisant revivre pour nous les jours glorieux de ce rendez-vous marchand, nous revenions à la Durance par le Pont-du-Gard et Uzès, pour aller visiter Salon et ses fabriques d'huile. Avec l'auteur, nous passions la journée de Noël chez Mistral, le poète de *Mireille*; nous étudiions la culture des graines de fleurs à Saint-Remy avant de gravir les Alpilles et descendre dans la Crau pour atteindre Arles. Remontant la Durance, nous avons visité le Luberon, Manosque, Forcalquier, Sisteron, les vallées de la Bléone et du Verdon, Digne, humble chef-lieu, Riez aux monuments oubliés, le merveilleux paysage de Moustiers-Sainte-Marie, qui fut une cité d'art; les plans de Canjuès, le pays de Barjols, Aix-en-Provence, les champs fameux de Pourrières, les vallées du Carami et de l'Argens, d'où, par des sites grandioses, nous allions à Draguignan et à Grasse, la cité des parfums.

Pénétrant alors au cœur des Alpes-Maritimes, en laissant le littoral auquel la 13ᵉ série est consacrée, M. Ardouin-Dumazet nous menait avec lui visiter les cultures de citronniers dans les vallons de Menton, puis la jolie ville de Sospel, d'où nous gagnions à la frontière les fameuses positions de l'Authion, les forêts de Turini, les vallées si belles et si peu connues de la Vésubie, de la Tinée et du Var. Par les gorges sublimes de Guillaume nous avons atteint le pays d'Entraunes, pour franchir le col de Champ, visiter Colmars et Allos et aboutir, par le col de Valgelaye, dans la vallée de Barcelonnette.

Cette étude des Alpes, grandes montagnes neigeuses ou Alpes brûlées de Provence, est donc œuvre bien nouvelle, même au milieu de ce *Voyage en France*, « véritable monument élevé à la France du xixᵉ siècle, dont les premiers volumes ont obtenu un si vif succès et sont devenus en quelque sorte classiques ».

Il restait encore à étudier le littoral, de l'embouchure du Rhône à la frontière italienne. M. Ardouin-Dumazet avait réservé cette partie de la Provence, considérant ce versant maritime du système alpestre comme un monde bien à part par son existence économique. Il nous donne aujourd'hui cette description dans la 18ᵉ série.

La tâche était difficile : ce pays du soleil, *cette côte d'azur*, la *grande bleue* ont tenté tant d'écrivains illustres ; des pages si belles leur ont été consacrées ! L'auteur du **Voyage en France** a su pourtant trouver des choses nouvelles et nous intéresser à la vie intime de ces rivages merveilleux. Avec lui, nous parcourons l'étang de Berre, ses « bourdigues » poissonneuses, ses rivages solitaires ; puis la vallée de l'Arc traversée par l'admirable aqueduc de Roquefavour, le bassin houiller de Fuveau où l'on retrouve l'existence des mineurs de la Loire, la culture des câpres et des abricots à Roquevaire. Marseille, la reine de la Méditerranée, est décrite en de nombreuses pages qui font vivre aux yeux son extraordinaire activité commerciale et nous font pénétrer dans son intimité. De Marseille, l'auteur nous conduit sur l'harmonieuse côte de la Ciotat, sur les rives farouches de Cassis, à Toulon dont il rend pour nous l'existence bruyante et gaie. La rade, les presqu'îles, les montagnes toulonnaises ; les belles campagnes couvertes d'oliviers, fleuries d'immortelles et de jacinthes, donnent lieu à des chapitres captivants. Hyères et ses jardins, Solliès-Pont et ses cerisiers sont l'objet de pages vives et colorées. De même les îles d'Hyères : presqu'île de Giens, Porquerolles, Bagaud, Port-Cros, le Levant, si peu connues, sont enfin l'objet d'une description précise et pittoresque. De même encore la côte et le massif des Maures, leurs plages tranquilles, leurs bois de chênes-lièges et de châtaigniers, leur population de bûcherons et de bouchonniers. Et c'est ensuite Saint-Tropez, Fréjus, Saint-Raphaël, l'Esterel, Cannes, Vallauris, les îles de Lérins, Antibes, Nice, dont l'existence fiévreuse et factice est finement étudiée en une sorte d'interview d'un des hivernants les plus fidèles du séjour dans cette ville de plaisir et d'enchantement, la Petite-Afrique, Monaco, Monte-Carlo et Menton. Ces beaux paysages, décrits de cette plume alerte qui a fait le succès du **Voyage en France**, ne nous empêchent pas d'entrer dans l'existence laborieuse des paysans et des horticulteurs qui alimentent l'Europe de primeurs et de fleurs. Ce volume sera pour les touristes et pour tous, d'ailleurs, une véritable révélation.

La 14ᵉ série, qui suit de près la publication de la 13ᵉ, comprend un seul département, un des plus vastes, le plus beau peut-être : *la Corse*. L'île a été étudiée et décrite bien des fois, mais les auteurs, séduits surtout par les mœurs des habitants, par la constitution archaïque de la société, sa farouche coutume des vendettas, ont laissé de côté l'étude proprement dite du pays, ses beaux paysages, ses conditions d'existence, ses chances d'avenir. A ce point de vue dédaigné s'est placé l'auteur du **Voyage en France**. Certes, il n'a pas oublié le banditisme, mais il a tenu à le mettre dans son cadre en nous faisant visiter successivement chaque partie de l'île, la Balagne opulente, les déserts des Agriates et de Calvi, l'admirable pays de Corte, le massif du Monte-d'Oro et Ajaccio; de là, par le golfe de Sagone et la Cinarca, il a gagné les fantastiques calanches de Piana, le golfe de Porto, Evisa et la forêt d'Aïtone, puis le farouche Niolo d'où il s'est rendu dans la Casinca et la Castagniccia avant de gagner Bastia et le cap Corse.

C'est ensuite Sartène, pays classique des bandits, les bouches de Bonifacio, la ville étrange qui les commande, les golfes de Santa-Manza et de Porto-Vecchio, les maquis solitaires et les plaines fiévreuses de la côte orientale, Aléria, le domaine de Casabianda; la vallée du Tavignano achève cette longue excursion.

On revient de cette étude impartiale de la Corse avec l'impression que rien n'est plus facile à la France que de mettre en valeur cette île riche et misérable à la fois. Dans un chapitre de conclusion, M. Ardouin-Dumazet expose quels seraient, à son avis, les moyens à employer pour atteindre ce but.

Le **Voyage en France**, tout le fait prévoir, pourra être achevé pour l'Exposition de 1900. Rarement œuvre plus considérable aura été menée aussi rapidement à bien par un seul écrivain.

Dédaigneux des sentiers battus, M. Ardouin-Dumazet s'est imposé de décrire la France d'après ses impressions personnelles et non en compilant les publications antérieures. Il ne décrit que ce qu'il a vu. Les cultures et les industries étudiées sur place, les sites célèbres, comme les coins de terre ignorés où l'a conduit le hasard de ses courses. D'un style clair, alerte et vivant, où l'on sent passer un profond amour pour la terre de France, il promène le lecteur avec lui, l'oblige à s'intéresser à la vie du paysan et de l'ouvrier; telles de ses pages sur le Morvan, la Touraine, les Alpes, les îles de l'Océan et de la Manche ont été citées partout.

Le succès du **Voyage en France** a donc répondu aux espérances des éditeurs : le public a accueilli avec un vif empressement cet ouvrage d'une forme si originale, d'un tour si heureux et personnel. C'est bien notre pays dans son existence intime que M. Ardouin-Dumazet nous fait connaître. Un éminent et savant écrivain, qui est à Paris le correspondant du *Journal de Genève*, a dit en parlant des deux premiers volumes :

« M. Ardouin-Dumazet est de la race des voyageurs ; il en a le génie, la méthode et le flair, et c'est la seconde raison des découvertes qu'il fait. D'abord il ne voyage pas en chemin de fer ; il va à pied. Entre la grande route et le chemin de traverse, il n'hésite jamais ; il prend le sentier infréquenté, il grimpe sur toutes les hauteurs dominantes, interroge avec intelligence tous les hommes qui peuvent l'instruire, s'étonne de tout et veut tout voir et tout s'expliquer. A ces qualités qui font le voyageur, ajoutez une profonde et chaude sympathie pour la vie rurale, une aptitude extraordinaire à pénétrer le secret d'une industrie, le genre d'existence d'une classe de travailleurs, comme à sentir et à interpréter l'âme d'un paysage ; enfin un talent de peintre et d'écrivain pour rendre toutes ses sensations, mettre en relief les choses les plus communes et raconter les plus humbles aventures de la route, et vous aurez l'image d'un guide sûr, instruit, le plus charmant qu'on puisse souhaiter en voyage. »

D'autre part, un savant professeur, titulaire de la chaire de géographie moderne d'une de nos plus importantes universités, n'a pas hésité à déclarer que dans ce **Voyage en France** il voit, pour la première fois, « une **géographie nationale** vraiment digne de ce nom, autant sous le rapport des recherches nouvelles et inattendues, que de la méthode d'exposition, et qui laisse bien loin derrière elle tout ce qui a été tenté dans ce genre ; — en un mot, une œuvre moderne dans la meilleure acception du terme ».

L'Académie française n'a pas attendu que l'auteur ait achevé son tour de France ; elle a couronné l'ouvrage dès l'apparition du second volume. La Société de Géographie de Paris et la Société des Gens de lettres l'ont honoré de leurs plus hautes récompenses.

Aussi le **Voyage en France** a-t-il sa place marquée dans toutes les bibliothèques publiques, scolaires ou privées. C'est un des ouvrages qui méritent le mieux d'être donnés en prix dans les écoles ou en cadeaux d'étrennes, chaque série formant un tout complet et pouvant ainsi être détachée de l'ensemble.

Les nouveaux volumes que nous annonçons aujourd'hui n'auront pas un succès moins vif que les précédents.

Voici d'ailleurs le plan complet du **Voyage en France**, avec le sommaire des chapitres pour chacun des volumes parus ou en préparation :

Volumes parus :

RÉGION DU CENTRE

1ᵉ Série : **LE MORVAN, LE VAL DE LOIRE ET LE PERCHE.** — Le flottage en Morvan — les bûcherons du Nivernais — au pays des nourrices — le Nivernais industriel — le Nivernais pastoral — une usine nationale (Guérigny) — Gien et la Puisaye — la Sologne — paysages solognots — les colons de Sologne — la Sologne berrichonne — le safran en Gâtinais — Orléans — les roses d'Olivet — les troglodytes du Vendômois — les vignes du val de Loire — la capitale des tanneurs — la Champagne tourangelle — Rabelais, guide en Touraine — la réglisse — la Touraine industrielle — Mettray — le Perche — le percheron en Amérique — le Grand-Perche — les forêts du Perche — la vallée de la Sarthe — ce que deviennent les hêtres — La Flèche et le pays fléchois. — 380 pages. *Nouveau tirage corrigé et complété,* avec 19 cartes.

2ᵉ Série : **DES ALPES MANCELLES A LA LOIRE MARITIME.** — Les Alpes mancelles — le pavé de Paris — la Champagne mancelle — Sablé et ses marbres — Laval et Port-du-Salut — chez les Chouans — dans la Mayenne — l'agriculture dans le Bas-Maine — aiguilles et épingles — le point d'Alençon — le Camembert — Flers — la Suisse normande — Angers et les ardoisières — ardoises et primeurs — le Guignolet et le vin d'Anjou — Saumur — la bijouterie religieuse — le Bocage vendéen — sur la Loire, d'Angers à Nantes — Grand-Jouan — Clisson et les lacs de l'Erdre — le lac de Grand-Lieu — la Loire de Nantes à Paimbœuf — 388 pages.

(Ces deux volumes ont été couronnés par l'Académie française.)

LITTORAL ATLANTIQUE

3ᵉ Série : **I. D'ARCACHON A BELLE-ISLE.** — L'île aux Oiseaux — la Seudre et les îles de Marennes — l'île d'Oléron — île d'Aix — île Madame et Brouage — île de Ré — île d'Yeu — île de Noirmoutier — de l'île de Bouin à Saint-Nazaire — archipel de la Grande-Brière — île Dumet et la presqu'île du Croisic — Belle-Isle-en-Mer. — 318 pages avec 19 cartes ou croquis.

4° Série : II. D'HOËDIC A OUESSANT. — Ile d'Houat — la Charte des Iles bretonnes — Ile d'Hoëdic — le Morbihan et la presqu'île de Rhuys — Iles aux Moines — petites îles du Morbihan — Iles d'Arz et Ilur — Ile de Groix — Ile Chevalier et Ile Tudy — archipel des Glénans — Ile de Sein — la ville close de Concarneau — archipel d'Ouessant — I de Beniguet à Molène — II l'île d'Ouessant — Iles de la rade de Brest. — 322 pages avec 25 cartes ou croquis.

RÉGION DU NORD-OUEST

5° Série : LES ILES FRANÇAISES DE LA MANCHE, BRETAGNE PÉNINSULAIRE. — Les îles de l'Aber-Vrac'h — Ile de Siec — Ile de Batz — Morlaix et son archipel — les Sept-Iles — Ile Grande (Enès Veur) et son archipel — archipel de Saint-Gildas — les îles d'Er — archipel de Bréhat — le Goëllo et le Penthièvre — au berceau de la Tour-d'Auvergne — en Cornouailles — au pays de Brizeux — Bretagne celtique, Bretagne française — Mi-Voie et Brocéliande — de Vitré au mont Saint-Michel — la Hollande de Normandie — Saint-Malo, la Rance et Dinan — Granville, les Chausey et les Minquiers. — 377 pages avec 26 cartes ou croquis.

6° Série : COTENTIN, BASSE-NORMANDIE, PAYS D'AUGE, HAUTE-NORMANDIE, PAYS DE CAUX. — Une ville de chaudronniers — le duché de Coigny — la Déroute et les lignes de Carentan — les Vaux-de-Vire — la Hougue — Cherbourg et la Hague — le pays de Bayeux — Caen et ses chevaux — le Bocage normand — la foire de Guibray — de Livarot à Pont-l'Évêque — Trouville et la côte de Grâce — la vallée de la Risle — autour de Bernay — Évreux et le Saint-André — les draps de Louviers — la Seine de Paris à Rouen — Rouen — Elbeuf — la Seine de Rouen à la mer — du Havre à Fécamp — le royaume d'Yvetot — de Dieppe au pays de bray. — 429 pages avec 29 cartes ou croquis.

RÉGION DU SUD-EST

7° Série : LA RÉGION LYONNAISE ; LYON, MONTS DU LYONNAIS ET DU FOREZ. — Lyon — rôle social de Lyon — à travers Lyon — la Croix-Rousse et Vaise — du Gourguillon au Mont-d'Or — la plaine du Dauphiné — Vienne et le pays des cerises — le mont Pilat — les monts du Lyonnais — de Vichy à Thiers — de Thiers à Pierre-sur-Haute — Montbrison, la plaine du Forez et Saint-Galmier — les monts Tararé — le col des Sauvages et Thizy — Cours et Roanne — le berceau de Félix Faure — la diligence des Écharmeaux — le Beaujolais et la foire de Montmerle — Teinturiers et tireurs d'or. — 814 pages avec 10 cartes ou croquis.

8ᵉ Série : **LE RHÔNE DU LÉMAN A LA MER : DOMBES, VALROMEY ET BUGEY, BAS-DAUPHINÉ, SAVOIE RHODANIENNE, LA CAMARGUE.** — En Dombes — la Bresse et le Bugey — la corne et le celluloïd — au pays des pipes (Saint-Claude) — la Valserine et la perte du Rhône — le Valromey et Belley — les lacs du Bas-Bugey — les Balmes viennoises — l'île de Crémieu — la Hollande du Dauphiné — les lacs d'Aiguebelette et du Bourget — le lac d'Annecy — Albertville et l'Arly — les horloges de Cluses — le Rhône de Bellegarde à Seyssel — les défilés de Pierre-Châtel — Villebois et le Sault du Rhône — le Rhône de Lyon à Valence — le Rhône de Valence à la mer — en Camargue — les Saintes-Maries-de-la-Mer. — 325 pages avec 22 cartes ou croquis.

9ᵉ Série : **BAS-DAUPHINÉ : VIENNOIS, GRAISIVAUDAN, OISANS, DIOIS ET VALENTINOIS.** — Le lac de Paladru et la Pure — du Rhône à la Morge — noix de Grenoble, marrons du Graisivaudan — les liqueurs du Dauphiné — Grenoble — de Grenoble à la Mure — la Matheysine et Vizille — Uriage, le Pont-de-Claix — l'Oisans — en Graisivaudan — le pays du Gratin — Tournon, Tain et l'Ermitage — le Valentinois — Crest et la Drôme — le chemin de fer du col de Cabres — les premiers oliviers — Dieulefit et la forêt de Saou — le Vercors — le Royannais et Villard-de-Lans. — 357 pages avec 28 cartes ou croquis.

10ᵉ Série : **LES ALPES DU LÉMAN A LA DURANCE.** — Les chasseurs alpins — en Tarentaise — en Maurienne — dans les Bauges — le Genevois — le Léman français — du Faucigny en Chablais — des Dranses au mont Blanc — les alpages de Roselend — le poste des Chapieux — la redoute ruinée du Mont-Saint-Bernard — au mont Iseran — au pied du mont Cenis — une caravane militaire — le Briançonnais — du mont Genèvre au val de Névache — en Vallouise — le Queyras — les Barcelonnettes au Mexique — les défenses de l'Ubaye — Embrun et Gap — du Champsaur en Valgodemard — en Dévoluy — du Trièves en Valbonnais. — 374 pages avec 25 cartes ou croquis.

11ᵉ Série : **FOREZ, VIVARAIS, TRICASTIN ET COMTAT-VENAISSIN.** — La vallée du Gier — le premier chemin de fer français — les blindages et les lacets de Saint-Chamond — les armuriers de Saint-Étienne — cyclopes et rubaniers — les limes du Chambon-Feugerolles — le pays des serrures — la vallée de l'Ondaine — Annonay et la Deûme — le Moygal — la Genève du Vivarais — des Boutières au Rhône — sous les mûriers de Privas — de Viviers à Vals — le théâtre d'agriculture — le Pont-Saint-Esprit — la principauté d'Orange — en Tricastin — l'enclave de Valréas — les Dentelles de Gigondas — Carpentras — au mont Ventoux — en Avignon : la fontaine de Vaucluse — Vaucluse — les melons de Cavaillon. — 362 pages avec 25 cartes ou croquis.

12ᵉ Série : **LES ALPES DE PROVENCE ET LES ALPES MARITIMES.** — Au pays de Tartarin — la foire de Beaucaire — Uzès et le pont du Gard — les huiles de Salon — Noël chez Mistral — le félibrige et Saint-Rémy-de-Provence — des Alpilles en Arles — d'Arles en Crau — au pied du Lubéron — les pénitents des Mées — la vallée du Buech — de Gap à Digne — les brigoules de Barrême — les amandiers de Valensole — les faïences de Moustiers — le plateau du Var — Aix en Provence — les champs de Pourrières — du Carami à l'Argens — de Draguignan à Grasse — les parfums de Grasse — de Menton aux Mille-Fourches — la Vésubie — la Tinée — les gorges du Var — du Var et l'Ubaye. — 882 pages avec 30 cartes ou croquis et une grande carte des Alpes françaises hors texte.

13ᵉ Série : LA PROVENCE MARITIME. — La petite mer de Berre — les Bourdigues de Caronte — de Roquefavour au Pilon-du-Roi — les mines de Fuveau — les câpriers de Roquevaire — à travers Marseille — les ports de Marseille — du vieux Marseille aux cabanons — de la Ciotat aux calanques — Toulon — la rade de Toulon — la batterie des Hommes sans peur — de l'archipel des Embiez aux gorges d'Ollioules — les cerisaies de Solliès-Pont — Hyères et les Maurettes — les Isles d'Or : Giens et Porquerolles, Bagaud, Port-Cros et le Levant — des Maures à Saint-Tropez — traversée nocturne des Maures — au pied de l'Esterel — Cannes et Antibes — les îles de Lérins — Nice — Nice-Cosmopolis — Nice, camp retranché — de Nice à Monaco — Menton et la frontière. — 406 pages et 29 cartes.

14ᵉ Série : LA CORSE. — La Balagne — Calvi et la Balagne déserte — la Tartagine et Corte — de Tavignano à Pentica — Ajaccio et son golfe — autour d'Ajaccio — la Cinarca — une colonie grecque — les cédratiers des calanches — une vallée travailleuse (Porto) — dans la forêt corse — le Niolo — les gorges du Golo — Mariana et la Casinca — la Castagniccia — autour de Bastia — le cap Corse — de Marseille à Sartène — les bouches de Bonifacio — une vendetta (Porto-Vecchio) — le Fiumorbo — un essai de grande culture — l'immigration lucquoise — la vallée du Tavignano — l'avenir de la Corse. — 320 pages, 27 cartes, 7 gravures et une planche hors texte.

Sous presse (pour paraître en 1898) :

FIN DU LITTORAL ATLANTIQUE ET BEAUCE

15ᵉ Série : LES CHARENTES ET LA PLAINE POITEVINE. — Le pays d'Angoumois — les papiers d'Angoulême — au bord de la Charente — les merveilles de la Braconne — les sources de la Touvre — la fonderie nationale de Ruelle — de la Charente au Né — la Champagne de Cognac — les eaux-de-vie de Cognac — les Pays-Bas de Jarnac — dans les fins bois — le Confolentais — de la Tardoire à la Dronne — la Double saintongeaise — la Charente maritime (de Saintes à Rochefort) — la Rochelle — les vignes et les laiteries de l'Aunis — les bouchots à moules — Niort et la plaine poitevine — l'école militaire de Saint-Maixent — les protestants du Poitou — les mulets de Melle

16ᵉ Série : DE VENDÉE EN BEAUCE. — Poitiers — Lusignan et Sanxay — le Mirebalais — les armes blanches de Châtellerault — en Loudunais — les bœufs de Parthenay — Thouars et Bressuire — la Sèvre nantaise — la Vendée historique — le mont des Alouettes — la foire aux chiens (La Roche-sur-Yon) — les Sables-d'Olonne — le marais vendéen — la forêt de Vouvant — en Gâtine — au pays de Rabelais — les bords de l'Indre — de Touraine en Beauce — la Beauce orléanaise — le pays chartrain — l'école de Grignon — Mantes-la-Jolie.

En préparation :
RÉGION DU NORD (pour paraître en 1898)

17ᵉ Série : VEXIN, PICARDIE ET PAYS DE CAUX. — Le Vexin français — les tapis de Beauvais — les tabletiers de Méru — de Compiègne à Noyon — dans les tourbières — en Santerre — la vallée de la Somme — le pays d'Ancre — les hortillons d'Amiens — Doullens et l'Authie — le Marquenterre — le Ponthieu et la baie de Somme — les serruriers d'Escarbotin — en Vimeu — le pays de Bray — Dieppe et la vallée d'Arques — les horlogers de Saint-Nicolas-d'Aliermont — le plateau cauchois — les falaises d'Étretat à Fécamp.

18ᵉ Série : LE NORD DE LA FRANCE. — Le Cambrésis — Fourmies et la haie de Trélon — les vanniers de la Thiérache — la forêt de Mormal — le pays noir d'Anzin — dans les betteraves — de Bapaume à Douai — Lille-en-Flandre — Desrousseaux et les mœurs flamandes — le pays de Pévèle — Roubaix et ses usines — Tourcoing, la Lys et le Ferrain — en pays flamingant — Béthune et la Gohelle — le Boulonnais — les Watringues de Saint-Omer — Calais et les Wateringues — Dunkerque et les Moëres — les « Monts » de Flandres — la Haute-Lys et sa vallée.

RÉGION DE L'EST

19ᵉ Série : DES ARDENNES AU PLATEAU DE LANGRES. — Aux sources de l'Escaut — Saint-Quentin et le Vermandois — le familistère de Guise — Saint-Gobain et Coucy — les haricots de Soissons — les gorges de la Meuse — de Rocroi à Mézières — le champ de bataille de Sedan — le pays de Porcien — la vallée de la Chiers — en Argonne

— la montagne de Reims — les vins de Champagne — de Fère-Champenoise à Montmirail — le Perthois — au camp de Châlons — la Champagne pouilleuse — les bonnetiers de Troyes — la vallée de l'Aube — le pays d'Othe — le pays du fer — en Bassigny — le plateau de Langres — les couteliers de Nogent — dans les Faucilles.

20ᵉ SÉRIE : DE LA MEUSE AUX VOSGES. — La vallée de la Chiers — le camp retranché de Verdun — en Woëvre — les confitures de Bar-le-Duc — les opticiens de Ligny — les madeleines de Commercy — le Vaucouleurs à Domremy — le pays de Longwy — en vue de Metz — la vallée de la Seille — de Nancy à Avricourt — le camp retranché de Toul — la vallée de la Meurthe — les violons de Mirecourt — la source de la Saône — Épinal — la vallée de la Mortagne — du Donon à Saint-Dié — Gérardmer et Longemer — le Val-d'Ajol — la Moselotte et le Hohneck — au ballon de Servance — le ballon d'Alsace et Giromagny — la trouée de Belfort.

21ᵉ SÉRIE : BASSE-BOURGOGNE, FRANCHE-COMTÉ ET JURA. — Le Morvan bourguignon — le Creusot — Montceau-les-Mines et Paray-le-Monial — en Charollais — le pays de Lamartine — poulardes de Bresse — les sels du Jura (Lons-le-Saulnier et Salins) — la Bresse chalonnaise — les lacs du Jura et la Faucille — les lacs du Doubs — dans le Lomont — les horlogers de Besançon — batterie de cuisine (région de Dôle) — autour de Villersexel — la haute Saône — de Gray à Verdun-sur-le-Doubs — Dôle et la forêt de Chaux — la Côte-d'Or et ses vins — la vallée de la Dheune — autour d'Alésia — les planchettes de M. de Buffon et Montbard — Vézelay et la vallée de l'Yonne.

Les séries suivantes comprendront :

L'AUVERGNE ET LES CÉVENNES. — BERRI ET BOURBONNAIS. — MARCHE, LIMOUSIN ET PÉRIGORD. — ROUSSILLON ET LANGUEDOC. — EN GUYENNE. — GASCOGNE ET BÉARN. — L'ILE-DE-FRANCE.

En tout environ 30 volumes.

Tel sera cet ouvrage, d'un si puissant intérêt, conçu sur un plan original, établi et mené à bonne fin par un seul écrivain, ce qui lui assure une unité de vues absolue. Jamais travail plus considérable n'a été tenté pour l'ensemble de notre pays.

Décembre 1897.

Les Éditeurs,
BERGER-LEVRAULT ET Cⁱᵉ

BULLETIN DE COMMANDE

Je soussigné, prie la librairie BERGER-LEVRAULT ET Cie, 5, rue des Beaux-Arts, à Paris, *de m'expédier franco* (1) *les volumes ci-après du* Voyage en France, *au prix de* 3 fr. 50 c. brochés, ou 4 fr. cartonnés.

Je tiens à être inscrit pour recevoir les volumes suivants dès leur apparition.

	NOMBRE d'exemplaires.	MONTANT	
		Fr.	C.
1re SÉRIE : LE MORVAN, LE VAL DE LOIRE ET LE PERCHE			
2e SÉRIE : DES ALPES MANCELLES A LA LOIRE MARITIME . . .			
3e SÉRIE : LES ILES DE L'ATLANTIQUE : I. D'ARCACHON A BELLE-ISLE.			
4e SÉRIE : LES ILES DE L'ATLANTIQUE : II. DE BELLE-ISLE A OUESSANT.			
5e SÉRIE : LES ILES FRANÇAISES DE LA MANCHE ET BRETAGNE PÉNINSULAIRE			
6e SÉRIE : BASSE-NORMANDIE ET HAUTE-NORMANDIE			
7e SÉRIE : LA RÉGION LYONNAISE.			
8e SÉRIE : LE RHÔNE, DU LÉMAN A LA MER.			
9e SÉRIE : BAS-DAUPHINÉ			
10e SÉRIE : LES ALPES, DU LÉMAN A LA DURANCE. NOS CHASSEURS ALPINS			
11e SÉRIE : FOREZ, VIVARAIS, TRICASTIN ET COMTAT-VENAISSIN.			
12e SÉRIE : ALPES DE PROVENCE ET ALPES MARITIMES.			
13e SÉRIE : LA PROVENCE MARITIME.			
14e SÉRIE : LA CORSE.			
TOTAL des exemplaires { Brochés à 3 fr. 50 c. . . .			
{ Cartonnés à 4 fr.			

pour le montant { daquel / desquels } *je leur adresse ci-joint la somme*

de _____ *en mandat-poste ou chèque.*

A _____, le _____ 1897.

Écrire très lisiblement et indiquer la gare destinataire pour les colis postaux.

Nom :

Adresse :

(1) Les ouvrages dont le montant est joint à la commande sont expédiés franco.

BERGER-LEVRAULT ET Cie, LIBRAIRES-ÉDITEURS
5, rue des Beaux-Arts, Paris. — 18, rue des Glacis, Nancy.

DÉNOMBREMENT DE LA POPULATION
DE LA FRANCE ET DE L'ALGÉRIE
EN 1896

Un volume in-8 de 878 pages, broché . . . . 9 fr.

Publication du ministère de l'intérieur.

LES ALPES FRANÇAISES

ÉTUDES
SUR
L'ÉCONOMIE ALPESTRE

Et l'application de la Loi du 4 avril 1882
A LA RESTAURATION ET A L'AMÉLIORATION DES PATURAGES

Par F. BRIOT
Inspecteur des Forêts.

Ouvrage couronné par la Société nationale d'agriculture de France.

Un beau volume grand in-8 de 698 pages, avec 142 figures dans le texte (constructions diverses en montagne, chalets, étables, halles, etc.; plantes nettement nuisibles et utiles; plans et instruments de clôtures et de laiteries industrielles), 6 planches en héliogravure (paysages typiques), et 2 cartes géologiques en couleurs, broché : 25 fr.

La Concurrence étrangère. Les Transports par terre et par mer, documents pour servir à l'histoire économique de la Corrèze (Limousin), thèse de doctorat, par Paul Vincent. Thèse de Nancy. Un volume grand in-8 de 170 pages . . . . . broché 3 fr.

Le Passager (contrat) suivi de tous les jugements et arrêts de la cour des Halles intervenus en Alsace pendant les années 1842 à Régime Notarial, suivi de 9 planches . . . . 2 fr.

www.ingramcontent.com/pod-product-compliance
Lightning Source LLC
Chambersburg PA
CBHW052041230426
43671CB00011B/1739